Claus-Günter Frank

Lutherweg 1521

Ein deutscher Pilgerweg von Worms zur Wartburg

24 Etappen

In Zusammenarbeit mit dem Verein Lutherweg in Hessen e. V.

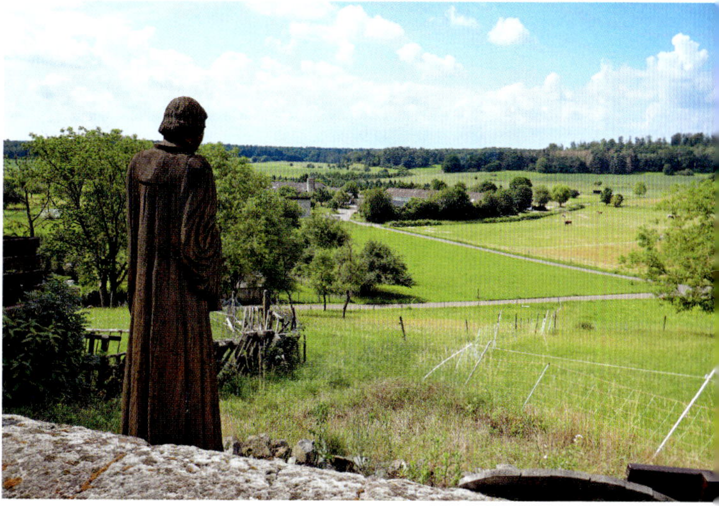

ROTHER
BERGVERLAG

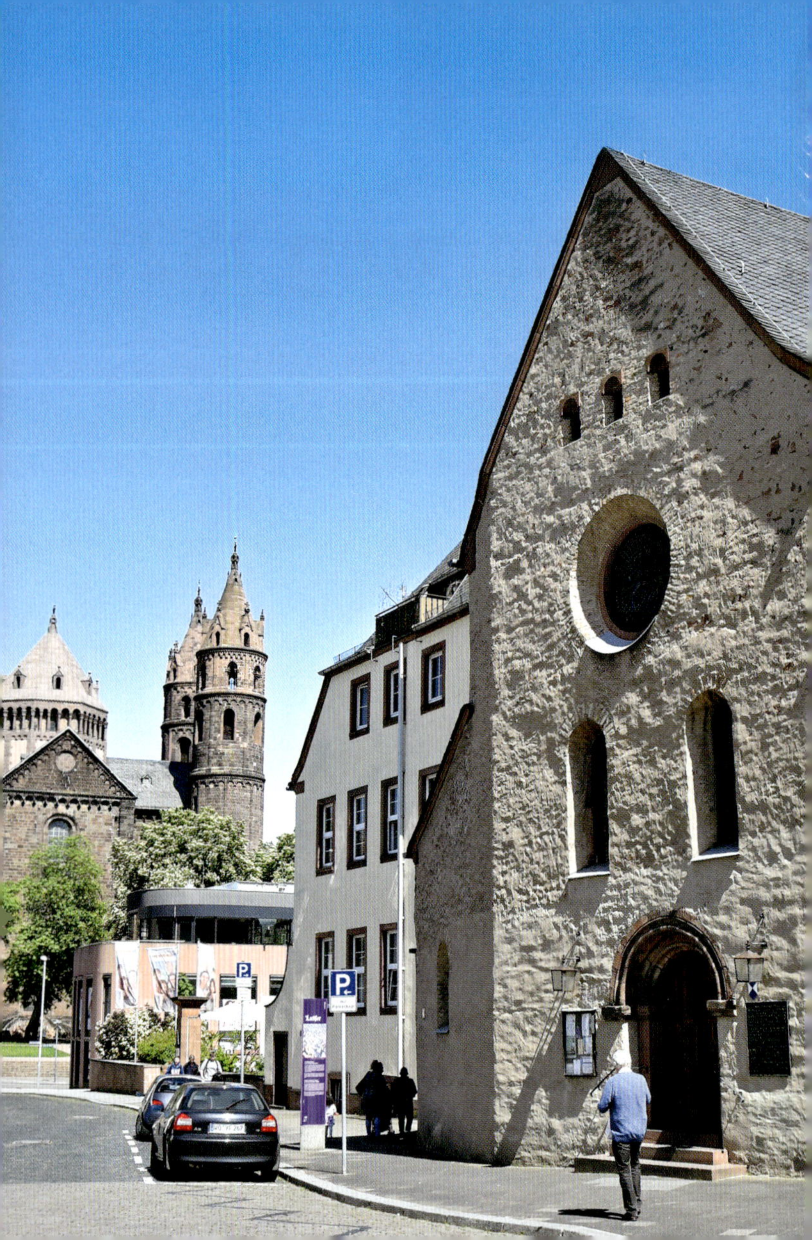
P
P

VORWORT

Der zwischen 2012 und 2017 vom Verein Lutherweg in Hessen geplante und markierte Lutherweg 1521 folgt Luthers Reiseroute von Worms zur Wartburg bei Eisenach, nachdem er im Jahr 1521 auf dem in der Nibelungenstadt tagenden Reichstag vor Kaiser Karl V. seine Lehren verteidigt hatte.
Der 350 km lange, in beiden Richtungen sehr gut markierte Fernwanderweg ermöglicht Wanderern in 18 Etappen (und weiteren 6 für Alternativen) eine Bestandsaufnahme von Deutschlands wenig bekannter Mitte. Er führt sie durch Ortschaften, in denen Kinder die Vorübergehenden noch grüßen, und durch Gewerbegebiete, wo man für die Fernfahrer ein Hindernis beim Rangieren ihrer Lkws ist. Sie lernen wohlhabende Winzerorte in Rheinhessen und das glitzernde Frankfurt kennen, aber auch Dörfer, wo der letzte Bäcker und die einzige Gastwirtschaft schon vor Jahren geschlossen haben. Im Verlauf des Weges kann man sich Gedanken über Gemeinsamkeiten und Unterschiede in West und Ost machen und beobachten, wie sich die Form der Kirchtürme und das Angebot in den Gaststätten entlang des Weges ändern. Ganz nebenbei lassen sich wechselnde Landschaften entdecken: Weinberge, weite Felder, welliges Hügelland und ausgedehnte Wälder, wobei Letztere leider mitunter ein trauriges Bild abgeben.
Als Hape Kerkeling seine Pilgerreise auf dem Jakobsweg nach Santiago de Compostela begann, ahnte er: »Irgendetwas wird dieser Weg schon in mir verändern.« Früher ging es beim Pilgern darum, ein Ziel zu erreichen, heute ist der Weg das Ziel. Auf ihm suchen Pilger Ruhe, Einfachheit und Entspannung vom Stress im Alltag, aber auch Abstand vom Gewohnten und Antworten auf Sinnfragen. In diesem Sinn ist es berechtigt, den Lutherweg 1521 nicht nur als Fernwander-, sondern auch als Pilgerweg zu bezeichnen. Manch einer wird als Wanderer starten und als Pilger ankommen.
Ich danke allen Begleitern, die mitgewandert sind, und hoffe, sie behalten die Tage in genauso angenehmer Erinnerung wie ich. Allen Pilgern und Wanderern wünsche ich, dass sie auf dem Lutherweg ihr Ziel gut erreichen und dass der Weg ein gutes Ziel war.

Heidelberg, im Herbst 2021 Claus-Günter Frank

Liebe Leserinnen und Leser,

infolge der Corona-Krise können sich Änderungen ergeben haben, die bei Redaktionsschluss noch nicht absehbar waren. Soweit möglich werden wir aktuelle Hinweise unter www.rother.de (beim Buch) zur Verfügung stellen. Bitte informieren Sie sich vor der Wanderung zusätzlich über die derzeitigen Gegebenheiten.
Sollten Sie geänderte Gegebenheiten vor Ort feststellen, freuen wir uns über Korrekturhinweise per E-Mail an leserzuschrift@rother.de.

INHALTSVERZEICHNIS

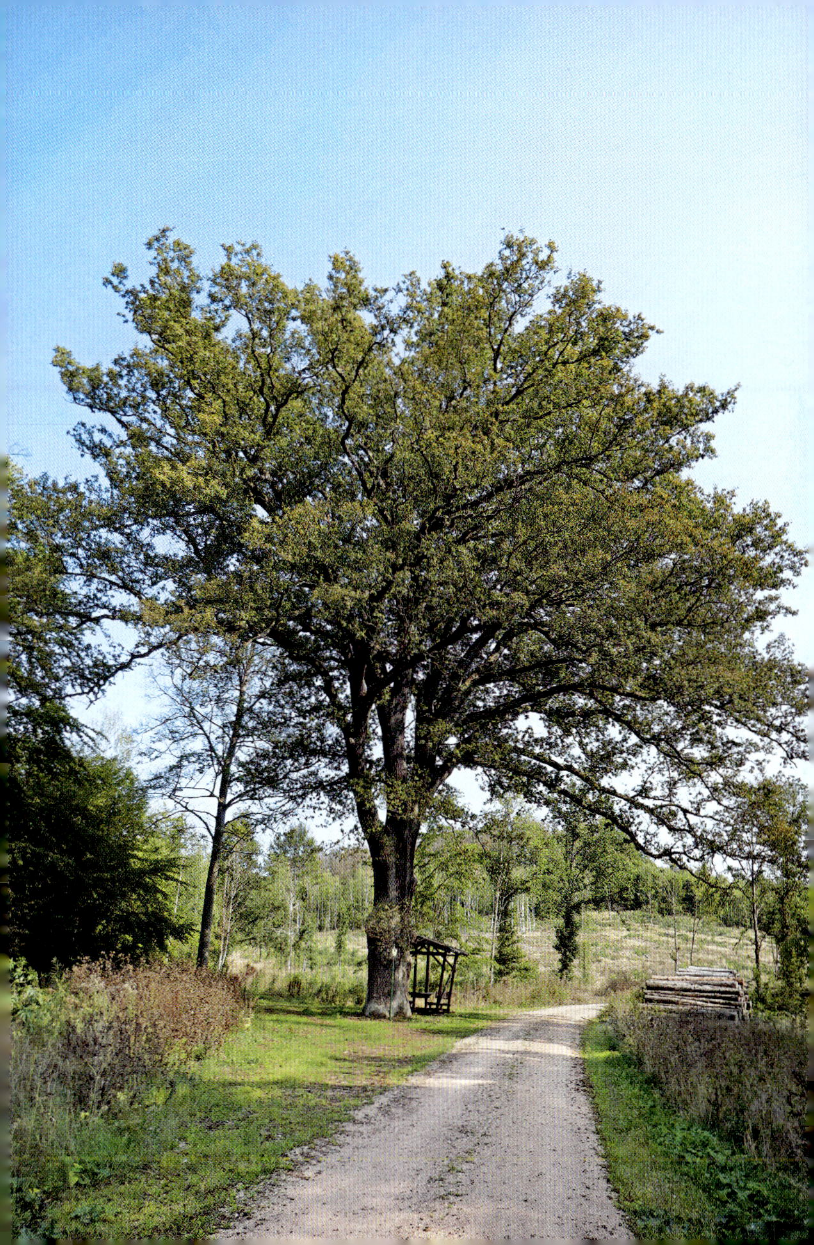

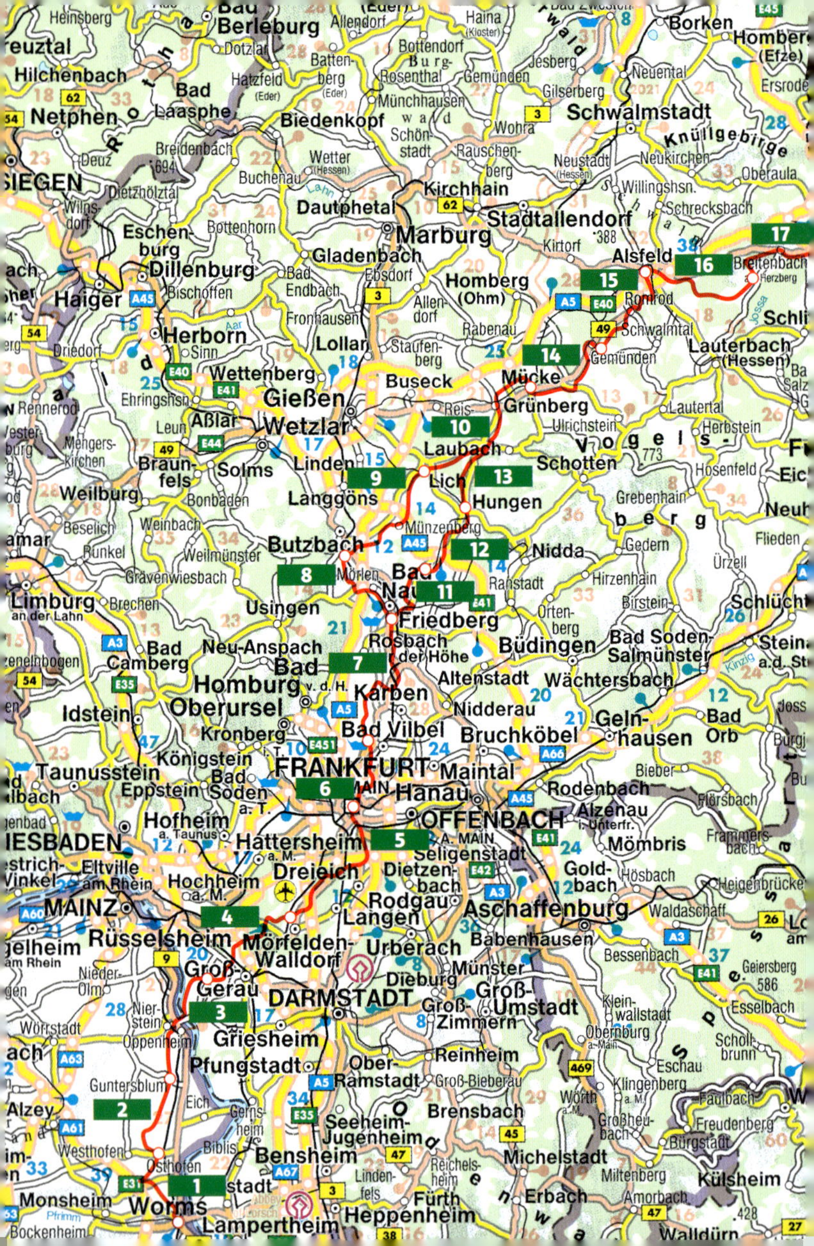

Berleburg
Heinsberg
Hilchenbach
Netphen
Bad Laasphe
Siegen
Biedenkopf
Battenberg
Hatzfeld
Allendorf
Haina
Bottendorf
Rosenthal
Gemünden
Münchhausen
Wohra
Schönstadt
Rauschenberg
Kirchhain
Stadtallendorf
Marburg
Wetter
Dautphetal
Gladenbach
Ebsdorf
Homberg (Ohm)
Kirtorf
Alsfeld
Romrod
Schwalmtal
Lauterbach (Hessen)
Breitenbach
Herzberg
Schwalmstadt
Borken
Homberg (Efze)
Neuental
Gilserberg
Jesberg
Knüllgebirge
Neukirchen
Neustadt
Willingshsn.
Schrecksbach
Oberaula
Dillenburg
Eschenburg
Haiger
Herborn
Bischoffen
Bad Endbach
Fronhausen
Lollar
Staufenberg
Allendorf
Rabenau
Mücke
Grünberg
Gemünden
Buseck
Wettenberg
Gießen
Wetzlar
Aßlar
Leun
Braunfels
Solms
Linden
Langgöns
Lich
Laubach
Hungen
Schotten
Ulrichstein
Lautertal
Herbstein
Vogelsberg
Weilburg
Butzbach
Münzenberg
Nidda
Gedern
Hirzenhain
Birstein
Usingen
Bad Nauheim
Friedberg
Rosbach v. d. Höhe
Büdingen
Bad Soden-Salmünster
Limburg an der Lahn
Bad Camberg
Neu-Anspach
Bad Homburg v. d. H.
Oberursel
Karben
Altenstadt
Nidderau
Wächtersbach
Gelnhausen
Bad Orb
Idstein
Kronberg i. T.
Königstein
Bad Vilbel
Bruchköbel
Taunusstein
Eppstein
Bad Soden a. T.
Frankfurt am Main
Maintal
Hanau
Offenbach a. Main
Rodenbach
Alzenau i. Unterfr.
Mömbris
Hofheim a. Taunus
Hattersheim a. M.
Wiesbaden
Eltville am Rhein
Hochheim a. M.
Dreieich
Dietzenbach
Seligenstadt
Rodgau
Langen
Aschaffenburg
Mainz
Rüsselsheim
Mörfelden-Walldorf
Urberach
Babenhausen
Groß-Gerau
Darmstadt
Dieburg
Münster
Groß-Umstadt
Groß-Zimmern
Nierstein
Oppenheim
Griesheim
Pfungstadt
Reinheim
Ober-Ramstadt
Guntersblum
Alzey
Gernsheim
Seeheim-Jugenheim
Brensbach
Westhofen
Osthofen
Biblis
Bensheim
Michelstadt
Erbach
Worms
Lampertheim
Heppenheim
Fürth
Lindenfels
Monsheim
Bockenheim
Miltenberg
Amorbach
Külsheim
Walldürn
Obernburg a. Main
Klingenberg a. M.
Wörth a. M.
Großheubach
Bürgstadt
Freudenberg
Esselbach
Elsenfeld
Hösbach
Goldbach
Waldaschaff
Bessenbach
Geiersberg 586
Spessart
Odenwald
1
2
3
4
5
6
7
8
9
10
11
12
13
14
15
16
17

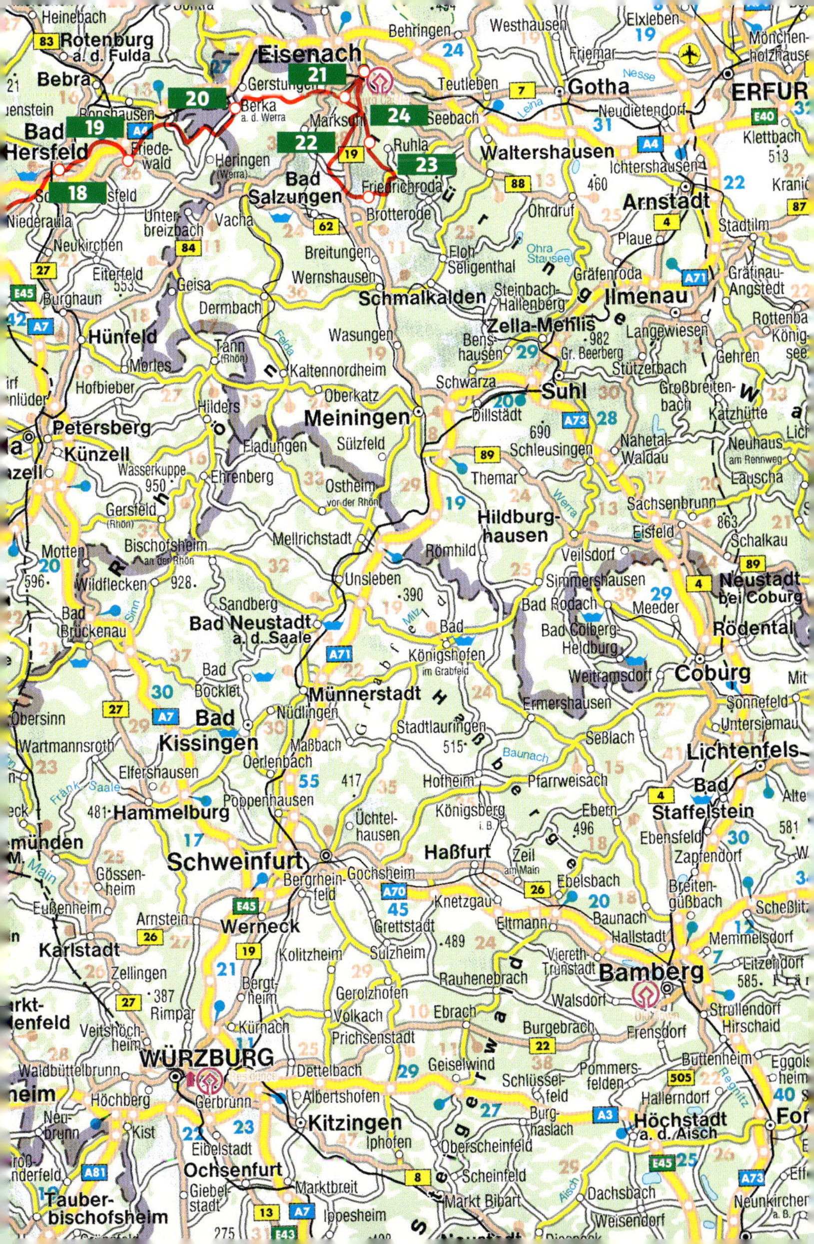
Eisenach
Rotenburg a. d. Fulda
Heinebach
Bebra
Bad Hersfeld
Gerstungen
Berka a. d. Werra
Marksuhl
Ruhla
Friedrichroda
Brotterode
Bad Salzungen
Heringen (Werra)
Friedewald
Vacha
Unterbreizbach
Niederaula
Neukirchen
Eiterfeld
Burghaun
Hünfeld
Geisa
Dermbach
Tann (Rhön)
Kaltennordheim
Wasungen
Breitungen
Wernshausen
Schmalkalden
Behringen
Westhausen
Friemar
Gotha
Teutleben
Seebach
Waltershausen
Ichtershausen
Neudietendorf
Elxleben
ERFUR
Mönchenholzhausen
Klettbach
Arnstadt
Ohrdruf
Plaue
Stadtilm
Gräfenroda
Gräfinau-Angstedt
Ilmenau
Langewiesen
Gehren
Rottenbach
Königsee
Floh-Seligenthal
Steinbach-Hallenberg
Zella-Mehlis
Benshausen
Gr. Beerberg
Stützerbach
Großbreitenbach
Katzhütte
Schwarza
Suhl
Dillstädt
Schleusingen
Nahetal-Waldau
Neuhaus am Rennweg
Lauscha
Meiningen
Oberkatz
Sülzfeld
Hofbieber
Morles
Petersberg
Künzell
Hilders
Ehrenberg
Wasserkuppe
Fladungen
Ostheim vor der Rhön
Themar
Hildburghausen
Sachsenbrunn
Eisfeld
Schalkau
Gersfeld (Rhön)
Bischofsheim an der Rhön
Mellrichstadt
Römhild
Veilsdorf
Simmershausen
Neustadt bei Coburg
Motten
Wildflecken
Unsleben
Bad Rodach
Meeder
Rödental
Bad Brückenau
Sandberg
Bad Neustadt a. d. Saale
Bad Königshofen im Grabfeld
Bad Colberg-Heldburg
Weitramsdorf
Coburg
Bad Bocklet
Münnerstadt
Ermershausen
Sonnefeld
Untersiemau
Obersinn
Wartmannsroth
Bad Kissingen
Nüdlingen
Maßbach
Stadtlauringen
Seßlach
Lichtenfels
Elfershausen
Oerlenbach
Hofheim
Pfarrweisach
Bad Staffelstein
Hammelburg
Poppenhausen
Üchtelhausen
Königsberg i. B.
Ebern
Ebensfeld
Zapfendorf
Gemünden
Schweinfurt
Bergrheinfeld
Gochsheim
Haßfurt
Zeil am Main
Ebelsbach
Breitengüßbach
Scheßlitz
Gössenheim
Eußenheim
Arnstein
Werneck
Knetzgau
Grettstadt
Eltmann
Baunach
Hallstadt
Memmelsdorf
Karlstadt
Kolitzheim
Sulzheim
Viereth-Trunstadt
Litzendorf
Zellingen
Rimpar
Bergtheim
Gerolzhofen
Rauhenebrach
Bamberg
Walsdorf
Strullendorf
Hirschaid
Veitshöchheim
Kürnach
Volkach
Ebrach
Burgebrach
Frensdorf
Prichsenstadt
Waldbüttelbrunn
WÜRZBURG
Dettelbach
Geiselwind
Schlüsselfeld
Pommersfelden
Buttenheim
Eggolsheim
Höchberg
Gerbrunn
Albertshofen
Hallerndorf
Neubrunn
Kist
Kitzingen
Burghaslach
Höchstadt a. d. Aisch
Eibelstadt
Iphofen
Oberscheinfeld
Ochsenfurt
Scheinfeld
Tauberbischofsheim
Giebelstadt
Marktbreit
Markt Bibart
Dachsbach
Ippesheim
Weisendorf
Neunkirchen a. B.
Steigerwald
Haßberge
Thüringer Wald
Rhön
Werra
Main
Fränk. Saale
Baunach
Regnitz
Aisch
Ohra Stausee
Nesse
Leina
Sinn
Milz
Felda
18
19
20
21
22
23
24

ALLGEMEINE HINWEISE

Anforderungen und Orientierung

Die Länge der Etappen liegt zwischen 15 und 25 km, die Anforderungen sind leicht. Der Weg ist also für alle Wandernden geeignet. Er ist fast durchgehend deutlich und, nach Meinung des Verfassers, gut markiert. Natürlich wird es immer wieder vorkommen, dass ein Wegzeichen fehlt, schlecht angebracht, verschwunden oder überwachsen ist. Der Verein Lutherweg in Hessen e. V. (Alsfelder Straße 1, 36329 Romrod, Tel. +49 6636 9189 630, E-Mail: info@lutherweg1521.de) bittet in solch einem Fall um eine kurze Mitteilung. Eine zusätzliche Hilfe kann eine auf dem Smartphone installierte Navigations-App mit dem GPS-Track sein, der kostenlos von der Rother-Homepage heruntergeladen werden kann (siehe S. 10).

Ausrüstung

Es ist keine spezielle Ausrüstung erforderlich. Wanderschuhe haben Vorteile, aber sie sind nicht notwendig. Natürlich ist es sinnvoll, bei bestimmten Wetterlagen Regenjacke oder Pullover bzw. Kopfbedeckung und Sonnenschutzmittel mitzuführen. Viele Wanderer schwören bei Kleidung auf das Zwiebelprinzip. Erste-Hilfe-Set, Taschenmesser und Smartphone (zur Not auch Mobiltelefon) sollte man in den Rucksack packen. Auf jeden Fall sollte man genügend Trinkwasser und Proviant dabei haben.

Pilgerinnen vor Romrod (Etappe 14).

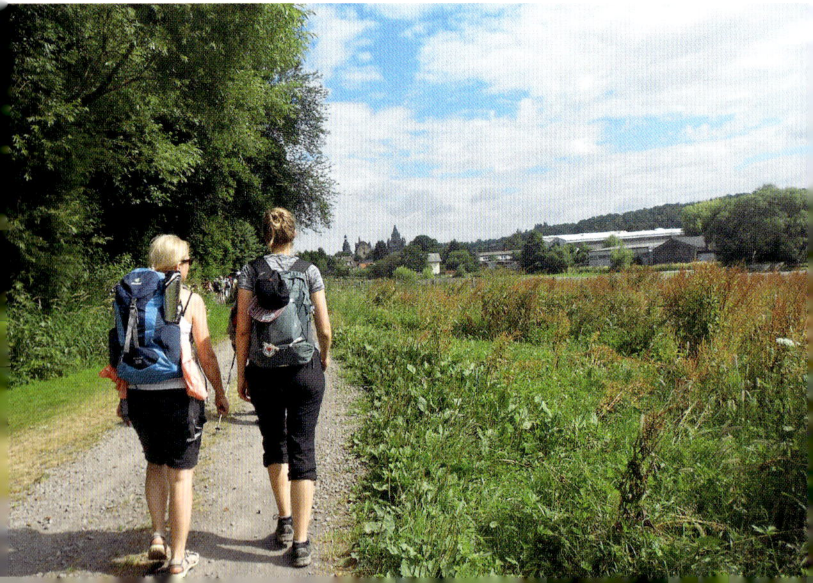

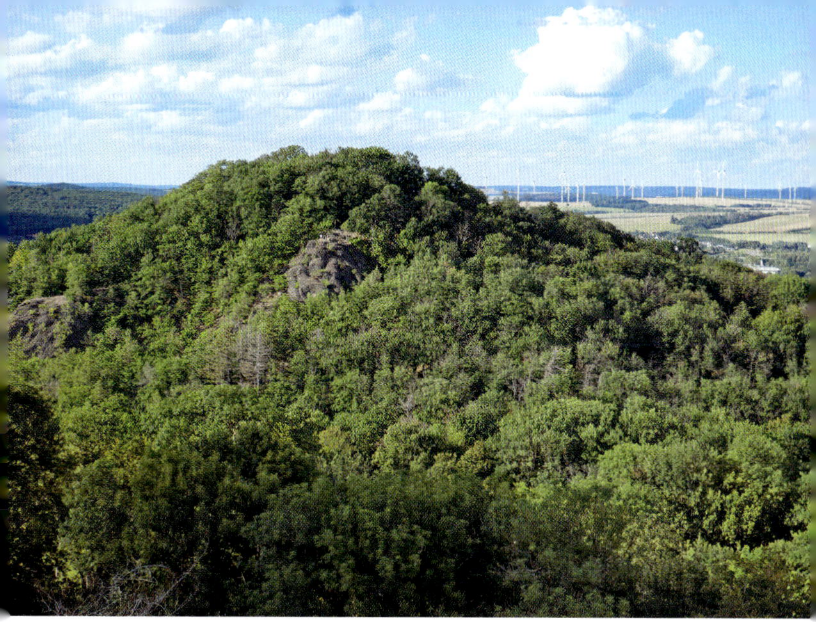

Blick von der Wartburg (Etappe 21).

Gehzeiten

Die Zeitangaben beziehen sich auf die reine Gehzeit, die ein geübter Wanderer benötigt, Verschnauf-, Orientierungs-, Fotopausen usw. sind nicht eingerechnet. Rechnet man bei einer Stunde Gehzeit mit einer Viertelstunde Pause, liegt man nicht falsch. Rasten kommen zusätzlich dazu. Man sollte also in jedem Fall ausreichend Zeit einplanen, damit genügend Muße bleibt, Naturschönheiten, Sehenswürdigkeiten, Ausblicke und Erholungspausen zu genießen.

Gefahren

Wirkliche Gefahren existieren nicht. Selbstverständlich kann man Situationen falsch einschätzen, z. B. sich bei Anbruch der Dämmerung noch im Wald befinden, sich verlaufen, in ein Gewitter kommen, den Fuß vertreten usw., aber das gehört eher in den Bereich »allgemeines Lebensrisiko«.

Telefonieren im Notfall

Entlang des Lutherwegs gibt es meistens ein Mobilfunknetz, aber nicht immer. Wenn Ihr Anbieter an Ihrem Standort kein Netz hat, bietet sich vielleicht ein anderer Netzbetreiber an, dessen Netz Sie im Notfall benutzen können! Schalten Sie dazu ihr Mobilfunkgerät aus und geben Sie nach dem

GPS-TRACKS UND KOORDINATEN DER AUSGANGSPUNKTE

Zu diesem Wanderführer stehen auf www.rother.de GPS-Tracks und Koordinaten der Ausgangspunkte zum kostenlosen Download bereit.
1. Auflage, Passwort: **458101kpa**
Sämtliche GPS-Daten wurden vom Autor im Gelände erfasst und anschließend bearbeitet. Verlag und Autor haben die Tracks und Wegpunkte nach bestem Wissen und Gewissen überprüft. Dennoch können wir Fehler oder Abweichungen nicht ausschließen, außerdem können sich die Gegebenheiten vor Ort zwischenzeitlich verändert haben. GPS-Daten sind zwar eine hervorragende Planungs- und Navigationshilfe, erfordern aber nach wie vor sorgfältige Vorbereitung, eigene Orientierungsfähigkeit sowie Sachverstand in der Beurteilung der jeweiligen (Gelände-)Situation. Man sollte sich für die Orientierung auch niemals ausschließlich auf GPS-Gerät und -Daten verlassen.

Wiedereinschalten statt der PIN-Nummer die »112« ein. Das Handy sucht sich dann automatisch das stärkste Betreibernetz und setzt den Notruf ab. Wenn Sie die SIM-Karte entfernen, ist nur noch der Notruf 112 für Rettungsdienst und Feuerwehr möglich.
Weitere Notrufnummern in Deutschland sind:

- Polizei: 110
- Ärztlicher Bereitschaftsdienst: 116117

Karten

Die den einzelnen Wandervorschlägen beigefügten Kartenausschnitte zeigen den Verlauf der Touren. Wer auf die gute alte Papierkarte nicht verzichten möchte, muss allerdings für die ganze Tour fünf Kompass-Wanderkarten im Maßstab 1:50.000 kaufen:

- 831 Rheinhessen, Nahe, Nordpfälzer Bergland
- 828 Frankfurt und Umgebung
- 846 Vogelsberg, Nördliche Wetterau
- 460 Rhön
- 812 Thüringer Wald, Westlicher Naturpark

Für die Etappen 18 bis 21 werden mehrere »Topographische Karten« im Maßstab 1:25.000 (TK25) der Hessischen Verwaltung für Bodenmanagement und Geoinformation (HVBG) benötigt.
Auf dem Smartphone lassen sich über diverse Apps digitale Karten nutzen. Diese Möglichkeit bietet z. B. auch die Rother Touren App (ohne dass man einen der kostenpflichtigen Guides erwerben muss). Es lassen sich sowohl in die Android- als auch in die iOS-Version die zum Buch verfügbaren GPS-Daten importieren und die Karte dazu für die Offline-Nutzung herunterladen, ohne weitere Kosten. Daneben gibt es noch eine Vielzahl weiterer, teils kostenpflichtiger Apps, in die man GPX-Dateien importieren kann.

Einkehr und Unterkunft

Im Steckbrief zu jeder Etappe sind die nach dem Ausgangsort auf der Etappe liegenden Einkehrmöglichkeiten und Unterkünfte verzeichnet (Stand Sommer 2021). In manchen größeren Orten wäre die Liste zu lang und unübersichtlich geworden, sodass nur eine Auswahl nahe am Lutherweg aufgeführt wird. In diesen Fällen oder falls Einkehrmöglichkeiten oder Unterkünfte übersehen wurden, bedeutet das kein Qualitätsurteil.

Östlich von Friedberg verringert sich die Zahl der Unterkünfte, ein neuralgischer Punkt ist Feldatal–Groß-Felda (siehe S. 15/16).

Es wurde versucht, Einkehrmöglichkeiten und Unterkünfte in der Reihenfolge zu ordnen, wie sie am Lutherweg liegen (Wanderrichtung Worms-Wartburg), ob das gelungen ist, mag der Leser beurteilen.

Bei den Einkehrmöglichkeiten wurden – so sie nicht durchgängig sind – die Öffnungszeiten und bei den Unterkünften die Ruhetage angegeben.

In Rheinhessen, also zwischen Worms und Oppenheim, gibt es ein großes Angebot an Unterkünften, allerdings auch viele Touristen, insbesondere an Wochenenden. Kurzfristiges Buchen könnte zu Problemen führen. Ähnliches gilt für den Thüringer Wald um Eisenach und Bad Liebenstein und im S-Bahnbereich von Frankfurt am Main, wenn dort Großveranstaltungen wie Messen stattfinden.

Der Große Teich im Kurpark von Bad Nauheim (Etappe 8).

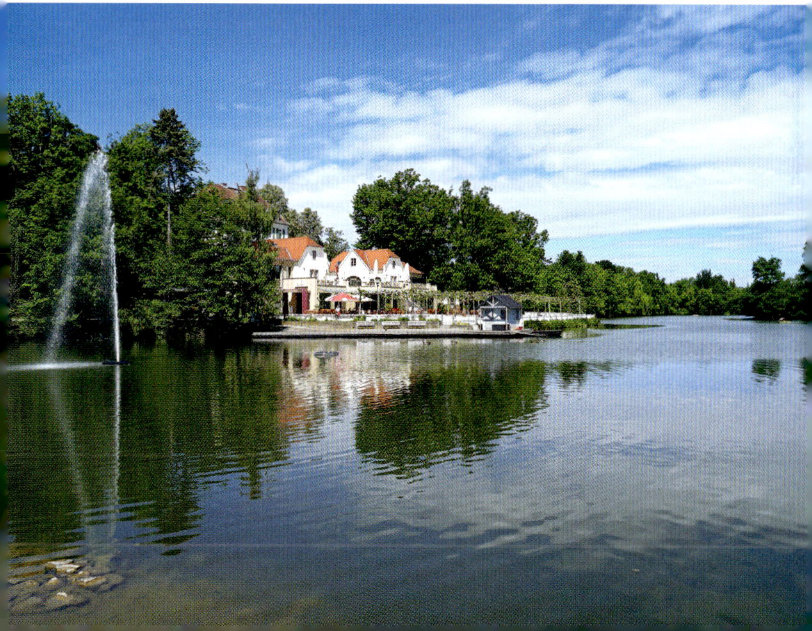

Camping (in Laufnähe vom Lutherweg)

- Etappe 1 (Anfang): Kanuverein Worms e. V., Am Salzstein 6, 67547 Worms, Tel. +49 6247 904 990, www.kvworms.de
- Etappe 4 (Mitte): Campingplatz Nauheim, Seeweg 2, 64569 Nauheim, Tel. +49 176 6049 4430, www.campingplatznauheim.de
- Etappe 5 (Anfang): Campingplatz Mörfelden, Am Zeltplatz 5–15, 64546 Mörfelden-Walldorf, Tel. +49 6105 22289, www.campingplatz-moerfelden.de
- Etappe 13 (letztes Drittel): Camping Spitzer Stein, Alsfelder Str. 57, 35305 Grünberg, Tel. +49 6401 6553, www.gruenberg.de, 01.03.–31.10.
- Etappe 15 (Mitte): Camping Heimertshausen, Ehringshäuser Str. 60, 36320 Heimertshausen, Tel. +49 6635 206, www.natur-campingplatz-heimertshausen.de
- Etappe 15 (Ende): Naturcamping Berfhof, Berfhof 2, 36304 Alsfeld-Hattendorf, Tel. +49 6639 919 030, www.berfhof.de, 15.04.–15.10.
- Etappe 17 (erstes Drittel): Burg Herzberg, 36287 Breitenbach am Herzberg, Tel. +49 6675 918 880
- Etappe 23 (erstes Drittel): Campingpark Eisenach, Am Altenberger See, 99834 Gerstungen-Wilhelmsthal, Tel. +49 36929 798007, www.campingpark-eisenach.de

SYMBOLE

- Ort mit Einkehrmöglichkeit
- Einkehrmöglichkeit
- Übernachtungsmöglichlkeit
- Einkaufsmöglichkeit
- Bahnhof/S-Bahn-Haltestelle
- Bushaltestelle
- Fähranleger
- Parkplatz
- Kirche, Kapelle
- Burg, Schloss, Ruine
- Denkmal
- Aussichtsplatz
- Picknickplatz
- Schutzhütte/Unterstand
- Pass/Sattel
- Quelle/Brunnen
- Freibad

Informationen

Alle Orte, durch die der Lutherweg leitet, gehören aufgrund von Gebietsreformen zu einer der folgenden Gemeinden: Worms, Osthofen, Gunterblum, Oppenheim, Trebur, Mörfelden-Walldorf, Neu-Isenburg, Frankfurt a. M., Bad Vilbel, Karben, Wöllstadt, Friedberg (Hess.), Wölfersheim, Hungen, Bad Nauheim, Ober-Mörlen, Butzbach, Rockenberg, Münzenberg, Lich, Laubach, Grünberg, Mücke, Feldatal, Romrod, Alsfeld, Grebenau, Breitenbach am Herzberg, Niederaula Bad Hersfeld, Friedewald, Werra–Suhl-Tal, Eisenach, Bad Salzungen, Bad Liebenstein, Ruhla. Diese Gemeinden bieten auf ihren Websites Informationen für Touristen, manchmal sogar ein Unterkunftsverzeichnis an. Bei den Fremdenverkehrsämtern oder Touristeninformationen gibt es auch gedruckte Exemplare.

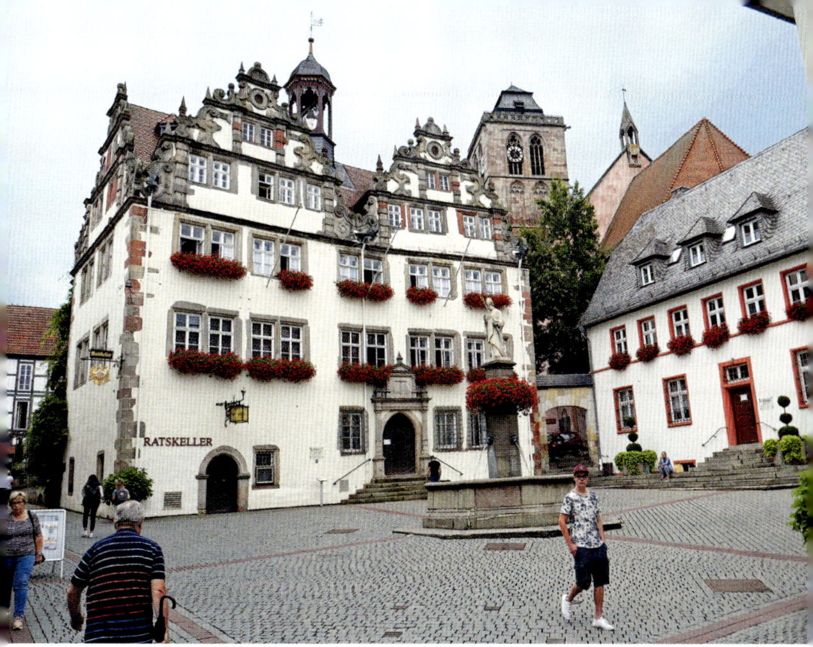

Der Rathausplatz in Bad Hersfeld mit dem Lullus-Brunnen (Etappe 18).

Daneben gibt es auch gemeindeübergreifende Organisationen, die wichtige Informationen liefern:

- www.lutherweg1521.de
- www.rheinhessen.de
- www.hessen-tourismus.de
- www.taunus.info
- www.giessener-land.de
- https://buchen.thueringen-entdecken.de/esa/ukv

Verkehrsverbindungen

Die Hauptverkehrswege, auf denen schon Luther gereist ist, sind heute immer noch wichtige Verbindungen und so ist es nicht verwunderlich, dass viele Orte am Lutherweg auch an einer Bahnlinie liegen.

Der Abschnitt von Worms bis Oppenheim und die Bahnlinie Worms–Mainz sind gleichlaufend, die S 6 verbindet die beiden Städte im Halb- bzw. Stundenabstand (Etappen 1 bis 3).

Zwischen Walldorf (Hess.) und Ostheim (bei Butzbach) gibt es täglich viele Verbindungen mit Umsteigen in Frankfurt a. M. und evtl. in Friedberg (Hess.) (Etappen 5 bis 8).

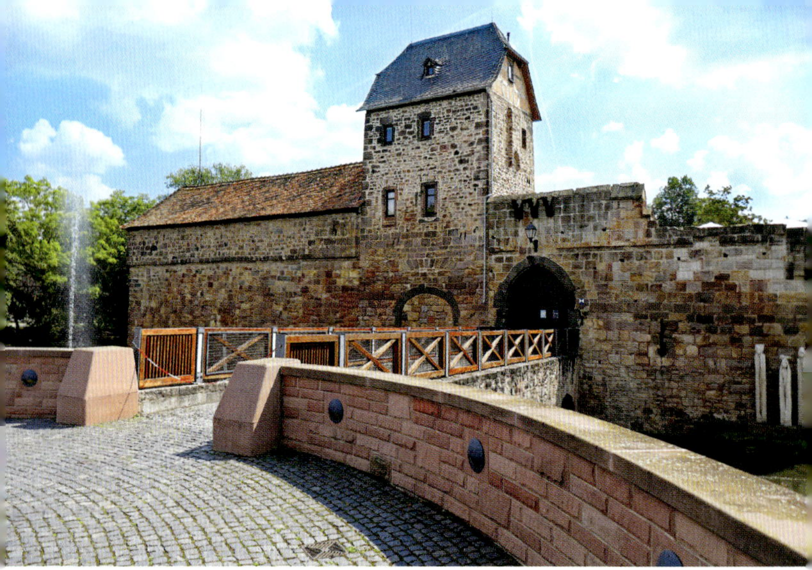

Die Wasserburg in Bad Vilbel (Etappe 6).

Zwischen Friedberg (Hessen) und Wölfersheim-Södel hat ein Teil der Horlofftalbahn überlebt, die mindestens im Stundentakt fährt. Es gibt Planungen, die 2003 eingestellte Fortsetzung nach Hungen wieder zu reaktivieren, zurzeit wird sie von Bussen bedient (Etappen 11 und 12).
Die Bahnstrecke von Gießen nach Fulda verläuft zwischen Grünberg und Alsfeld (Ausnahme der Wegabschnitt zwischen Mücke und Romrod) meist nahe am Lutherweg (letzter Teil Etappe 13, zweiter Teil Etappe 15).
Die Bahnstrecke Gießen–Nidda bedient die Lutherweg-Orte Lich (Westspange, Ende Etappe 9), Trais-Horloff und Hungen (jeweils Ostspange, zweite Hälfte Etappe 12).
Zwischen den Bahnhöfen in Alsfeld und Bad Hersfeld verkehrt stündlich ein Bus, der auch die dazwischen liegenden Etappenorte Grebenau und Niederaula anfährt (Etappen 16 bis 18).
Zwischen Bad Hersfeld (Etappe 19) und Eisenach (Etappen 21, 22 und 24) besteht eine Bahnverbindung. Zwischen beiden Städten liegt Gerstungen, vom Bahnhof fährt ein Zubringerbus ins nahe Berka/Werra (Etappen 20 und 21).
Zwischen Eisenach und Bad Liebenstein verkehren im Stundenabstand Busse (Etappen 22 und 23).
Details zu den Anbindungen der einzelnen Orte sind in den Tourensteckbriefen zu finden. Die genauen Abfahrtszeiten für die genannten Verbindungen erhält man mit der App der Deutschen Bahn (www.bahn.de),

die auch für Smartphones erhältlich ist. Mithilfe dieser App, die uneingeschränkt empfohlen werden kann, kann man sich umfassend über den ÖPNV im Bereich des Lutherwegs 1521 informieren.

Praktische Anregungen zur Tourenplanung

Es gibt die verschiedensten Möglichkeiten, einen Pilger- oder Weitwanderweg zurückzulegen. Wenn ich beschreibe, wie ich das getan habe, dann nicht, weil ich es für besonders gut halte, sondern weil darin vielleicht Anregungen enthalten sind, die es aufzugreifen lohnt.

Als ich mich aufmachte, den Lutherweg laufen, gab es zwei einschränkende Bedingungen. Zum einen fehlte mir die Zeit und wahrscheinlich auch die Kondition, den Weg in einem Stück zu laufen. Zum anderen hatte ich nicht die geringste Lust, einen schweren Rucksack zu tragen, da bisher leider noch kein Gepäcktransport auf dem Lutherweg angeboten wird.

Bei den Etappen 1 bis 7 und 8 bzw. 11 waren beide Bedingungen relativ einfach zu erfüllen. Jede einzelne Etappe ist eine unabhängige Tageswanderung und die An- und Abfahrt mit dem ÖPNV gut möglich.

Plant man, längere Abschnitte zu laufen, dann würde ich für die **Etappen 1 und 2** eine Unterkunft in Guntersblum buchen. Von dort mit der S-Bahn nach Worms, von dort nach Osthofen wandern und dann mit der S-Bahn zurück nach Guntersblum. Am folgenden Tag wieder nach Osthofen fahren

Am Rand der Wetterau bei Grünberg (Etappen 10 und 13).

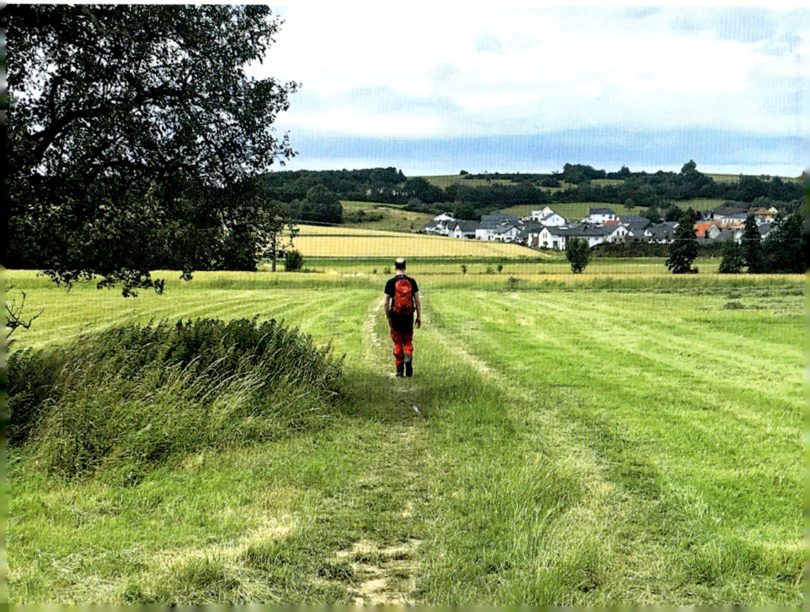

und zu Fuß nach Guntersblum. Diese Vorgehensweise bedeutet ein bisschen, aber nicht viel Fahrerei, dafür kein Gepäcktragen und einen ersparten Umzug.
Die **Etappe 3** führt über den Rhein ins bahnhofslose Trebur. Die Rückfahrt mit dem ÖPNV nach Guntersblum ist möglich, dauert aber etwas länger und erfordert mehrmaliges Umsteigen. Deshalb würde ich die **Etappen 3 und 4** zusammenfassen und von Guntersblum nach Trebur laufen, dort übernachten und am nächsten Tag nach Walldorf (Hess.) weiterwandern. Dort erreicht man das Frankfurter S-Bahnnetz und braucht bis Friedberg (Hess.), also für die **Etappen 4 bis 7**, nur eine Unterkunft, von der aus man mit der S-Bahn die Etappenanfänge und -enden erreichen kann. Ich empfand Neu-Isenburg und Bad Vilbel als angenehme Orte für den Stützpunkt.
Nach Friedberg (Hess.) wird die Gegend deutlich ländlicher, was sich bei den **Etappen 8 bis 21** auf die Zahl der Übernachtungsmöglichkeiten und die Qualität des ÖPNV auswirkt. Zuerst muss man sich um die Unterkunft in Groß-Felda kümmern. Dort gibt es nur ein Hotel und ein Gästehaus und die Busverbindungen, insbesondere am Wochenende, sind schlecht. Ich habe das Problem gelöst, indem ich das Auto auf etwa halber Strecke zwischen Friedberg (Hess.) und Alsfeld in Mücke (Ende Etappe 13) parkte, mit der Bahn und dem für zwei Übernachtungen gepackten Rucksack nach Friedberg (Hess.) zurückfuhr und dann in drei Tagen auf der **West- oder Ostspange** nach Mücke zurückwanderte. Dort das Gepäck wechselte und in zwei Tagen (mit Übernachtung in Groß-Felda) nach Alsfeld weiterwanderte. Von dort kann man mit der Bahn wieder bequem Mücke erreichen.
Für die letzten sechs Etappen habe ich Bad Hersfeld als Stützpunkt gewählt. Von Bad Hersfeld führt eine Buslinie nach Alsfeld und durch alle Etappenorte dazwischen. Also bin ich bei den **Etappen 16 bis 18** morgens zum Ausgangspunkt der Etappe gefahren und abends vom Endpunkt zurück nach Bad Hersfeld. In die andere Richtung funktioniert es ähnlich. **Etappe 19:** Von Bad Hersfeld nach Friedewald wandern, mit dem Bus zurück. **Etappe 20:** Von Bad Hersfeld mit dem Bus nach Friedewald, dann nach Berka/Werra wandern, mit dem Bus zum Bahnhof in Gerstungen und mit der Bahn zurück nach Bad Hersfeld. **Etappe 21:** Von Bad Hersfeld mit Bahn und Bus nach Berka/Werra und von dort nach Eisenach wandern. Von dort mit der Bahn zurück nach Bad Hersfeld oder in Eisenach bleiben und die Thüringer Schleife anschließen.
Für die **Thüringer Schleife** ist Eisenach der Ausgangspunkt. Am ersten Tag bis Bad Liebenstein wandern, dort übernachten oder mit dem Bus nach Eisenach und am folgenden Tag zurückfahren. Am zweiten Tag von Bad Liebenstein zum Waldgasthof Hubertushaus am Rennsteig (gut besucht, rechtzeitig reservieren), am dritten Tag weiter nach Eisenach.
Ein längerer Aufenthalt in Neu-Isenburg/Bad Vilbel und Bad Hersfeld hat den Vorteil, dass man dort nicht auf Hotels angewiesen ist, sondern dass auch Ferienwohnungen infrage kommen.

Der Umwelt zuliebe ...

Auch als Wanderer hinterlassen wir einen ökologischen Fußabdruck, aber im Einklang mit der Natur unterwegs zu sein, ist gar nicht so schwer!

VORBEREITUNG UND ANFAHRT

- Sich vorab informieren, worauf in Bezug auf Natur und Umwelt in der jeweiligen Wanderregion besonders zu achten ist.
- Soweit möglich mit Bus und Bahn anreisen, Wander- und Rufbusse nutzen.
- Ist eine Anfahrt mit dem Auto nötig, Fahrgemeinschaften bilden.
- Bei weiten Anfahrten Mehrtagestouren planen oder von einem Quartier vor Ort aus mehrere Touren absolvieren.
- Flugreisen möglichst reduzieren und durch Beiträge zu Klimaschutzprojekten kompensieren.

KLEIDUNG UND AUSRÜSTUNG

- Beim Kauf von Outdoor-Kleidung auf umweltfreundliche und faire Herstellung achten und Kleidungsstücke möglichst viele Jahre nutzen.
- Ausrüstung kann man eventuell auch gebraucht kaufen oder ausleihen.
- Reparieren statt neu kaufen.

VERPFLEGUNG

- Beim Einkauf Bio-Ware, regionale und saisonale Erzeugnisse bevorzugen.
- Hütten und Gasthäuser auswählen, die regionale Produkte verwenden.
- Auf Einwegflaschen und Plastikverpackungen verzichten, stattdessen wiederverwendbare Trinkflaschen und Brotzeitboxen benutzen.

ÜBERNACHTUNG

- Bei lokalen Anbietern buchen, damit Menschen vor Ort profitieren.
- Auf Hütten und in anderen Unterkünften Strom und Wasser sparen.

UNTERWEGS

- Wege benutzen und Abkürzer vermeiden.
- Sperrungen von Wegen und Schutzgebieten respektieren.
- Keine Blumen pflücken und keine Pflanzen entnehmen.
- Waldbrandgefahr beachten.
- Müll wieder mit nach Hause nehmen und dort entsorgen.
- Toilettengänge in freier Natur möglichst vermeiden.
- Lärm vermeiden.
- Hunde an die Leine nehmen.

ROTHER
BERGVERLAG

DER LUTHERWEG 1521

Pilgerweg und Fernwanderweg

Im Hinblick auf das Reformationsjahr 2017 wurde von der 2008 gegründeten Deutschen Lutherweg-Gesellschaft ein etwa 2000 km langes Wegenetz in Sachsen-Anhalt, Sachsen, Thüringen und Bayern markiert, das wichtige Stätten der Reformation verbindet. Von diesen Lutherwegen unterschieden ist der 2017 eröffnete Lutherweg 1521, dessen »Bauherr« der Verein Lutherweg in Hessen e. V. ist. Natürlich kooperieren die beiden »Betreiber«, das Signet ist fast dasselbe, nur wenn man darauf achtet, wird einem die Jahreszahl 1521 in der grünen Umrandung des grünen L beim »hessischen« Weg auffallen. Das Konzept ist aber etwas verschieden. Während sich die übrigen Lutherwege vielfach verästeln, ist der Lutherweg 1521 ein Pilger- und Fernwanderweg nach dem Vorbild des Jakobsweges oder der Via Francigena.

Diese beiden Pilgerwege mit ihrer uralten Tradition haben ein Ziel. Und wenn im Mittelalter ein Pilger das Apostelgrab in Santiago de Compostela oder Rom erreichte, versprach er sich davon Bonuspunkte für den Weg ins Himmelreich. Heutzutage ist beim Pilgern der Weg das Ziel, den meisten pilgernden Menschen geht es um Ruhe, eine Reduzierung auf das Notwendige, ein Zu-sich-selbst-Kommen und Antworten auf ihre Sinnfragen, einigen auch um eine sportliche Leistung. »Irgendetwas wird dieser Weg schon in mir verändern«, ahnte Hape Kerkeling zu Beginn seiner Pilgerreise auf dem Jakobsweg, und so starten nicht wenige als Wanderer und kommen als Pilger an. Allerdings dürften sich fromme und auch kunstsinnige Wanderer darüber ärgern, dass viele Kirchen am Weg nach guter protestantischer Art unter der Woche verschlossen sind.

Der Verlauf des in beiden Richtungen gut ausgezeichneten Weges entspricht Luthers Reiseroute von Eisenach nach Worms zum Reichstag von 1521 und zurück (siehe S. 24 ff). Grün-weiße Wegweiser geben die Entfernungen zu den nächsten Zielen an, gelb sind die Markierungen und Wegweiser auf Zu- und Stichwegen (Bahnhöfe, Kirchen). Entlang des Weges informie-

Der Weg ist gut markiert und ausgeschildert.

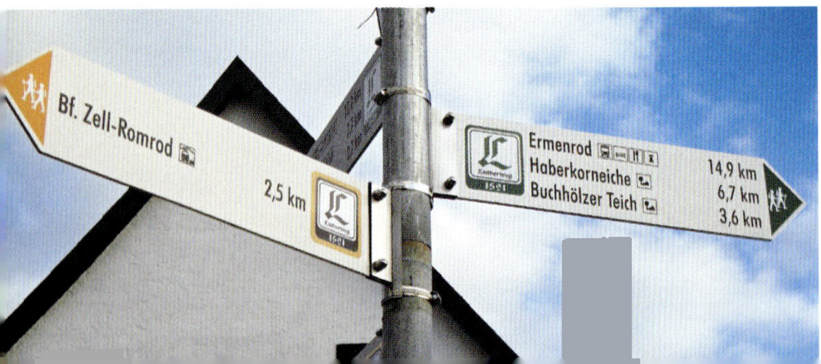

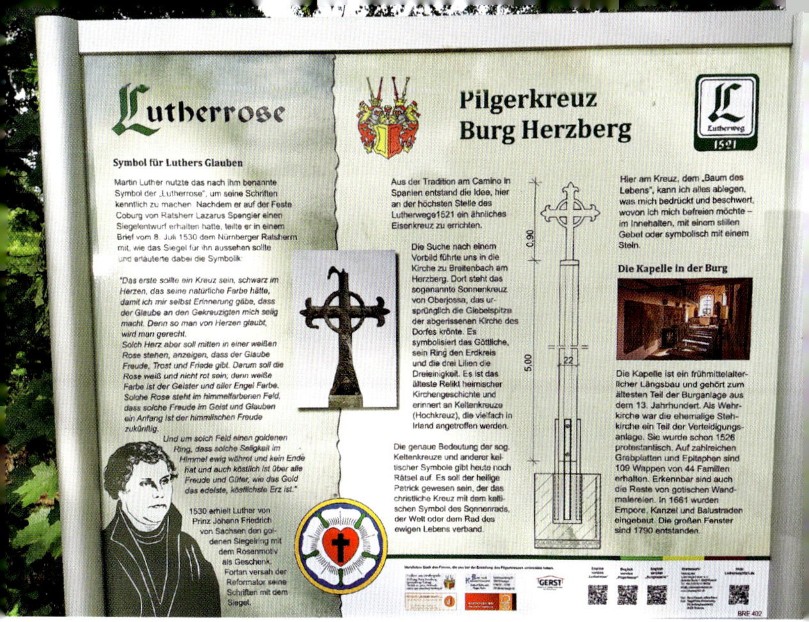

Eine von vielen Infotafeln am Weg (Etappe 17).

ren zahlreiche Tafeln über Luther und die Reformation unter Berücksichtigung der regionalen Geschichte.

Beschrieben ist er hier in West-Ost-Richtung, ausgehend von der Nibelungenstadt Worms in Rheinland-Pfalz auf der Rheinterrasse leitet er entlang des rheinhessischen Hügellandes durch Weinberge nach Oppenheim, überquert dort den Rhein nach Hessen, führt dann über Trebur durch das Hessische Ried nach Rüsselsheim. Es folgen die Main-Metropole Frankfurt und die Ackerlandschaften der Wetterau, das Vulkangebiet des Vogelsbergs und ab Bad Hersfeld die nördliche Kuppenrhön. Bei Berka im Werra-Tal wechselt der Weg nach Thüringen, quert den Rennsteig und erreicht schließlich die Wartburg bei Eisenach. Da Luthers Reiseroute nicht immer historisch klar überliefert ist, teilt sich der Weg in Mittelhessen zwischen Friedberg (Hess.) und dem Hessenbrückenhammer bei Laubach in eine Ost- und eine Westspange.

Der Lutherweg 1521 hat eine Länge von 360 km (Westspange über Lich) bzw. 355 km (Ostspange über Hungen) und ist in 18 Etappen eingeteilt. Im Wanderführer sind 24 Etappen beschrieben. Für diesen Unterschied gibt es zwei Gründe, zum einen die beiden Spangen (jeweils drei Etappen), zum anderen die drei Etappen der sogenannten Thüringer Schleife (mehr dazu auf S. 160 f).

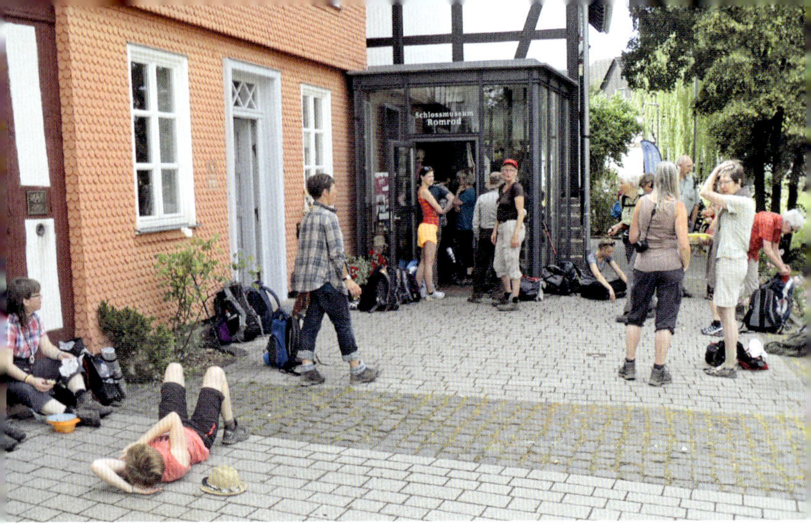

Pilgergruppe vor der Geschäftsstelle des Lutherweg-Vereins in Romrod (Etappe 15).

Die alten Wege, auf denen Luther gereist ist, haben sich in den letzten Jahrhunderten stark verändert. Oft wurden sie zu Bundes- und Landstraßen »upgegradet« oder überbaut. Deshalb verläuft der Lutherweg 1521 zwar in einem engen Korridor zu ihnen, aber zum großen Teil auf Feld-, Wald- und Wiesenwegen und leitet auch über den einen und anderen Aussichtspunkt.

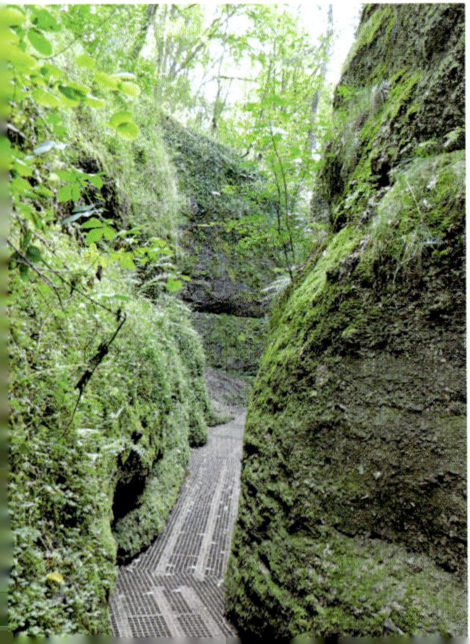

Informationen zum Lutherweg 1521 findet man auch auf der Homepage des Vereins Lutherweg in Hessen e. V. (Alsfelder Str. 1, 36329 Romrod, Tel.: +49 6636 9189 630, www.lutherweg1521.de). Dort kann gegen eine Schutzgebühr von 2,50 € ein 14-seitiger Pilgerausweis bezogen werden, der auch 60 Felder für die Stempelstationen entlang des Weges bereithält.

Obwohl der Lutherweg 1521 ein Fernwanderweg ist, beschreibt der Wanderführer auch zahlreiche Ta-

Durch die Drachenschlucht führt ein schmaler Weg (Etappe 24).

gestouren, da viele Etappen des Lutherwegs an einem Bahnhof beginnen und enden. Eine fünftägige Rundwanderung ergibt die Verbindung der erwähnten West- und Ostspange: Friedberg (Hess.)–Lich–Hungen–Friedberg (Hess.), eine dreitägige Rundwanderung im Thüringer Wald ist die erwähnte Thüringer Schleife und nahe der Wartburg lassen sich noch zwei Tagestouren aus Abschnitten des Fernwanderweges zusammenstellen, darunter auch eine klassische Tour durch die Drachenschlucht und die Landgrafenschlucht.

Martin Luther und seine Wegbereiter

Seit die Kirche existiert, gibt es Personen, geistige Strömungen und Lehren, durch die eine Mehrheit ihren Machtanspruch und Besitzstand gefährdet sieht. Beim Lutherdenkmal in Worms (Bild siehe S. 33) sitzen vier Vorreformatoren um das Postament mit der 3 ½ m hohen Statue Luthers. Vom 12. bis zum 14. Jh. waren im Süden Frankreichs sowie in Italien, Spanien und Deutschland die Katharer (auch Albigenser) verbreitet, bevor sie durch Kreuzzüge vernichtet wurden. In der zweiten Hälfte des 12. Jh. begründete Petrus Waldes die Glaubensgemeinschaft der Waldenser, die trotz Verfolgungen durch die Inquisition bis heute überdauert hat. Waldes wird wegen seiner Biografie und seiner Auffassung vom Laienpredigeramt oft mit dem wenige Jahrzehnte später geborenen Franz von Assisi verglichen. Der eine endete als Ketzer, der andere als Heiliger. Erwähnenswert an Petrus Waldes ist noch, dass er Teile der Vulgata ins Okzitanische, die ursprüngliche

Pilgergruppe auf den Spuren Luthers.

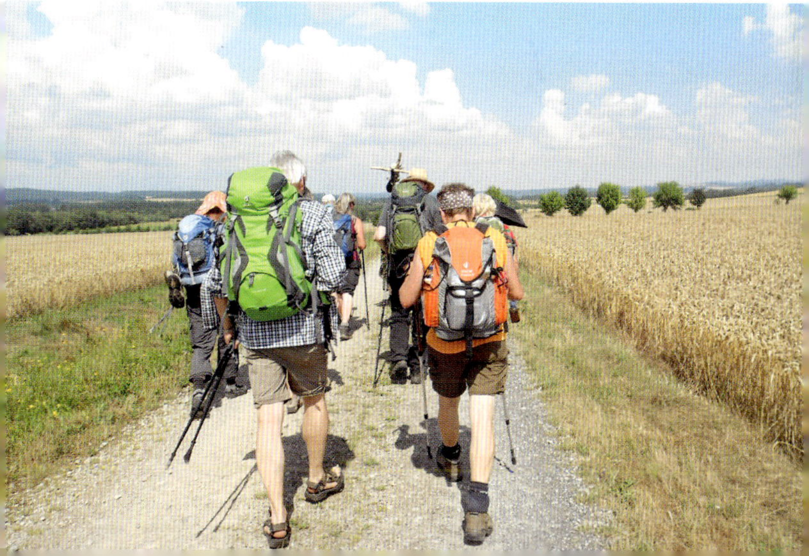

Sprache Südfrankreichs, übersetzen ließ. Die Vulgata war eine Sammlung lateinischer Übersetzungen des griechischen Bibeltextes, die im 5. Jh. begonnen wurde und in der römischen Kirche maßgeblich war.

In England prangerte John Wycliff (ca. 1330–1384) Missstände in der Kirche an und bestritt den politischen Machtanspruch des Papstes. In allen Fragen des Glaubens hatte für ihn die Heilige Schrift die alleinige Gültigkeit. Deshalb übersetzte er die Vulgata ins Englische. Die Anrufung der Heiligen sah er in ihr nicht begründet, ebenso wenig das Reliquien- und Wallfahrtswesen, das er zusammen mit dem Ablasshandel abschaffen wollte. Als Reaktion auf seine Bibelübersetzung wurde in England 1417 das Bibellesen bei Todesstrafe verboten, da das Monopol der Schriftauslegung bei der römischen Kirche lag. 1415, 30 Jahre nach seinem Tod, wurde Wycliff auf dem Konzil von Konstanz zum Ketzer erklärt. Seine Lehren wurden verdammt, seine Gebeine 1428 ausgegraben und verbrannt.

Beeinflusst durch die Lehre Wycliffs kritisierte der Prager Theologe und Prediger Jan Hus (ca. 1370–1415) den weltlichen Besitz der Kirche sowie Habsucht und Lasterleben von Klerikern. Er kämpfte für eine Reform der verweltlichten Kirche, trat für die Gewissensfreiheit ein und sah in der Bibel die einzige Autorität in Glaubensfragen. Auf dem Konzil von Konstanz wurde er als Ketzer verurteilt und wenig später dort verbrannt. Angeblich soll er vor seinem Feuertod gesagt haben: »Heute bratet ihr eine Gans, aber aus der Asche wird ein Schwan auferstehen.« (»Hus« bedeutet auf Tschechisch »Gans«). Deswegen wird Luther häufig mit einem Schwan dargestellt (siehe Bild S. 53).

Am großen Reformationsdenkmal in Worms sitzt neben Waldes, Wycliff und Hus als vierter Vorreformator der italienische Dominikaner Girolamo Savonarola (1452–1498) zu Füßen Luthers. Der bemerkenswerte Prediger forderte eine grundlegende Kirchenreform. Ab 1490 hielt er sich in Florenz auf und wurde nach dem Sturz der Medici einer der Führer der florentinischen Republik. Papst Alexander VI. exkommunizierte ihn 1497 als »Häretiker, Schismatiker und Verächter des Heiligen Stuhls« und forderte vom Magistrat der Stadt unter Androhung des

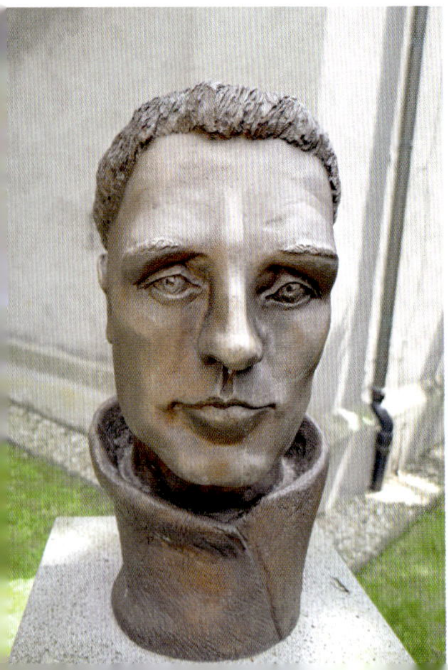

Der junge Luther vor der Stadtkirche in Grünberg (Etappen 10 und 13).

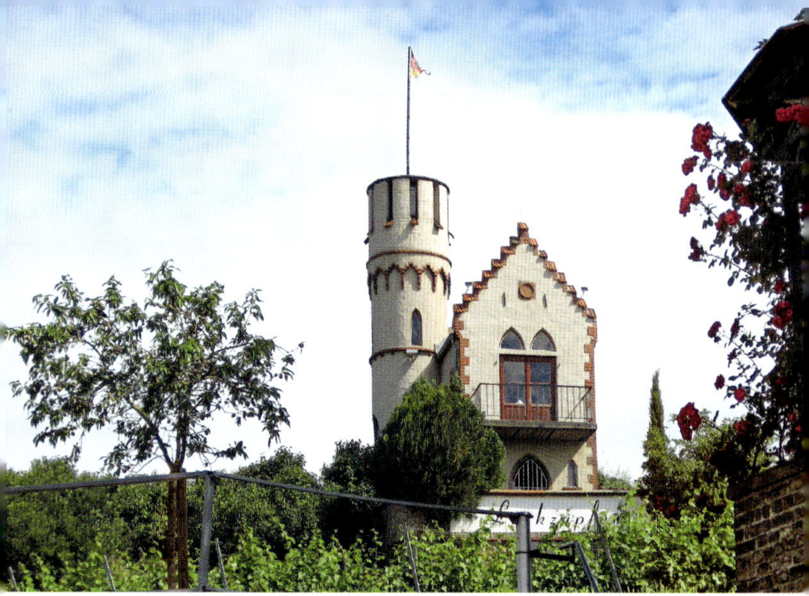

Der Leckzapfen in den Weinbergen von Osthofen (Etappe 2).

Interdikts für den ganzen Staat, den Bußprediger gefangen zu nehmen. Daraufhin schleppte eine aufgebrachte Menge Savonarola aus seinem Kloster. Er wurde eingekerkert, gefoltert und zum Tod verurteilt. 1998 leitete Papst Johannes Paul II. ein Seligsprechungsverfahren ein.
Martin Luther war also keine singuläre Gestalt, sondern einer von vielen, die eine Reform der Kirche forderten. Genau wie Franz von Assisi das Glück hatte, als Heiliger und nicht auf dem Scheiterhaufen zu sterben, hatte Luther aufgrund der politischen Großwetterlage und von Erfindungen wie dem Buchdruck das Glück, seine Vorstellungen umsetzen zu können. Das Ergebnis war nicht nur positiv. Die wichtige Rolle der Landesfürsten in den neuen Kirchen, ein zwiespältiges Verhältnis zu den Bauern und der Antisemitismus sind nur einige der unerfreulichen »Morgengaben« Luthers.
Als großes Verdienst Luthers gilt die Übersetzung der Bibel ins Deutsche. Aber auch hier ist Vorsicht geboten, denn er fing nicht bei Null an. Vor Luther waren bereits 18 Ausgaben der Vulgata in deutscher Übersetzung gedruckt worden, darunter auch die Gutenberg-Bibel. Mit dem Niedergang des Byzantinischen Reichs gelangten im 15. und 16. Jh. griechische Manuskripte der Bibel in den Westen und zeigten wichtige Unterschiede zur Vulgata auf. Der Humanist Erasmus von Rotterdam veröffentlichte 1516 ein Neues Testament, das den griechischen Urtext und seine neue lateinische Übersetzung dieses Textes enthielt. Während des Aufenthalts auf der Wart-

burg im Winter 1521/22 soll Luther in elf Wochen auch unter Verwendung der Erasmus-Ausgabe das Neue Testament ins Deutsche übertragen haben. Das September-Testament, die erste gedruckte Ausgabe, wurde rechtzeitig zur Leipziger Messe im September 1522 in einer Auflage von 3.000 Exemplaren veröffentlicht. Bis 1533 erscheinen weitere 84 Ausgaben.
Die anschließende Übersetzung des Alten Testaments, mit der wohl noch 1522 begonnen worden war, erfolgte als Gemeinschaftswerk mit weiteren Theologen und Kennern der Alten Sprachen wie z. B. Philipp Melanchthon und Johannes Reuchlin. 1534 erschien dann die erste Gesamtausgabe der Bibel, die wesentlich zur Vereinheitlichung der deutschen Sprache beitrug.

Martin Luther und seine Wormsreise

Martin Luther wurde am 10. November 1483 in Eisleben geboren; wann die Familie wohlhabend und wirtschaftlich erfolgreich wurde, ist umstritten. 1546 starb er dort. Auf Wunsch seines Vaters begann Luther im Sommersemester 1505 in Erfurt ein Jurastudium, brach es aber nach wenigen Wochen ab und bat bei den Augustiner-Eremiten um Aufnahme. Im September 1506 wurde er als Mönch aufgenommen und ein halbes Jahr später zum Priester geweiht. In den folgenden Jahren studierte er in Erfurt, Wittenberg und wieder Erfurt und machte in seinem Orden Karriere. Im September 1511 zog Luther endgültig von Erfurt nach Wittenberg, wurde ein Jahr später zum Doktor der Theologie promoviert und unterrichtete an der Universität. 1515 wurde er zum Provinzialvikar seines Ordens ernannt. Damit unterstanden ihm zehn Klöster.
Der Renaissancefürst und »Multi-Bischof« Albrecht von Brandenburg (1490–1545), ein Hohenzoller, besaß weder das Alter noch die erforderliche akademische Bildung für die Übernahme eines Bischofamtes, geschweige denn von mehreren. Also benötigte er einen Dispens vom Medici-Papst Leo X., den es nur gegen Bares gab. Da es ihm aber auch daran mangelte, mussten die Fugger, immens reiche Augsburger Kaufleute und Bankiers, einspringen und Albrecht Geld leihen.
Der Papst wiederum benötigte Geld für den Neubau des Petersdoms, und so einigte man sich 1515 auf die Verkündigung eines besonderen Ablasses in Albrechts Bistümern Mainz, Magdeburg und Halberstadt sowie dem heimischen Brandenburg, dessen Ertrag je zur Hälfte dem Papst und Albrecht zugute kommen sollte. Die beiden Hälften vereinigten sich dann wieder in den Kassen der Fugger, denen auch der Papst große Summen schuldete. Der Dominikanermönch Johann Tetzel wurde mit dem Vertrieb von Ablassbriefen in den Bistümern Halberstadt und Magdeburg betraut. Sein Werbeslogan »Sobald das Geld im Kasten klingt, die Seele in den Himmel springt!« fasst prägnant zusammen, worum es bei einem Ablass geht.

Das 1918 vollendete Luther-Fenster von Otto Linnemann in der Stadtkirche von Friedberg (Hess.) zeigt Luther mit seinen Mitstreitern (Etappen 8 und 11).

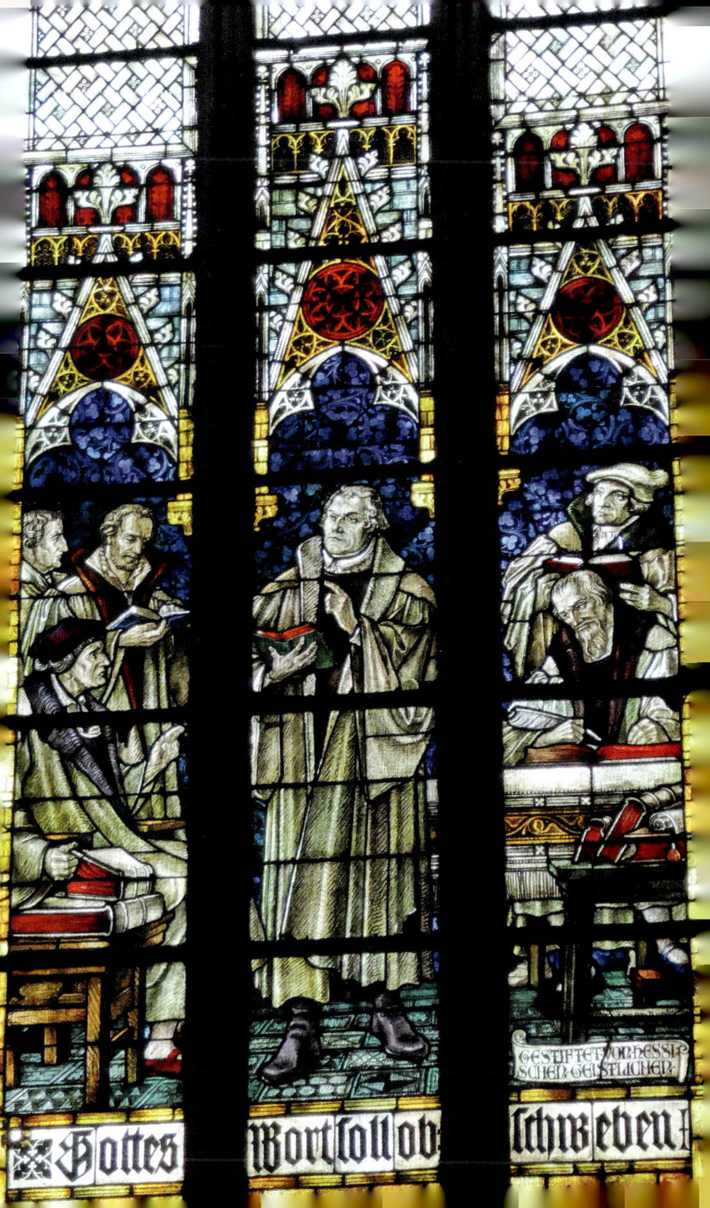
GESTIFTET VON HESSI-
SCHEN GEISTLICHEN
Gottes Wort soll ob-
schweben

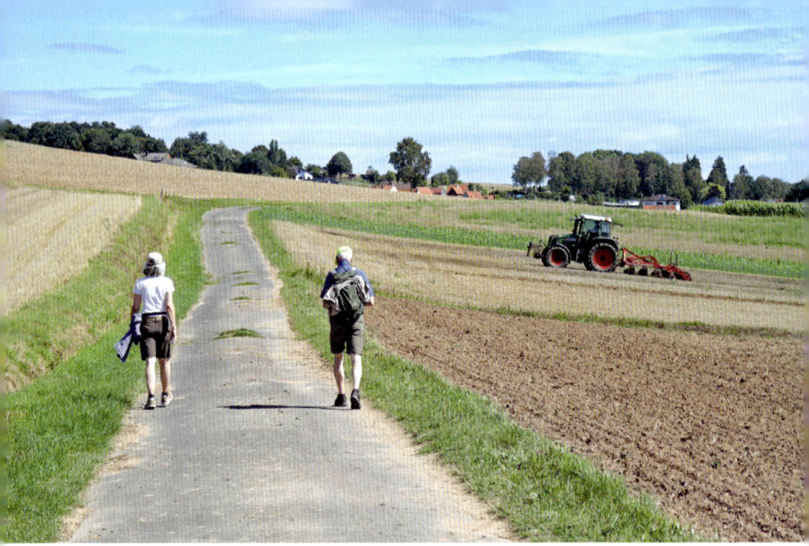

Im Fulda-Tal zwischen Beiershausen und Asbach (Etappe 18).

Als Reaktion darauf, dass auch Wittenberger Bürger solche Ablassbriefe erwarben, wandte sich Luther mit seinen 95 Thesen gegen den Ablasshandel. Dass er sie tatsächlich am 31. Oktober 1517 an der Tür der Wittenberger Schlosskirche anschlug, ist nicht endgültig belegt, sicher aber schickte er sie an diesem Tag an den zuständigen Bischof Albrecht. In der Folgezeit wurden sie in Ermangelung einer bischöflichen Reaktion durch Bekannte Luthers veröffentlicht. Daraufhin schaukelte sich der Konflikt mit der römischen Kirche hoch und vertiefte sich. Im Januar 1521 wurde Luther von Leo X. exkommuniziert. Auf den Kirchenbann folgte traditionell die Reichsacht. Da aber der neugewählte Kaiser Karl V. jedem, dem die Reichsacht drohte, ein Verfahren mit rechtlichem Gehör zugesichert hatte, wurde Luther auf den Reichstag, der 1521 in Worms stattfand, geladen; auch wurde ihm freies Geleit zugesichert. Freies Geleit war aber auch Hus für sein Erscheinen in Konstanz versprochen worden! Wohl am 2. April 1521 brachen Luther und seine Begleiter in Wittenberg auf, trafen am 8. April in Eisenach ein und erreichten am 16. April Worms.
Schon am folgenden Tag fand die erste Verhandlung statt und Luther wurde eine eintägige Frist für einen Widerruf gesetzt. Diesen verweigerte er am nächsten Tag und schloss mit dem Satz: »Daher kann und will ich nichts widerrufen, weil wider das Gewissen etwas zu tun weder sicher noch heil-

Nachfolgende Doppelseite: Werra-Aue zwischen Dankmarshausen und Dippach mit Kiesberg und Monte Kali (Etappe 20).

sam ist. Gott helfe mir, Amen!«. (Die populäre Version »Hier stehe ich und kann nicht anders! Gott helfe mir, Amen!« ist eine Legende.)
Da sich der Kaiser und die Reichsstände, aber auch die Reichstände untereinander über das weitere Vorgehen nicht einig waren, folgten abermalige ergebnislose Gespräche, bis Luther am Abend des 25. April vom Reichstag entlassen wurde. Am 26. April traten er und seine Begleiter unter Zusicherung eines dreiwöchigen freien Geleits die Rückreise nach Wittenberg an. Am Abend des 2. oder 3. Mai, darüber besteht keine Einigkeit, erreichten die beiden Reisewagen mit Luther und seiner Gruppe Eisenach. Dort schrieb Luther in einem Brief an den Grafen von Mansfeld, dass er sich eine Zeitlang »eintruhen« lassen müsse, mehr wisse er nicht. Am nächsten Tag fuhr einer der Wagen mit dem größeren Teil der Weggefährten direkt nach Gotha weiter, mit dem zweiten besuchten Luther und die verbliebenen beiden Begleiter das sogenannte Stammhaus im weiter südlich gelegenen Möhra, in dem Luthers Vater geboren worden war und damals sein Onkel Heinz lebte. Von dort wollten sie dann über Altenstein und Waltershausen nach Gotha fahren. In einem engen Tal oberhalb von Steinbach, durch das der Weg zum Kamm des Thüringer Waldes führt, wurde der Wagen am 4. Mai überfallen. Es handelte sich um eine fingierte Entführung, die auf Befehl des sächsischen Kurfürsten Friedrich des Weisen geschah; Luther, der eingeweiht war, wurde auf der nahen Wartburg in Sicherheit gebracht, wo er seine Bibelübersetzung begann. Seit 1857 erinnert im Glasbach-Tal ein ca. 10 m hoher Obelisk an den Schein-Überfall.

In Schloss Eichhof traf Luther Abt Grato von Hersfeld (Etappe 18).

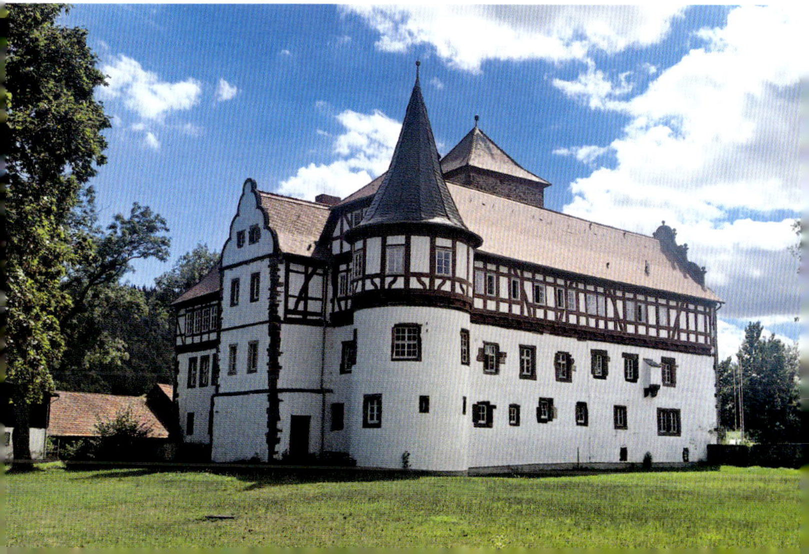

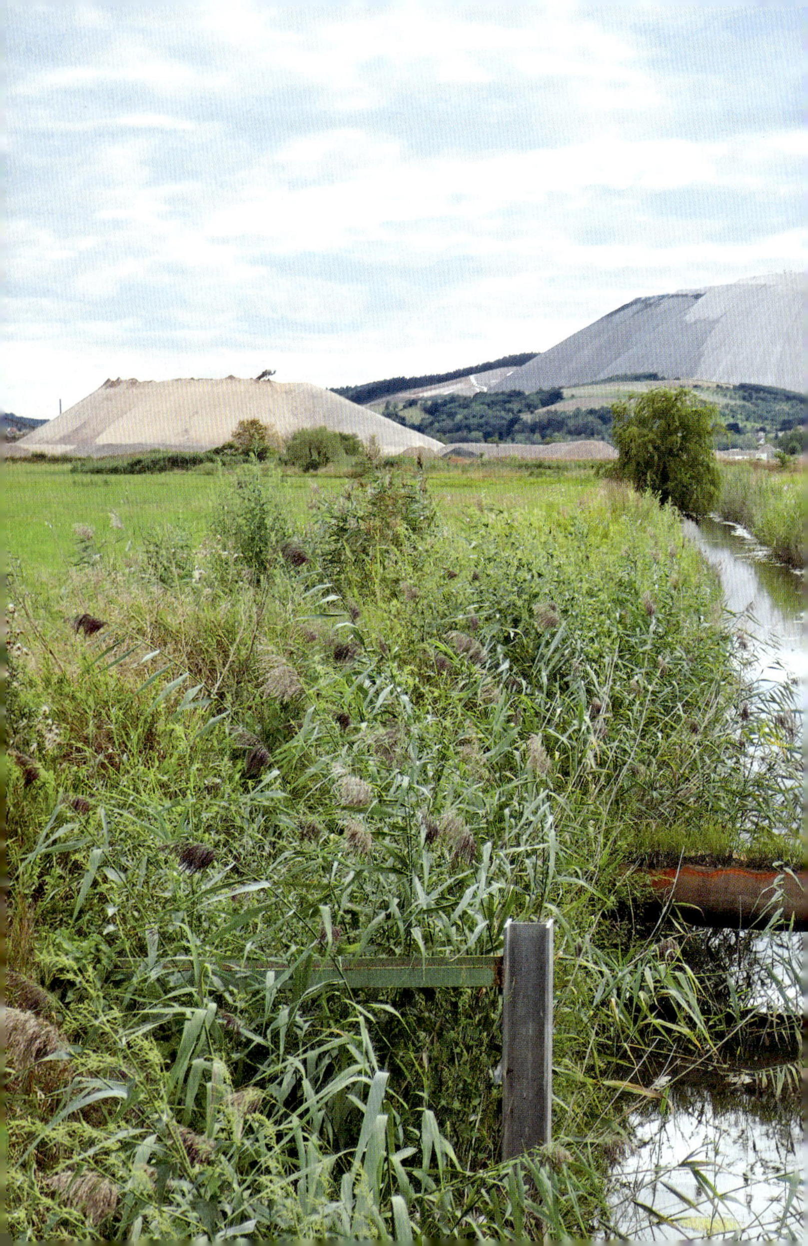

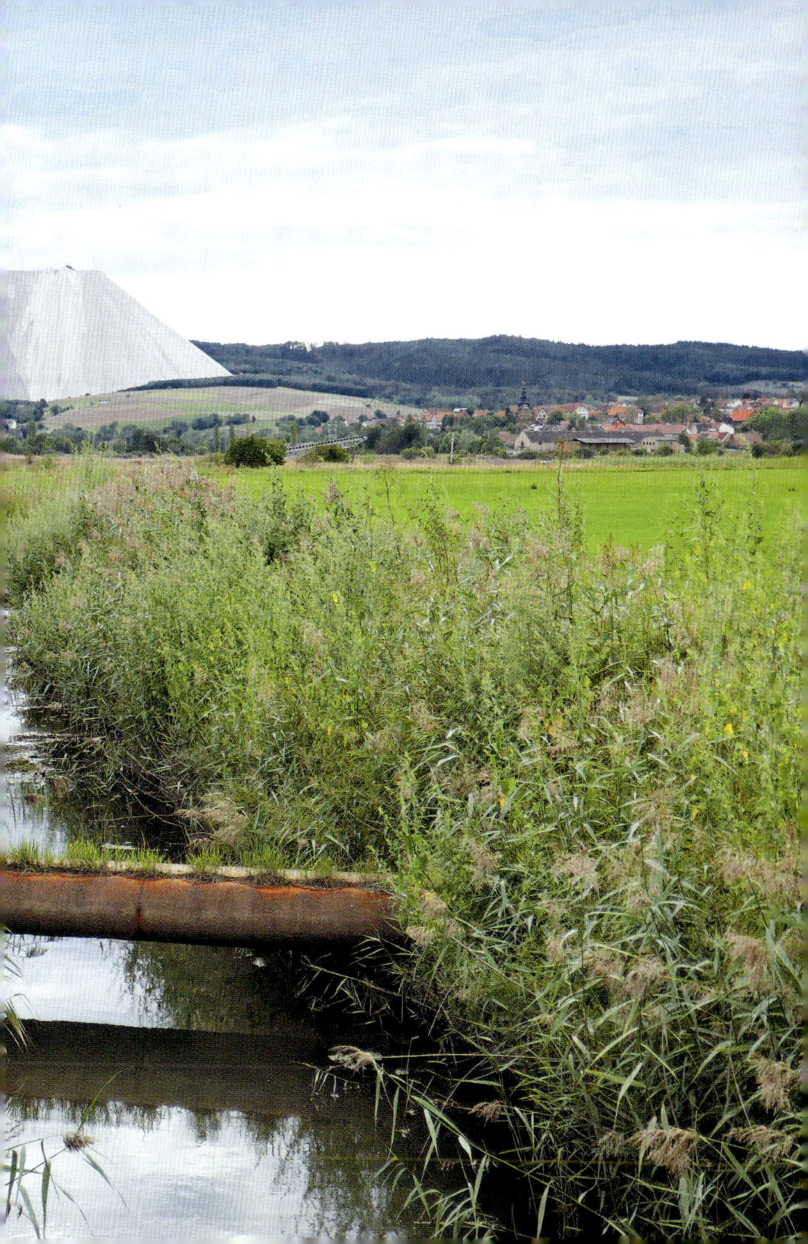

1 Worms – Osthofen

3.30 h	14,8 km
↗50 m	↘60 m

Von der Nibelungenstadt durch das Wonnegau

Der Lutherweg, der bis Oppenheim weitgehend dem RheinTerrassenWeg folgt, führt aus Worms heraus und im Wonnegau in einiger Entfernung vom Fluss durch die Weinberge an den Hängen des Rhein-Tals. Diese Gegend gehört zu den großen Weinbaugebieten Rheinhessens. Mit etwas Glück findet man einen Metzger, der das typische rheinhessische Vesper »Worscht, Weck unn Woi« anbietet.

Ausgangspunkt: Worms (100 m, 83.500 EW), Magnuskirche in der Dechaneigasse.
Endpunkt: Osthofen (89 m, 9.500 EW), Bahnhof.
Anforderungen: Einfach, nach Verlassen von Worms führt die Wanderung auf landwirtschaftlichen Wegen durch Weinberge.
Einkauf: Worms (Zentrum), Osthofen.
Einkehr: **Worms (Zentrum); Worms-Herrnsheim:** Weinhotel Sandwiese, Tel. +49 6241 9707760, ab 16 Uhr; **Osthofen**.
Unterkunft: **Worms (Zentrum):** Jugendherberge, Tel. +49 6241 25780, www.diejugendherbergen.de; Hotel Restaurant Kriemhilde, Tel. +49 6241 91150, www.hotelkriemhilde.de; Central Hotel garni, Tel. +49 6241 64570, www.centralhotel-worms.de; **Worms-Herrnsheim:** Weingut Hartmann, Tel. +49 6241 56579, www.hartmann-herrnsheim.de; Weinhotel Sandwiese und Appartements Sandwiese, Tel. +49 6241 95610, www.weingut-sandwiese.com; **Worms-Abenheim (Variante):** Falkenhof Wein- und Gästehaus, Tel. +49 6242 2427, www.wein-falkenhof.de; Weingut Cleres, Tel. +49 6242 99772, www.cleres.de; **Osthofen:** Weingasthof Zum Weißen Roß, Tel. +49 6242 911 410, www.weingasthof-osthofen.de, Ruhetag Mo, Di; Landhotel Zum Schwanen, Tel. +49 6242 9140, www.zum-schwanen-osthofen.de; Zimmer an der Bahnhofstraße und Zimmer am Kirchberg über Landhotel Schwanen.
Verkehrsmittel: Der Fernbahnhof in Worms und der Regionalbahnhof in Osthofen liegen an der Bahnstrecke Mainz-Mannheim.
Karte: Kompass Wanderkarte 831 Rheinhessen, Nahe, Nordpfälzer Bergland.
Variante: Für einen Abstecher nach **Abenheim** (Unterkunft, Einkehr) und zur tausendjährigen **Klausenbergkapelle** wandern Sie bei der Kreuzung **6** 15 Min. geradeaus, dann auf der Wonnegaustraße 5 Min. nach rechts bis zu einer Kreuzung. Nach der Rast folgen Sie von dieser Kreuzung der Klausenbergstraße nach Norden und gleich rechts der Straße Am Klausenberg. Nach kaum 5 Min. halten Sie sich bei einer Gabelung nach den letzten Häusern links und wandern in 5 Min. auf dem Weg durch die Weinlage »Abenheimer Klausenberg« zur Kapelle. Mehrmals zerstört stammt der jetzige Bau aus dem Jahr 1572 und wurde 1720 wieder instand gesetzt. Von dort gehen wir nach Osten und stoßen nach gut 15 Min. links auf den Lutherweg (An-/Abstieg ca. 50 Hm, Länge 2,9 km).
Tipp: Rechts vom Marktplatz in Worms liegt die romanische **Dominikanerkirche** St. Paul mit ihren beiden Heiden- oder Sarazenentürmen. Diese Kirchtürme haben ein steinernes Kuppeldach. Man vermutet, dass diese Bauweise von Kreuzfahrern aus dem östlichen Mittelmeerraum mitgebracht wurde. Zwei weitere dieser Kirchtürme, von denen es in Deutschland nur eine Handvoll gibt, finden sich in Alsheim und Guntersblum (Etappe 2).

*i Das in keltischer Zeit gegründete **Worms** ist eine der Anwärterinnen auf den Titel »älteste Stadt Deutschlands«. In fränkischer Zeit gehörte die Stadt zu den wichtigsten des Reiches, viele Reichstage fanden hier statt. Der Dom ist neben jenen von Mainz und Speyer einer der drei romanischen Kaiserdome des Landes. In diesen drei Städten befand sich im Mittelalter auch das Zentrum jüdischen Lebens in Deutschland. Der jüdische Friedhof »Heiliger Sand« in Worms gilt als einer der ältesten in Europa. 1689 wurde die Stadt im Pfälzischen Erbfolgekrieg durch die Truppen des Sonnenkönigs Ludwig XIV. zerstört und im Februar/März 1945 nochmals durch zwei alliierte Bombenangriffe. Danach wurde die Kernstadt »modern« (wie man beschönigend sagen könnte) wieder aufgebaut. Trotzdem sollte man für die Besichtigung einige Stunden einplanen.*

Die **Magnuskirche** ist das älteste Gotteshaus in **Worms** 1 und gilt als älteste lutherische Kirche Südwestdeutschlands. Von der Kirche folgen wir der Dechaneigasse, vorbei an der Jugendherberge im ehemaligen Jesuitenkolleg, zum romanischen **Dom** und gehen im Uhrzeigersinn um ihn herum. An seiner Nordseite, im heutigen Heylshofpark, war bis zur Stadtzerstörung 1689 die Residenz des Wormser Bischofs angebaut, in der Luther am 17. und 18. April 1521 vor Kaiser Karl V. seine Schriften widerrufen sollte. Wir gehen am Dom entlang zum Marktplatz. Dort erinnert der Siegfried-Brunnen daran, dass Worms auch Nibelungenstadt ist.

Im romanischen Kaiserdom in Worms betete schon Luther.

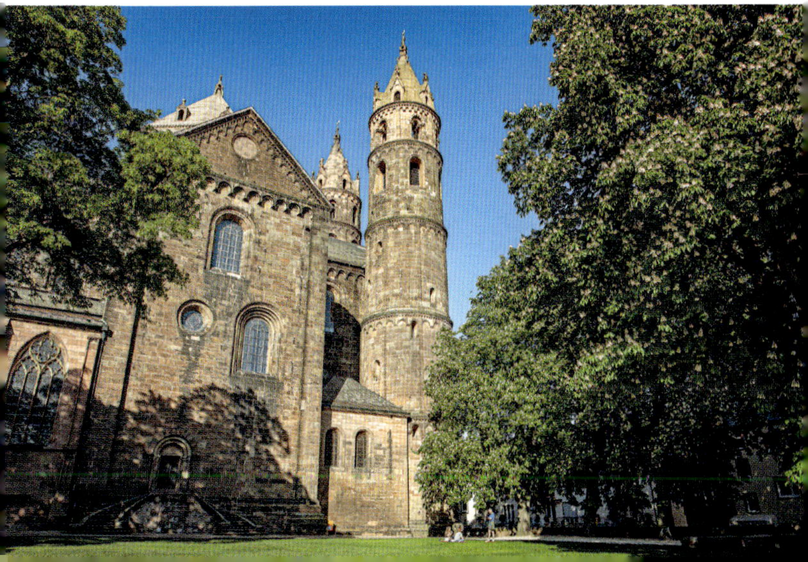

Vor dem Brunnen biegen wir nach links und folgen, vorbei an der Dreifaltigkeitskirche beim Brunnen, dem langen Marktplatz und der anschließenden Kämmererstraße bis zum Winzerbrunnen und biegen dort nach links in die Hardtgasse ein. An ihrem Anfang erinnert rechts eine Gedenktafel an den Johanniterhof, in dem Luther untergebracht war. Nach dem Obermarkt durchqueren wir einen Grünstreifen, in dem links der Welt größtes **Lutherdenkmal** liegt. Hinter dem Grünstreifen gehen wir weiter geradeaus

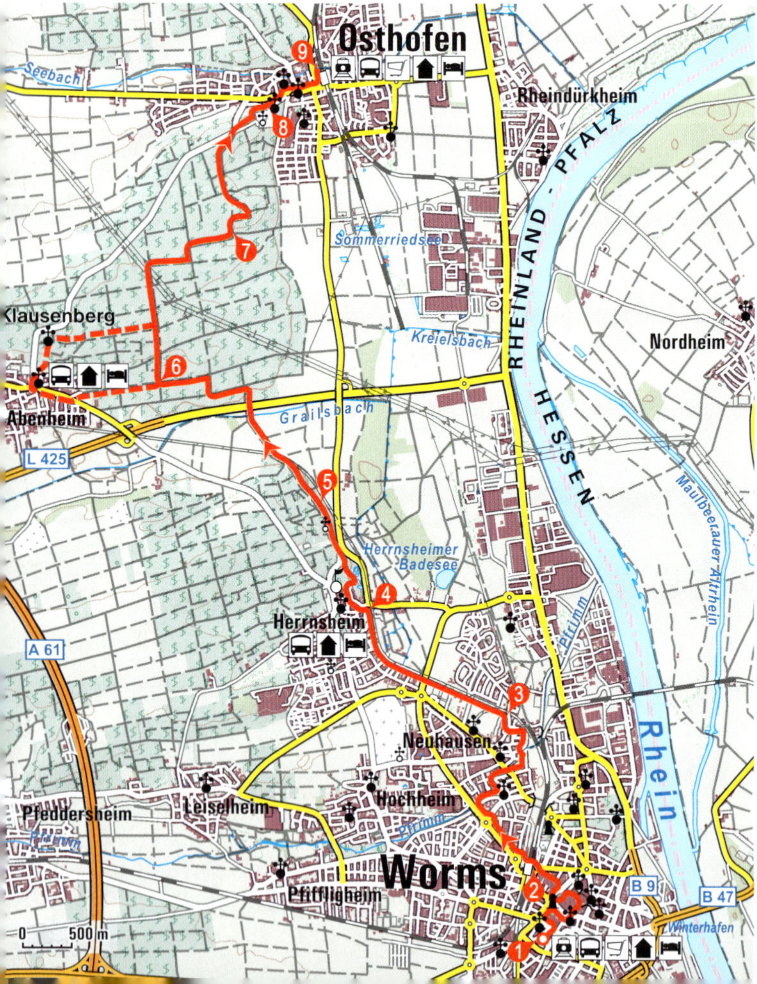

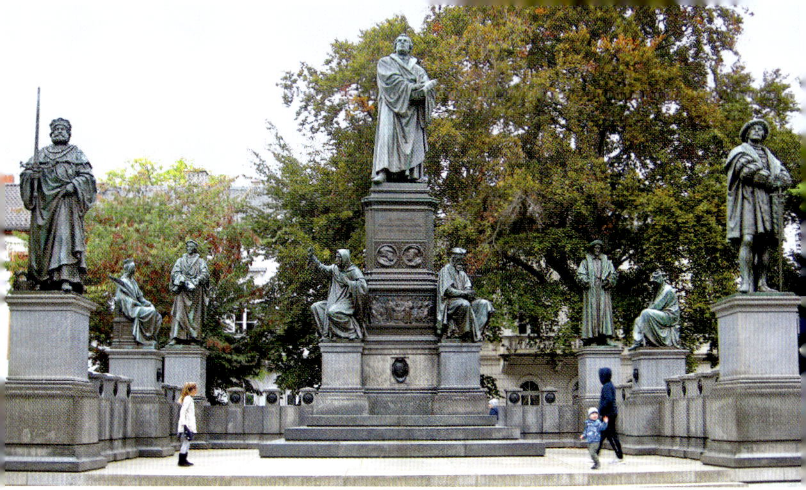

Die Mauerzinnen versinnbildlichen Luthers bekanntes Lied: Ein feste Burg ist unser Gott.

bis zum **Bahnhof** ❷. Beim neoromanischen Hauptgebäude mit Jugendstileinflüssen (1903/4) bringt uns eine Fußgängerunterführung in die westliche Innenstadt (Ausgang West).

Eine lange breite Rampe führt uns aufwärts in die Nähe eines Kreisverkehrs. Die Beschilderung des Lutherweges, der bis zur Rheinüberquerung nach Oppenheim mit dem gleichfalls ausgeschilderten RheinTerrassenWeg identisch ist, leitet geradeaus (2. Ausfahrt). Rund 5 Min. folgen wir der Von-Steuben-Straße, auch über einen zweiten Kreisverkehr hinweg, bis wir vor der Brücke über die Pfrimm nach rechts abbiegen und gut 10 Min. am Fluss entlang wandern. Am Ende eines großen Spielplatzes überqueren wir den Fluss und folgen dann der Schoppstraße nach rechts. Bei der T-Kreuzung an ihrem Ende halten wir uns links (Bahnunterführung rechts), nach 30 m bei der nächsten T-Kreuzung rechts (Nikolaus-Reuß-Straße) und nach 120 m bei der dritten T-Kreuzung nochmals (Schäferstraße).

Nach 150 m, nach dem Haus 31, folgen wir links einem von Büschen bestandenen **Fußweg** ❸, der ehemaligen Trasse einer Nebenbahn nach Neuhausen. Wir wandern auf ihr geradeaus, überqueren bei einem Ampelübergang eine Straße mit Mittelstreifen, danach macht die Trasse eine große Rechtskurve, bis sie nach 25 Min. in **Herrnsheim** ❹ links von einem Parkplatz eine Straße kreuzt. (In Herrnsheim ist die Auszeichnung des Lutherwegs suboptimal, die braunen Wegweiser »Schloss« sind ein Ersatz.) Wir gehen auf der Straße nach links und nach gut 100 m bei einer Gabelung nach rechts. Wir verlassen die Schillerturmstraße bei der ersten Gelegenheit nach links (Kettengasse) und gehen bei der folgenden Kreuzung rechts auf der Herrnsheimer Hauptstraße zum Empire-Schloss der Familie Dalberg. 1883 wurde es

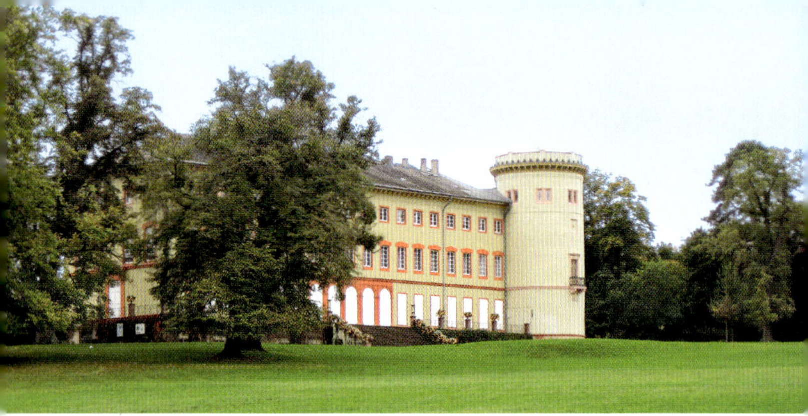

Das Schloss in Herrnsheim.

an die Industriellenfamilie Heyl verkauft, die vor dem Ersten Weltkrieg in ihren Lederwerken in Worms 5.200 Arbeiter beschäftigte, seit 1958 befindet es sich im Besitz der Stadt Worms.

Zwischen Schloss und Schloss-Café betreten wir den englischen Landschaftspark mit seiner ausgedehnten Teichanlage, gehen nach rechts, links an einem Pavillon und dann am Schillerturm vorbei, auf einen nahen Teich zu. Dort biegen wir nach links (alternativ geradeaus über Brücke) und wandern am Teich entlang. Bei einer Gabelung nach der Amor-Figur über der Quelle des Schlossparks halten wir uns rechts (ohne Wegweiser) und wandern der Parkgrenze folgend zum Ausgang. Auf der gegenüberliegenden Straßenseite folgen wir einem anfangs breiten Fahrweg und gehen bei einem Fächer nach wenigen Metern rechts und bei einer **Weggabelung** 5 ca. 5 Min. später nochmals. Der Weg führt zwischen einer Böschung mit und ohne Niedergehölz (links) und Reben (rechts) geradeaus; zwei Abzweigungen nach links, die Böschung hinauf, ignorieren wir. Wir wandern immer geradeaus ins Grailsbach-Tal, kreuzen eine Allee, den Grailsbach und dann auf einer Brücke die Landstraße.

200 m dahinter biegen wir bei der ersten Möglichkeit nach links und dann, jeweils bei der ersten Gelegenheit, nach rechts (350 m) und wieder nach links (200 m). Nach knapp 10 Min. halten wir uns bei der nächsten **Wegkreuzung** 6 rechts und wandern dann 20 Min. geradeaus.

i *Markantes Wegzeichen auf diesem Abschnitt ist die* ***Skulptur »Der Traum der Stare«*** *von Detlef Rohrbach aus Ludwigshöhe. Ein riesiger Star hat sich auf einem Hochständer niedergelassen, von dem aus früher seine Artgenossen abgeschossen wurden. Dazu spaltet der Künstler einen der Ständer und lässt einen Metall-Vogel »voll darauf abfliegen«.*

An Ende des langen, aber gemächlichen Aufstiegs, kurz nachdem wir Hochspannungsleitungen unterquert haben, biegen wir nach rechts (Wegweiser zweideutig), bei der folgenden Kreuzung 10 Min. später nach links und kurz darauf wieder nach rechts.
Nach gut 5 Min. macht der Weg eine Linkskurve, gleich darauf führt am **Seemersgrund** ❼ der offensichtliche, gepflasterte Weg rechts hinab (Bank), wir wandern geradeaus, links neben einer Steinmauer eine kleine Böschung hinauf. Wenig später leiten die Markierungen, vielleicht wegen des Blicks über die Rheinebene und den Odenwald, nach rechts, und der Track des Lutherwegs geradeaus. Wenig später, kurz vor der Wegkreuzung Am Lerchelsberg, kommen die beiden Varianten wieder zusammen. Wir wandern weiter geradeaus, passieren nach einer Rechtskurve kurz vor der Landstraße einen alten Flakturm.
Vor der Landstraße gehen wir auf der Zufahrt zum Friedhof nach rechts und vor seinem Eingang nach links an der Mauer entlang und um ihn herum zur Zufahrt der auf dem Gelände stehenden **Bergkirche** ❽. Wir folgen der Zufahrtsstraße abwärts, halten uns bei einer Gabelung links. Die nahe Hauptstraße leitet nach rechts bis zur Bahnunterführung, dort gehen wir nach links zum Bahnhof von **Osthofen** ❾.

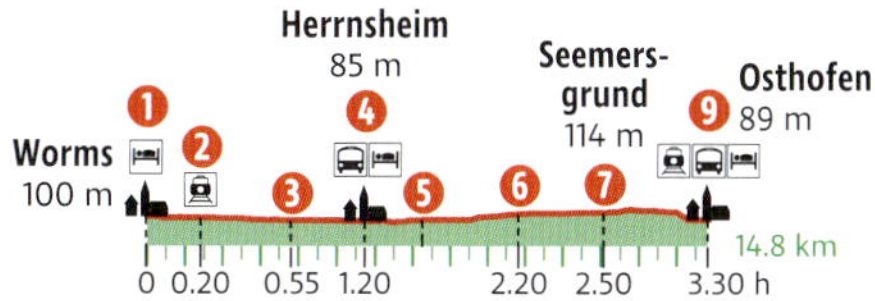

Gemächlicher Anstieg zur Hochspannungsleitung.

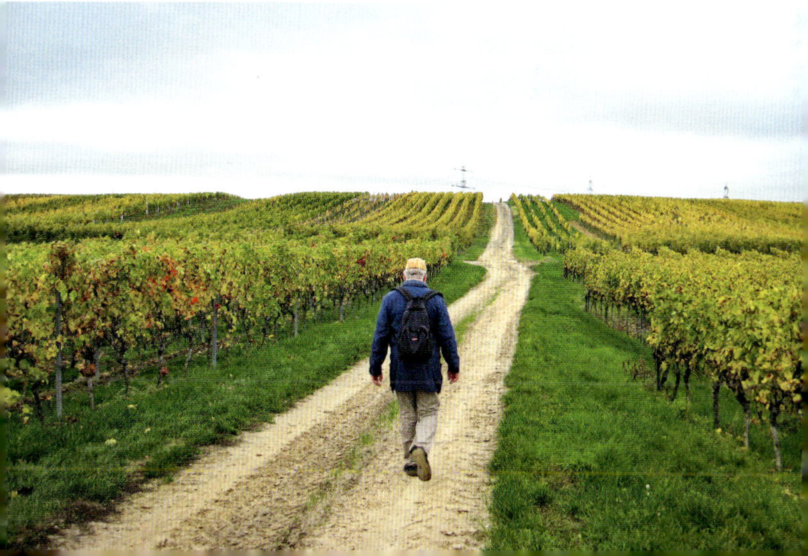

2 Osthofen – Guntersblum

4.30 h	18,1 km
↗ 190 m	↘ 190 m

Weinberge ohne Ende

Diese Etappe führt durch die Weinberge im weich geformten Hügelland oberhalb des Rheins von Osthofen nach Guntersblum. Bei so vielen Weinbergen verwundert es nicht, dass Rheinhessen zu den größten Weinanbaugebieten Deutschlands zählt. So wie Luther einen guten Tropfen durchaus schätzte, dürfen auch Sie ohne schlechtes Gewissen die qualitativ hochwertigen Weine des Anbaugebietes probieren. Der Weg ist vorbildlich ausgezeichnet und mit dem RheinTerrassenWeg identisch, der an den Verlauf der alten Handelsstraße von Worms nach Mainz angelehnt ist.

Ausgangspunkt: Osthofen (89 m, 9.500 EW), Bahnhof.
Endpunkt: Guntersblum (90 m, 3.800 EW) Bahnhof.
Anforderungen: Leichte Wanderung durch Weinberge.
Einkauf: Osthofen, Bechtheim, Alsheim, Guntersblum.
Einkehr: **Bechtheim:** Bechtheimer Hof, Tel. +49 6242 9908 338, www.gasthaus-bechtheimer-hof.eatbu.com, Do. bis Sa. ab 17 Uhr, So. und Mo. ab 11 Uhr; **Alsheim:** Zum Alten Kelterhaus, Tel. +49 6249 5702, www.zumaltenkelterhaus.de, Mi. bis Sa. ab 16 Uhr, So. und Feiertag ab 11 Uhr; Pizzeria Da Peppone, Tel. +49 6249 805 566, www.pizzeria-da-peppone-alsheim.jimdofree.com, Mo. Ruhetag,

Nach der Lorscher Mühle wandern wir 10 Minuten geradeaus.

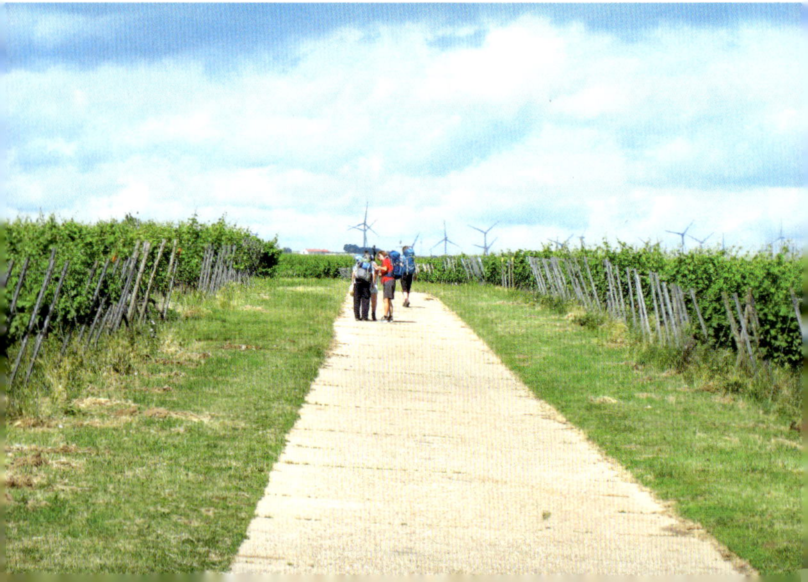

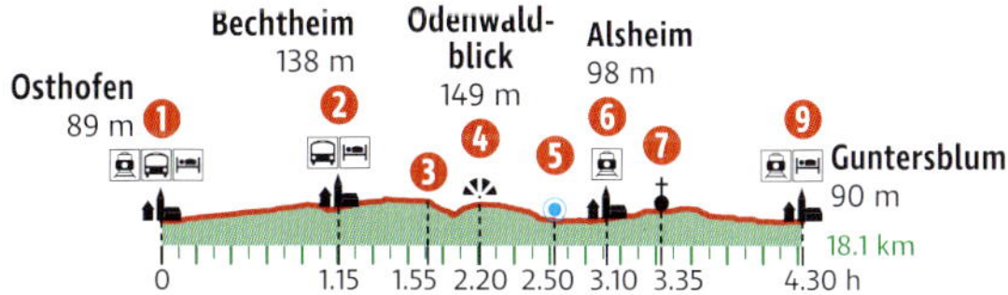

sonst 11–14 Uhr und 17.30–22 Uhr; **Guntersblum:** Markt ZWO, Tel. +49 6249 8054 244, www.marktzwo.de, Di. bis Sa. 16–22 Uhr; Weingut Domhof (s. Unterkunft), Mi. bis Sa. ab 17.30 Uhr, So. ab 17 Uhr.

Unterkunft: Bechtheim: Gästehaus Weinreich, Tel. +49 6242 7675, www.gaestehaus-weinreich.de; Weingut Lambertushof, Tel. +49 6242 7163, www.lambertushof.com; **Guntersblum:** Pension Zur Schlummerstube, Tel. +49 6249 805 887, www.schlummerstube.de; Pension Gutshaus Christian Schmitt, Tel. +49 6249 908980, www.schlossgut-schmitt.de/de/uebernachtung.html; Weingut Domhof, Tel. +49 6249 805 767, www.weingut-domhof.de.

Verkehrsmittel: Regionalbahnhöfe in Osthofen, Mettenheim, Alsheim und Guntersblum an der Bahnstrecke Mainz-Mannheim; Busverbindung von Bechtheim nach Osthofen und Worms.

Karte: Kompass Wanderkarte 831 Rheinhessen, Nahe, Nordpfälzer Bergland.

Tipp: Das 1933/34 von den Nationalsozialisten betriebene **KZ Osthofen**, das heute eine Gedenkstätte ist, wurde von der Schriftstellerin Anna Seghers in ihrem Roman »Das siebte Kreuz« verewigt. Gedenkstätte KZ Osthofen, Ziegelhüttenweg 38, Tel. +49 6242 910 810, Di. bis Fr. 9–17 Uhr, Sa., So., Feiertag 13–17 Uhr, www.gedenkstaette-osthofen-rlp.de.

Wir verlassen den **Bahnhof Osthofen** ❶ an der Stadtseite, gehen über den Vorplatz und folgen der Schillerstraße, die geradeaus vom Bahnhof wegführt. In die zweite Querstraße, die Sickingenstraße, biegen wir nach links und 100 m weiter nach rechts in die Friedrich-Ebert-Straße. In dieser Hauptstraße mit Geschäften, Hotels und Restaurants befinden sich jahrhundertalte für die Region typische Hofanlagen. Nach 150 m verlassen wir sie schon wieder und folgen der zweiten Straße, der Ludwig-Schwamb-Straße, nach rechts. Nach 180 m überqueren wir auf der »Hoch Brück« den Seebach. Links liegt die Furthmühle, die älteste der vielen Mühlen, die er antrieb. Am Ende der Straße steht in der gleichnamigen Weinlage der Leckzapfen, eine 1891 erbaute Miniaturburg, deren Vorbild Schloss Lichtenstein auf der Schwäbischen Alb war.

Kurz davor kreuzt ein Pfad – die ehemalige Trasse der 1958 stillgelegten Bahnlinie Osthofen–Westhofen – die Straße, dem wir nach links folgen. Er verläuft zwischen Stadtrand links und mit Niedergehölz bestandener Böschung rechts, vorbei an dem zu einem alten Weingut gehörenden Gästehaus Steinmühle, eine knappe Viertelstunde geradeaus. Schon von Weitem sieht man ein großes gelbes Gebäude. An dem imposante Silogebäude der ehemaligen Lorscher Mühle, die in den 1920er-Jahren im Art-déco-Stil erbaut wurde, wirbt die Inschrift »Chapeau vom Dalberg« für einen be-

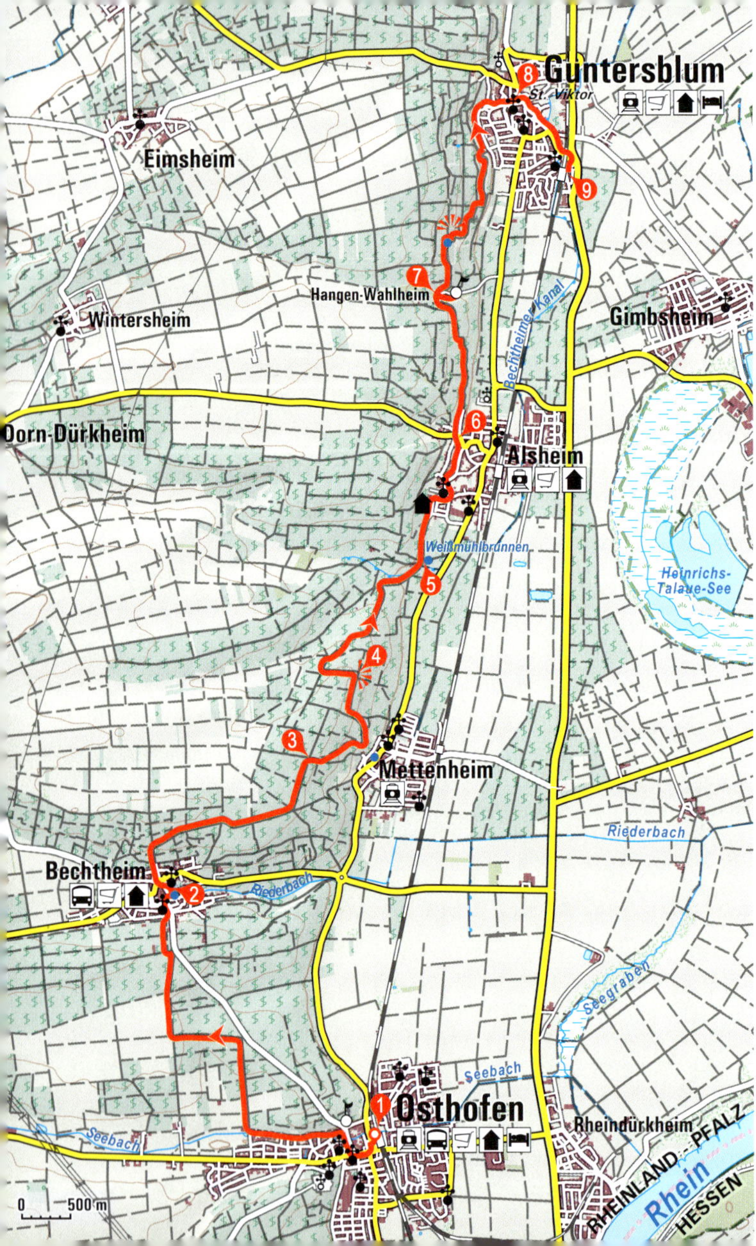
Guntersblum
St. Viktor
Eimsheim
Hangen-Wahlheim
Wintersheim
Gimbsheim
Bechtheimer Kanal
Dorn-Dürkheim
Alsheim
Weißmühlbrunnen
Heinrichs-Talaue-See
Mettenheim
Riederbach
Bechtheim
Riederbach
Seegraben
Seebach
Osthofen
Rheindürkheim
Seebach
RHEINLAND - PFALZ
Rhein
HESSEN
0 500 m

kannten Wein. Hier biegen wir nach rechts und wandern gut 10 Min. geradeaus durch die Weinberge. Nach einem Anstieg, schon in Sichtweite der Landstraße, biegen wir bei einer T-Kreuzung nach links und folgen knapp 10 Min. später bei einer Kreuzung einem unbefestigten Weg nach rechts. Nach weiteren 10 Min. halten wir uns kurz vor der Landstraße links und nach 70 m, vor dem Weingut Bender, wieder rechts.
Auf einem Wiesenweg erreichen wir bald den Ortsrand von Bechtheim. Links liegt der ehemalige Bahnhof der Bahnstrecke Gau-Odernheim–Osthofen, wir aber gehen nach rechts zur nahen Landstraße, dort nach links und dann geradeaus, vorbei am Bechtheimer Hof, in den Ort hinein. Am Fischmarkt, wo früher die Fische der nahen Teiche verkauft wurden, kommen wir zu einer Straßenspinne. Hier folgen wir der Riederbachstraße nach rechts, bis wir wenig später bei der ersten Möglichkeit nach links biegen. Die Aegidiusstraße führt, bei einer Kreuzung nach 50 m etwas nach links versetzt, geradeaus auf den Lambertuspark zu. Wir durchqueren ihn und steigen zu der etwas höher liegenden dreischiffigen romanischen Pfeilerbasilika **St. Lambert** im Zentrum von **Bechtheim** 2 hinauf, die im Laufe der Zeit immer wieder umgestaltet wurde. Wir verlassen den Kirchhof beim Turm, gehen zum Marktplatz und dort halb rechts über den Platz.

i Im Brunnen auf dem Marktplatz ***Bechtheim*** *steht ein Obelisk. Jede Seitenfläche ist 4,375 m hoch, das entspricht der Länge einer* ***»Landesfreirute«*** *im ehemaligen Leininger Flecken Bechtheim.*

Romanische Kirche in Bechtheim.

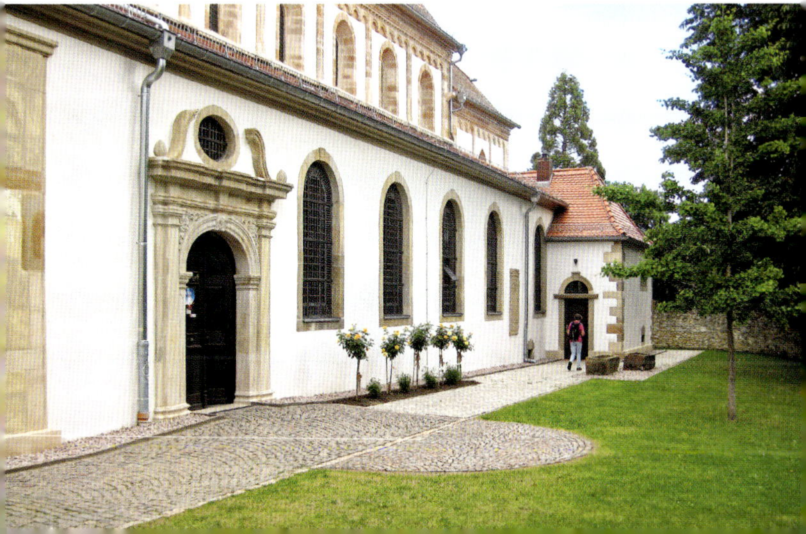

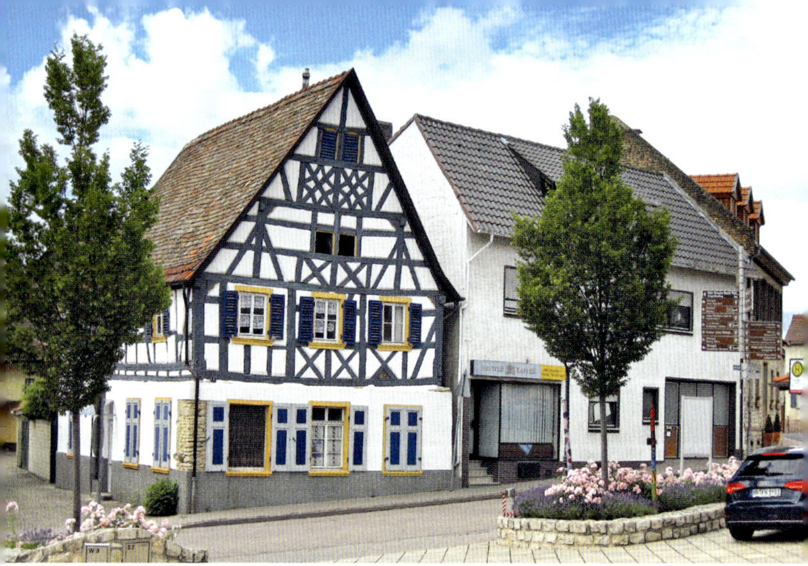

Marktplatz in Bechtheim.

Vor dem ehemaligen Landgasthof zur Marktschänke folgen wir der Straße »Steig bei der Warte« nach rechts und gehen nach 40 m geradeaus (Wegweiser Weinwanderweg) aus dem Ort hinaus, wo der Weg ansteigt. In der Mitte des Anstiegs biegen wir nach rechts (Wegweiser Alsheim, Mettenheim, großes Schild »Weinwanderweg«). Am Wegrand stehen Rebstöcke der regionalen Rebsorten und ermöglichen eine Vorauswahl für die nächste Weinbestellung. 10 Min. nach dem Abzweigen gehen wir geradeaus über eine Kreuzung, der Weinwanderweg leitet nach rechts.
Eine Viertelstunde später biegt der Lutherweg bei einer **Wegkreuzung** 3 nach rechts und folgt nach wenigen Metern einem unbefestigten Weg nach links in Richtung **Mettenheim**. Der Ort selbst ist wenig interessant, es gibt weder Geschäfte noch Einkehrmöglichkeiten. Das Interessante ist der Hohlweg dorthin.

i *Der Boden in weiten Teilen von Rheinhessen besteht aus einer bis zu 40 m starken Lössschicht. Durch das Befahren der Wege mit schweren Fuhrwerken wurde der Löss gelöst und zu Staub. Bei Starkregen wurde er weggetragen, weshalb sich die Wege immer tiefer in die Landschaft frästen. So entstanden über die Jahrhunderte die* ***Hohlwege****. In ihnen wurden auch Kellerräume in die Lösswände gegraben, die in Kriegszeiten u. a. als Verstecke für Tiere dienten.*

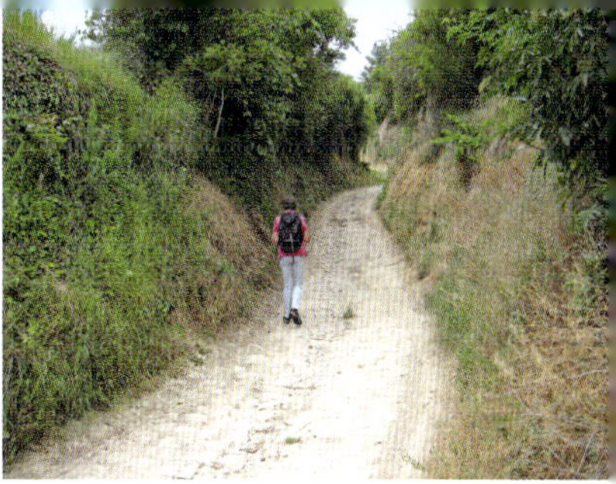

Hohlweg bei Mettenheim.

Nach gut 5 Min. halten wir uns bei einer Kreuzung rechts. 130 m danach folgen wir einem ansteigenden Hohlweg im spitzen Winkel nach links; rechts ginge es hinein in den Ort Mettenheim. Unser Weg macht eine große Linkskurve und biegt nach ca. 5 Min. scharf nach rechts. Nach wenigen Metern wandern wir geradeaus und erreichen gut 5 Min. später in der Nähe eines Funkmasts den **Aussichtspunkt Odenwaldblick** 4, einen kleinen Unterstand mit Plattform. Hier hat man einen besonders schönen Blick auf das Rhein-Tal und den Odenwald. Im Tal kann man die vier Kühltürme und zwei Reaktorkuppeln des stillgelegten Atomkraftwerks Biblis sehen. Wir biegen nach links und knapp 5 Min. später wieder nach rechts. Zwischen den Weinbergen folgen wir dem Weg nach Alsheim und erreichen nach 20 Min. eine Wegspinne beim **Weißmühlbrunnen** 5, wo Bänke zu einer Pause einladen. Hier trennen sich RheinTerrassenWeg und Lutherweg vorübergehend. Ersterer folgt dem zweiten Fahrweg links, während wir auf dem Lutherweg geradeaus wandern.

Nach 5 Min. erreichen wir am Anfang von Alsheim das Alte Kelterhaus, eine Gastwirtschaft mit Gewölbekeller und schönem Garten. Wir gehen

Das Rhein-Tal vor dem Odenwald.

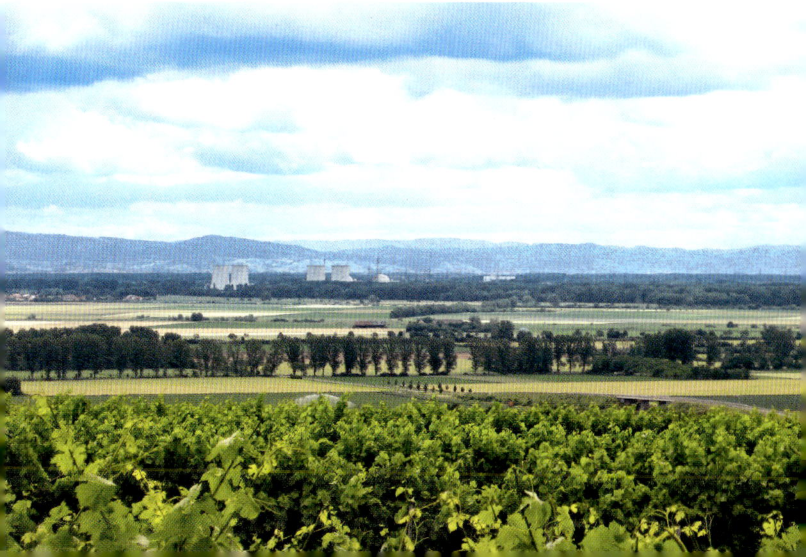

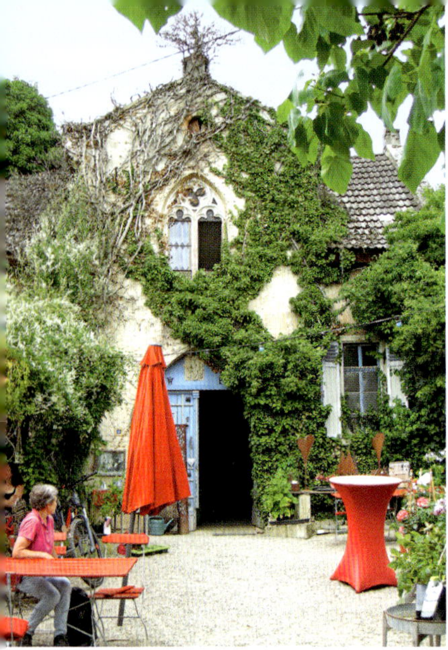

Rast im Alten Kelterhaus.

noch wenige Minuten weiter geradeaus, bis die Fahrstraße beim Weingut Eller endet. Die Eltern produzierten bis vor wenigen Jahren Massenware, die Tochter stellt heute die hochklassigen Juwel-Weine her. Neben dem Weingut leitet uns ein Pfad weiter geradeaus, wendet sich aber bald nach rechts. Links neben diesem Kellerpfad liegt der Friedhof mit der Kirche St. Bonifatius, die wegen ihres gedrungenen Westturms zu den vier »Heidenturmkirchen von Rheinhessen« gehört (s. Tipp Etappe 1). Der Kellerpfad mündet in die Mühlstraße, der wir nach links an einem ersten Abzweig vorbei folgen. Bei einer Gabelung und der darauf folgenden Kreuzung halten wir uns links und beim Bürgerhaus von **Alsheim** 6 rechts. Der Wahlheimer Weg bringt uns zu dem in den Weinbergen versteckt liegenden Weiler **Hangen-Wahlheim** 7, wo wir rechts der Kirchenruine St. Maria-Magdalena einen Besuch abstatten. Die aus dem 13. Jh. stammende Kirche wurde im Pfälzischen Erbfolgekrieg Ende des 17. Jh. zerstört.

Die Landstraße führt nach rechts ins Tal, wir wandern geradeaus durch die Weinberge, vorbei an der Aussichtsplattform Leckbartshaisje nach Guntersblum, das wir knapp eine halbe Stunde später erreichen. Nach den ersten Häusern verlassen wir den Weg durch die Weinberge, biegen nach rechts und folgen nach wenigen Metern dem Kellerweg nach links. Im Kellerweg am erhöhten Westrand des Ortes wurden, geschützt vor Grund- und Hochwasser des Rheins, die Weinkeller und Kelterhäuser angelegt. Nach gut 5 Min. erreichen wir einen kleinen Platz mit dem Julianenbrunnen, folgen dann der Julianenstraße nach rechts bis zur Hauptstraße. Ein Kleinod ist die Kirche **St. Viktor** 8 mit den beiden kuppelgekrönten Heiden- oder auch Sarazenentürmen am Marktplatz. Eine weitere Besonderheit ist der gotische Löwentaufstein. An der Hauptstraße rechts und dann immer geradeaus gehend kommen wir zu einer Unterführung und biegen danach nach rechts zum nahen Bahnhof von **Guntersblum** 9.

Heidentürme der Kirche in Guntersblum.

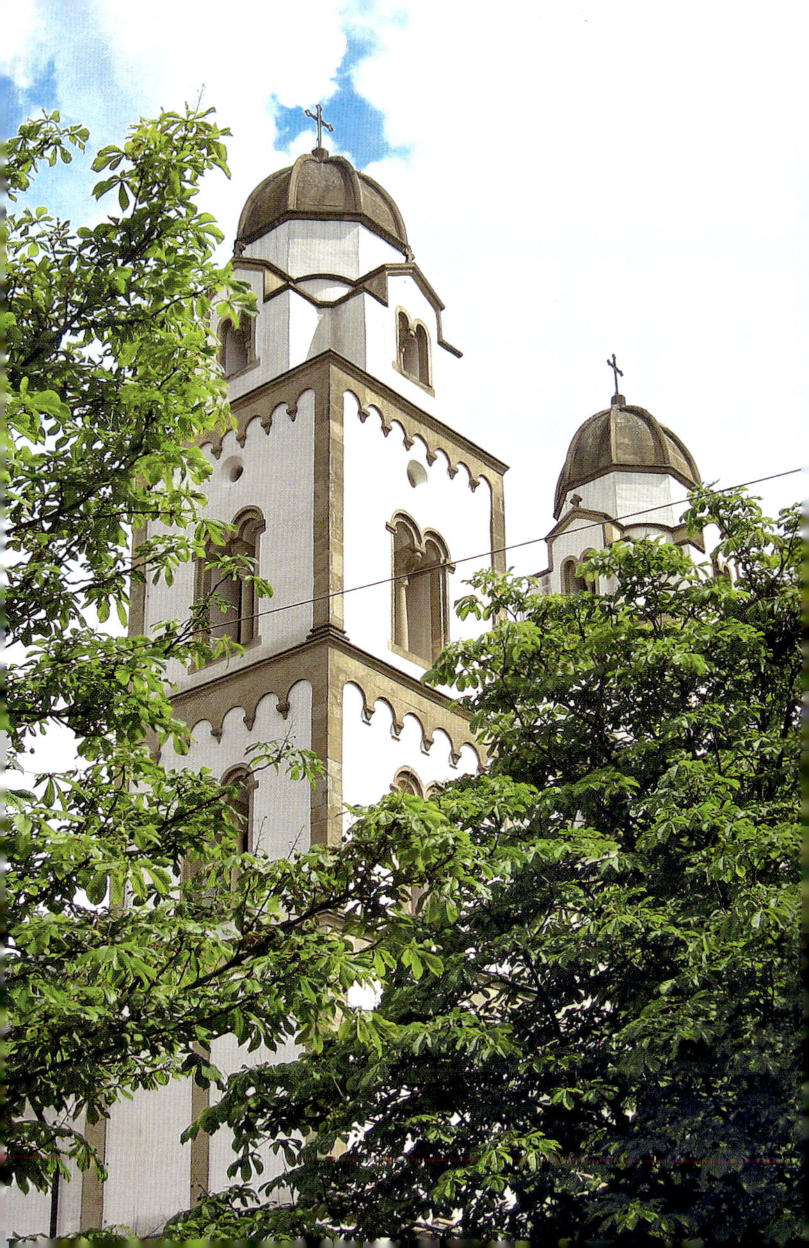

3 Guntersblum – Trebur

5.00 h | 21,1 km | ↗125 m | ↘125 m

Rheinüberquerung und Hessisches Ried

Von Guntersblum leitet der Weg durch Weinberge nach Oppenheim, wo er Rheinland-Pfalz verlässt. Mit der Fähre setzt man auf die andere Rheinseite über und kommt in eine völlig andere Landschaft. Das Hessische Ried war früher ein überwiegend sumpfiges Flachland, das immer wieder von schweren Überschwemmungen durch Rhein und Weschnitz heimgesucht wurde. Flach ist es noch immer, aber nach der Rheinregulierung im 19. Jh. konnte es vermehrt landwirtschaftlich genutzt werden. Dort verläuft der Weg sehr gerade und teilweise auf Hochwasserdämmen in der Nähe des Rheins, bis er sich vom Fluss abwendet und nach Trebur leitet.

Ausgangspunkt: Guntersblum (90 m, 3.800 EW), Bahnhof.
Endpunkt: Trebur (90 m, 13.300 EW), Bushaltestelle Hauptstraße.
Anforderungen: Leicht, von Guntersblum bis Oppenheim verläuft der Weg durch Weinberge oberhalb des Rheins, nach der Überquerung des Flusses durch das topfebene Ried.
Einkauf: Guntersblum, Oppenheim, Trebur.
Einkehr: **Oppenheim:** Mehrere Lokale, darunter Merian Hotel, ab 9 Uhr; Ristorante Stivale, Tel. +49 6133 94110, Di. bis So. 11.30–14.15 Uhr und ab 17.30 Uhr; **Trebur-Kornsand:** Rheinterrasse, Tel. +49 6147 5016 599, www.rheinterrasse-trebur.de, Di. Ruhetag; Zum Fährstübchen, Tel. +49 6147 7766, Mo. Ruhetag; **Trebur:** Café zu mir, Tel. +49 6147 4186 079, www.cafezumir.de, Di. bis Fr. 10–22 Uhr, Sa./So. 10–18 Uhr; Hotel-Restaurant Zum Erker (s. Unterkunft), Mo. bis Sa. 17–21 Uhr, Di. bis Fr. auch 11–14 Uhr.
Unterkunft: **Oppenheim:** Hotels Altes Amtsgericht und Amtsgerichts Blick, Tel. +49 6133 5724 963, www.altesamtsgerichtoppenheim.de; Zwo, Tel. +49 6133 949 435, www.hotelzwo-oppenheim.de; Merian Hotel, Tel. +49 6133 9240 114, www.merian-oppenheim.de; **Trebur:** Pension Ewald, Tel. +49 6147 5010 882, www.pension-trebur.de; Hotel-Restaurant Zum Erker, Tel. +49 6147 91480, www.zum-erker.de.
Verkehrsmittel: Regionalbahnhöfe in Guntersblum und Oppenheim an der Bahnstrecke Mainz-Mannheim; Busverbindung von Trebur zu den Bahnhöfen in Rüsselsheim, Dornberg/Groß-Gerau und Nauheim.
Karte: Kompass Wanderkarte 831 Rheinhessen, Nahe, Nordpfälzer Bergland.
Tipp: Führung durch das **unterirdische Oppenheim**, buchbar über die Touristinformation, Merianstr. 2, 55276 Oppenheim, Tel. +49 6133 4909-14 oder 4909-19, https://www.stadt-oppenheim.de/sehen.

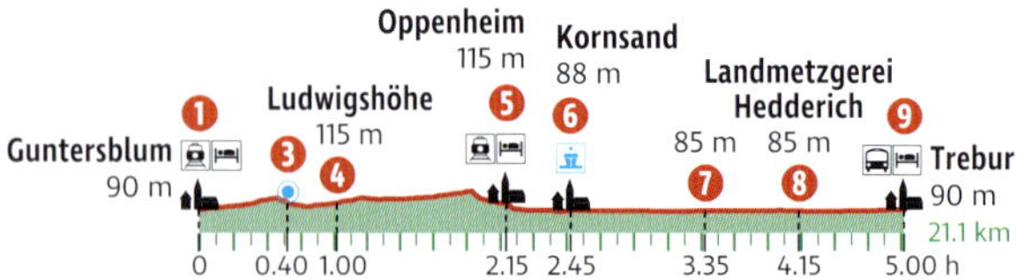

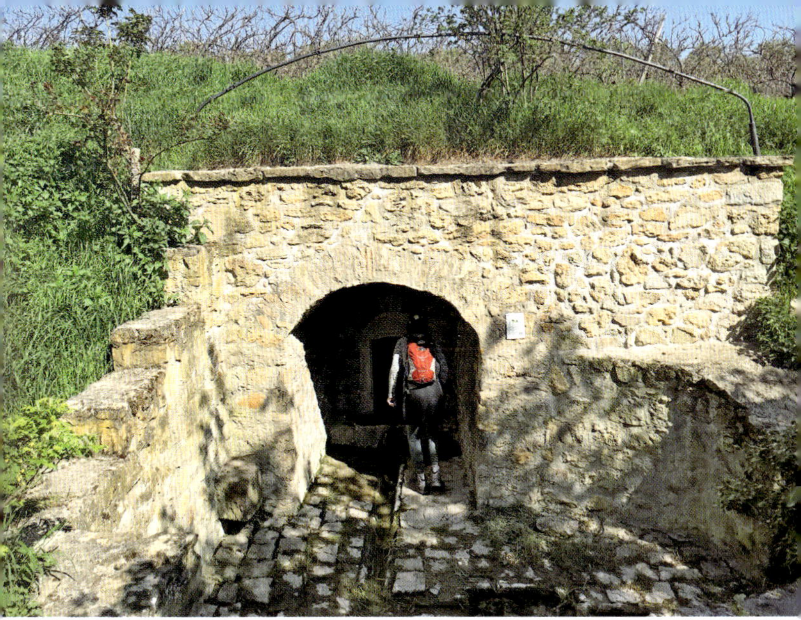

Der Vögelsgärtenbrunnen.

Wir verlassen den **Bahnhof Guntersblum** ❶ an der stadtabgewandten Ostseite und gehen nach links. Dort finden wir auch schon den ersten Wegweiser des Lutherwegs. Der Weg verläuft noch wenige Meter entlang der Bahnlinie und dann mit der Wormser Straße unter ihr hindurch. Wir folgen der Wormser Straße noch 300 m, bis sie als Promenade nach links biegt. Hier gehen wir in der Hauptstraße gut 5 Min. geradeaus und dann nach links in die Julianenstraße.

Bei der **Kirche St. Viktor** am Marktplatz gehen wir 150 m weiter geradeaus und folgen dann bei einer **Gabelung** ❷ der Julianenstraße nach rechts. Bei einer zweiten Gabelung wenig später halten wir uns nochmals rechts und erreichen nach wenigen Schritten einen kleinen Platz mit dem historischen Julianenbrunnen. Hier treffen wir auf den Kellerweg, in den wir nach rechts einbiegen. In dem direkt unterhalb der angrenzenden Weinberge verlaufenden Weg sollen sich mehr als hundert Weinkeller befinden, der erste wurde bereits 1600 gebaut. Bei der Kreuzung am Ende des Wegs folgen wir der aus dem Ort führenden Landstraße 100 m nach halb links.

Am Ende des Friedhofs auf ihrer linken Seite biegen wir nach rechts in einen Weg, der sofort auf einer kleinen Brücke den Steiggraben überquert und dann im Auf und Ab geradeaus durch die Rebberge leitet. Nach gut 10 Min. biegt der Lutherweg scharf nach rechts, gleich darauf liegt links der

der **Vögelsgärtenbrunnen** ❸ (auch St.-Viktor-Brunnen). Vor der Kreisstraße wendet sich der Weg wieder nach links und verläuft nahe der Straße nach **Ludwigshöhe** ❹ – ein relativ junger Ort, der entstand, als die Bewohner von Rudelsheim nach einem verheerenden Dammbruch 1819 ihr Dorf an diese höher gelegene Stelle verlegten.
Wir wandern vorbei an der Abzweigung in den Ort und weiter durch die Rebberge (Wegweiser RheinTerrassenWeg), immer mit schönem Blick über das fruchtbare Rhein-Tal. Die große Kirche in der Ferne ist die Katharinenkirche in Oppenheim – unser nächstes Ziel. Auf dem Hügel über der

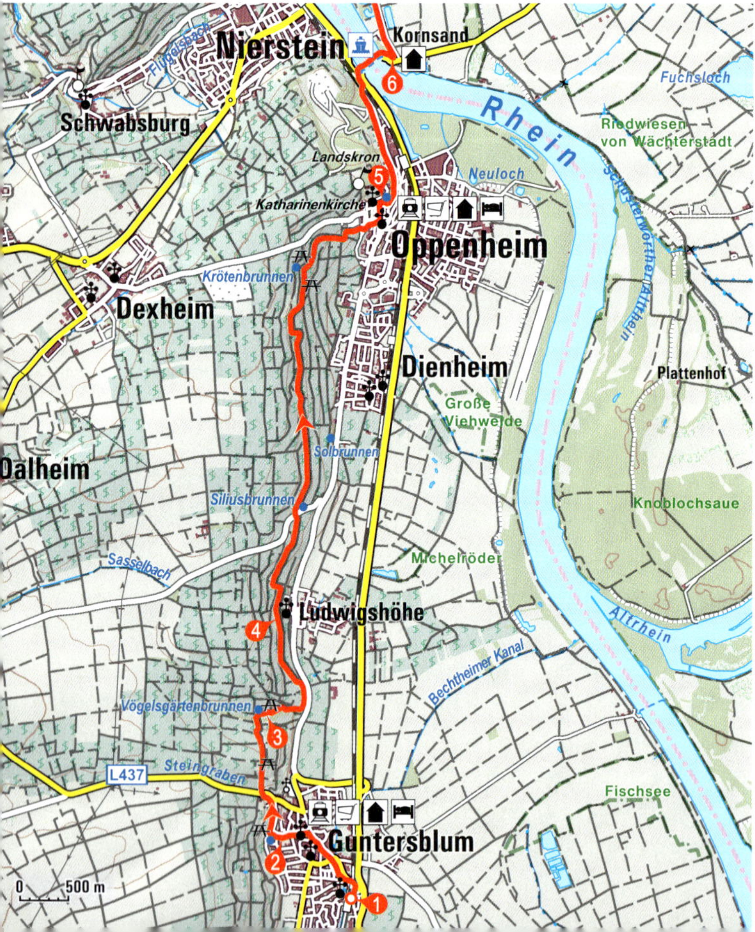

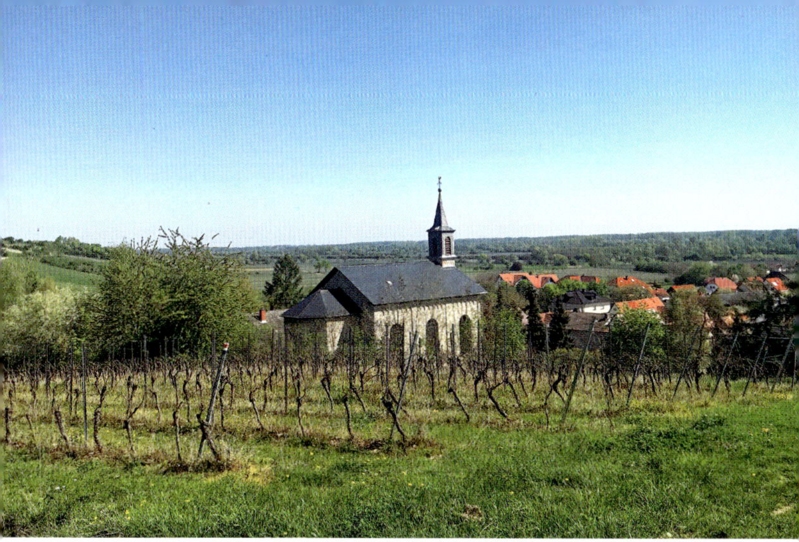

Am Rande der Rebenlandschaft liegt in Ludwigshöhe die Kirche St. Vitus.

Stadt sieht man die Burgruine Landskron. ¼ Std. hinter der Abzweigung nach Ludwigshöhe überqueren wir die Kreisstraße und wandern gut ½ Std. später vor der nächsten Kreisstraße hinunter nach **Oppenheim**. Das große Gebäude am Stadtrand wurde 1903 als großherzoglich-hessisches Amtsgericht erbaut und ist heute Hotel.

i *Schon die Römer unterhielten bei* ***Oppenheim*** *ein wichtiges Militärlager. In der Stauferzeit war Oppenheim durch seine Reichsburg bedeutsam, 1225 wurde es freie Reichsstadt. Im 14. Jh. wurde die Stadt an Kurmainz verpfändet, ab 1398 gehörte sie zum Territorium der Kurpfalz. 1689 zerstörten im Pfälzer Erbfolgekrieg französische Truppen unter General Mélac nicht nur die Burg Landskron und die Stadt total, sondern weite Teile der Kurpfalz und Badens. Sein Name war lange Zeit Schimpfwort und Inbegriff des Bösen. Nach den Napoleonischen Kriegen kam Oppenheim 1816 zum Großherzogtum Hessen-Darmstadt und blieb bis 1945 hessisch. Die Altstadt von Oppenheim ist wie ein Schweizer Käse von historisch gewachsenen Kellergewölben und Gängen unterhöhlt. In mühsamer Kleinarbeit wurden etwa 600 m des Labyrinths saniert und können besichtigt werden. Die Katharinenkirche mit ihren Bleiglasfenstern, insbesondere der Oppenheimer Rose und der Oppenheimer Lilie, und dem Beinhaus ist der bedeutendste gotische Sakralbau am Rhein zwischen Köln und Straßburg.*

Wir gehen daran vorbei und nach wenigen Metern nach rechts durch das Gautor und die Krämerstraße bis zum Marktplatz. An dem Platz laden mehrere Restaurants zur Einkehr ein. Wir gehen nach links zur **Katharinenkirche von Oppenheim** 5, an der Kirche entlang, bei der T-Kreuzung am Ende der Katharinenstraße nach rechts und nach wenigen Metern nach links in die Frankensteiner Gasse. Bei der folgenden Kreuzung wieder nach rechts und nach wenigen Metern nach links in die Steckengasse, dann stets geradeaus. Nach ca. ¼ Std. überqueren wir die Bahnlinie und die B 9, dann sehen wir auch schon den Fähranleger, von dem seit über 600 Jahren, heute alle 20 Min., Fähren nach **Kornsand** 6 auf der hessischen Rheinseite ablegen.

Rechtsrheinisch erwartet uns eine völlig andere Landschaft: das flache **Hessische Ried**. Bedingt durch die Nähe zu mehreren Ballungsgebieten wird zunehmend auch Gemüse und Salat angebaut. In Kornsand musste am 4. August 1908 Graf Zeppelin mit seinem Luftschiff auf der ersten Fernfahrt von Friedrichshafen bis Mainz notlanden, ein Gedenkstein 500 m südlich vom Fähranleger erinnert an das Ereignis. Zwei Gasthäuser, die letzten bis Trebur, laden zur Rast. Vom Fähranleger folgen wir der Landstraße ca. 150 m und biegen dann bei der ersten Gelegenheit, vor dem Haus Sternschanze 6, nach links. Der später unbefestigte Landwirtschaftsweg leitet in der Auenlandschaft zwischen kleinen Seen und Altrheinarmen ca. 50 Min. geradeaus. Nach knapp 10 Min. erinnert ein Gedenkstein links vom Weg an sechs Menschen aus Nierstein und Oppenheim, die am 21. März 1945, einen Tag bevor US-amerikanische Truppen den Rhein überquerten, ohne Gerichtsverfahren durch fanatische Nationalsozialisten ermordet wurden.

Begegnung mit Fernreisenden anderer Art bei der Rhein-Überquerung.

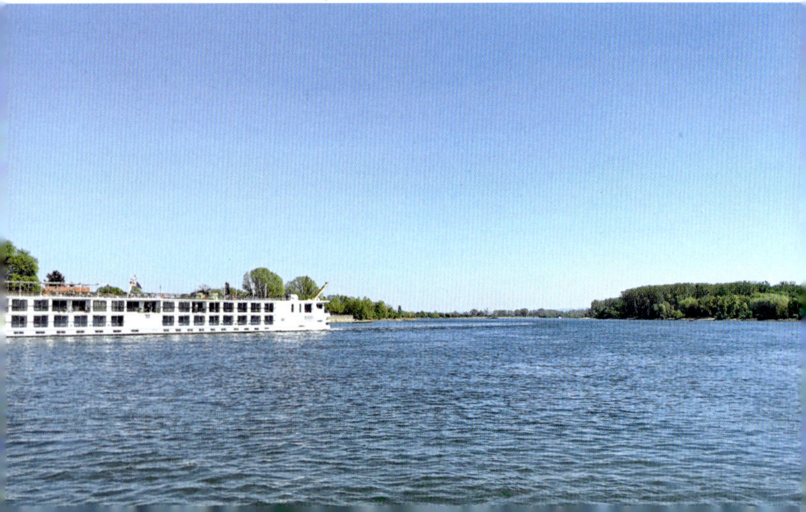

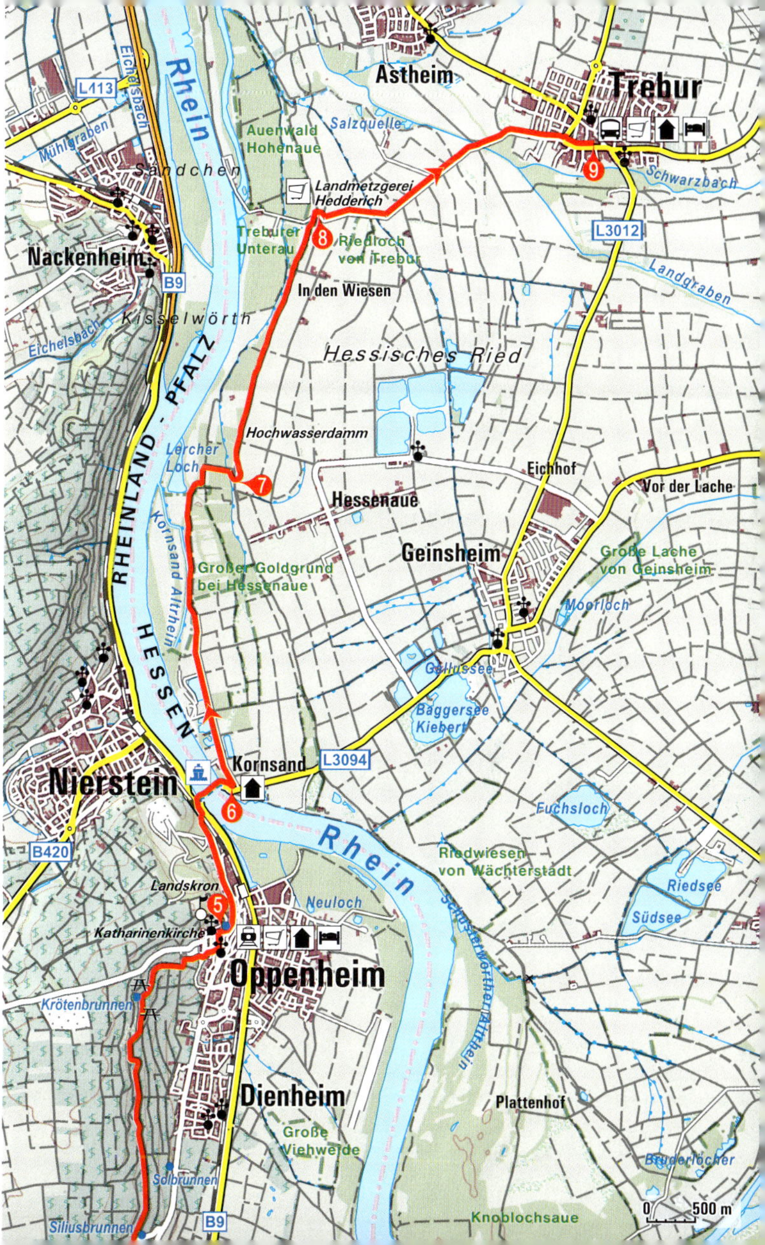
Rhein
Astheim
Trebur
L413
Eichelsbach
Mühlgraben
Sändchen
Auenwald Hohenaue
Salzquelle
Landmetzgerei Hedderich
Schwarzbach
Treburer Unterau
Riedloch von Trebur
L3012
Nackenheim
B9
In den Wiesen
Landgraben
Kisselwörth
Eichelsbach
Hessisches Ried
RHEINLAND - PFALZ
Hochwasserdamm
Lercher Loch
Eichhof
Vor der Lache
Hessenaue
Kornsand Altrhein
Geinsheim
Große Lache von Geinsheim
Großer Goldgrund bei Hessenaue
Moorloch
HESSEN
Gollussee
Baggersee Kiebert
Kornsand
L3094
Nierstein
Fuchsloch
B420
Rhein
Riedwiesen von Wächterstadt
Landskron
Riedsee
Neuloch
Südsee
Katharinenkirche
Schusterwörther Altrhein
Oppenheim
Krötenbrunnen
Dienheim
Plattenhof
Große Viehweide
Bruderlöcher
Solbrunnen
0
500 m
Siliusbrunnen
B9
Knoblochsaue
5
6
7
8
9

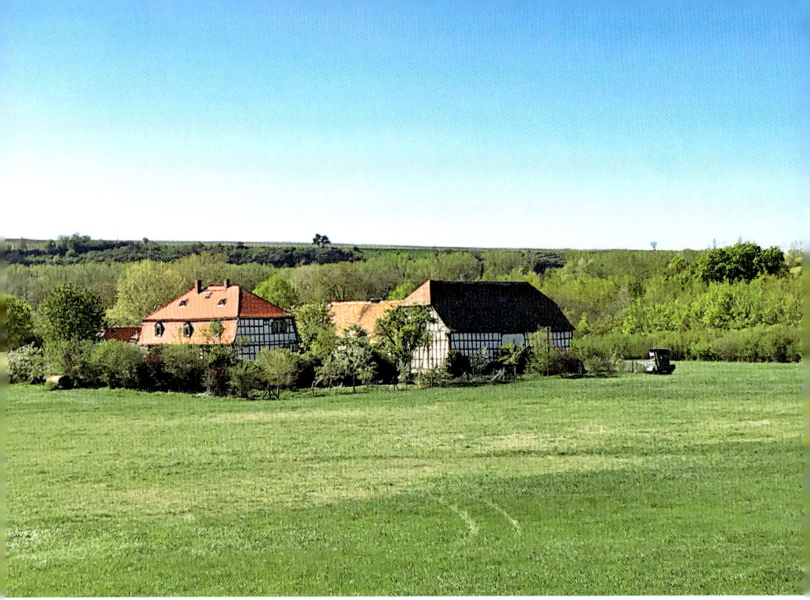

Bauernhof im Ried.

Dann biegt der Lutherweg nach rechts, leitet bei einer Kreuzung nach links und kurz darauf nach rechts zum 300 m entfernten **Hochwasserdamm** 7 und auf dessen Krone nach links. 35 Min. später, bei einer Häusergruppe um die **Landmetzgerei Hedderich** 8, kreuzt ein befestigter Fahrweg. Diesem Riedweg folgen wir nach rechts und in ½ Std. zur Hauptstraße in Trebur. Sie leitet in knapp ¼ Std. zur **Bushaltestelle Hauptstraße** in **Trebur** 9, von dort besteht eine Busverbindung zu den Bahnhöfen in Rüsselsheim und Groß-Gerau–Dornberg.

i *Der heute weithin unbekannte Ort **Trebur** war vor tausend Jahren eines der Machtzentren des Deutschen Reichs. Unter Ludwig dem Deutschen wurde Trebur zu einer vielbesuchten Königspfalz und einige der hier stattgefundenen Reichstage hatten reichsgeschichtliche Bedeutung. Sein Enkel Karl der Dicke dankte 887 hier ab, dessen Nachfolger Arnulf von Kärnten hielt 895 eine bedeutende Kirchenversammlung in der Pfalz ab. König Heinrich IV. war besonders mit Trebur verbunden, hier wurde er 1053 zum König gewählt und heiratete später. 1076 fand der Fürstentag zu Trebur statt, auf dem die Fürsten den König aufforderten, sich vom päpstlichen Bann zu lösen. Dies war der Auslöser für Heinrichs Gang nach Canossa.*

5.00 h	21,8 km
↗65 m	↘45 m

Trebur – Walldorf (Hess.) 4

Im Mönchbruch

Auf dieser Etappe nähert sich der Lutherweg dem Großraum Frankfurt am Main. Dabei nutzt die Routenführung geschickt Bachläufe und Grünanlagen. Im Mittelalter war die Ebene zwischen Main und Rhein ein dichtes Waldgebiet mit dem Namen Wildbann Dreieich. Der Mönchbruch, das zweitgrößte Naturschutzgebiet Hessens, zwischen Königstädten und Walldorf (Hess.) gelegen, ist ein Rest dieses großen Waldes. Hier kann man viel Wild beobachten, das sich an die von der Startbahn West des nahen Rhein-Main-Flughafens abhebenden Flugzeuge gewöhnt hat.

Ausgangspunkt: Trebur (90 m, 13.300 EW), Bushaltestelle Hauptstraße.
Endpunkt: Walldorf (Hess.) (111 m, 18.000 EW), Bahnhof.
Anforderungen: Leichte, waldreiche Wanderung mit einem längeren innerstädtischen Abschnitt.
Einkauf: Trebur, Nauheim, Königstädten, Walldorf (Hess.).
Einkehr: **Nauheim:** Restaurant Hessischer Hof, Tel. +49 6152 5108 020, www.hessischer-hof-nauheim.de, Mo. bis Sa. ab 17 Uhr; **Rüsselsheim-Königstädten:** Bärenstübbsche im Vereinsheim des SV Alemannia Königstädten, Tel. +49 6142 32554, tgl. ab 15 Uhr; Ristorante Pizzeria Calabria, Tel. +49 6142 33865, Do. bis Di. 11.30–14 Uhr, ab 17.30 Uhr; **Mörfelden-Walldorf:** Restaurant Mönchbruch Mühle (s. Unterkuft), Do. Ruhetag; Trattoria Pizzeria Calabria, Tel. +49 6105 279 933, www.trattoria-pizzeria-calabria.de, So./Mo. und Mi. bis Fr. 11.30–14.30 Uhr und ab 17.30 Uhr, Sa. ab 17.30 Uhr.
Unterkunft: **Mörfelden-Walldorf:** Hotel Jagdschloss Mönchbruch mit Restaurant Mönchbruch Mühle, Tel. +49 6105 92430, www.jagdschloss-moenchbruch.de; Hotel zum Löwen Mörfelden, Tel. +49 6105 9490, www.zumloewen.de; Anor Hotel, Tel. +49 6105 968 510, www.anorhotels.de/airport.
Verkehrsmittel: Busverbindung von Trebur zu den Bahnhöfen in Rüsselsheim, Dornberg/Groß-Gerau und Nauheim (bei Groß-Gerau); Regionalbahnhof in Nauheim (bei Groß-Gerau) an der Bahnlinie von Mainz nach Darmstadt; Busverbindung von Königstädten zu den Bahnhöfen in Rüsselsheim und Nauheim (bei Groß-Gerau); Regionalbahnhof in Walldorf (Hess.) an der Riedbahn von Frankfurt am Main nach Mannheim.
Karte: Kompass Wanderkarte 828 Frankfurt und Umgebung.

In **Trebur** ❶ folgen wir von der Bushaltestelle Hauptstraße der Hauptstraße nach Osten und biegen nach 150 m vor der Bäckerei Abels nach rechts in die Groß-Gerauer Straße (Wegweiser Oppenheim) ein. Nach wenigen Metern folgen wir links der Straße Obere Pforte zur überwiegend barocken Laurentiuskirche, die auf die ehemalige Kapelle der Kaiserpfalz zurückgeht. Ihre ältesten Teile stammen aus dem frühen 11. Jh.
Wir wandern rechts an der Kirche vorbei und folgen dann eine gute Viertelstunde einem Wiesenweg auf der Krone eines Deichs vor dem Schwarzbach (2,5 km bis zu einer Hochspannungsleitung ohne Wegweiser). Wir verlas-

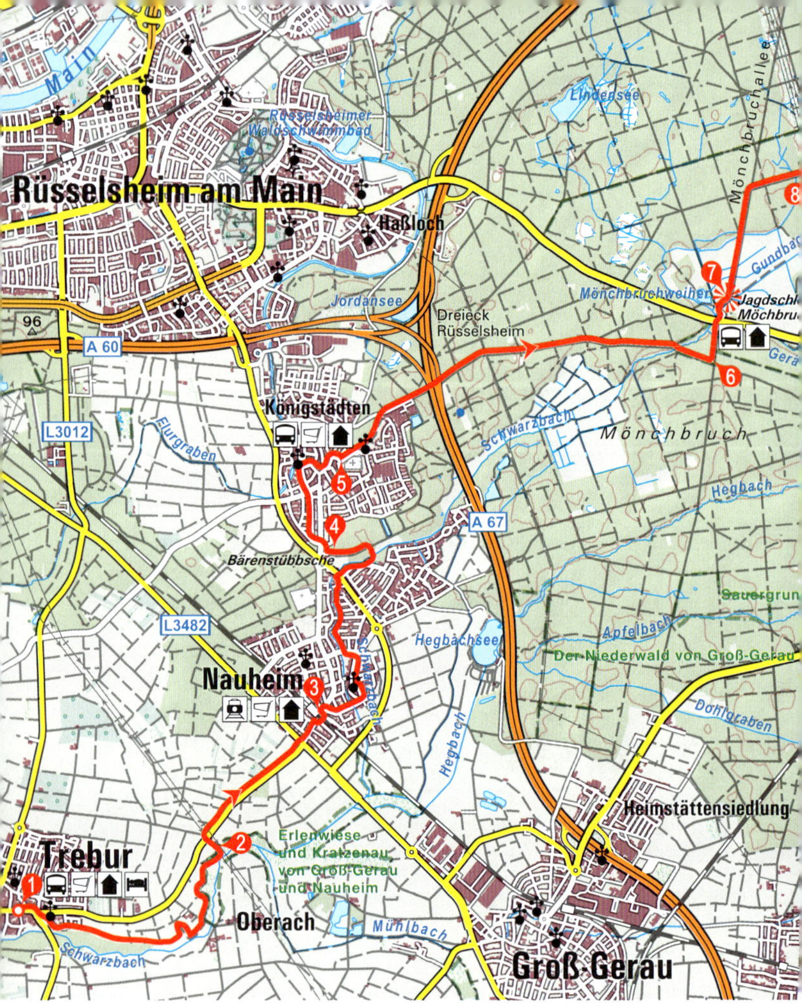
Main
Rüsselsheimer Waldschwimmbad
Rüsselsheim am Main
Haßloch
Lindensee
Mönchbruchallee
Gundbach
Mönchbruchweiher
Jagdschl
Möchbru
Jordansee
Dreieck Rüsselsheim
96
A 60
Gera
Königstädten
L3012
Flurgraben
Schwarzbach
Mönchbruch
Hegbach
A 67
Bärenstübbsche
Sauergrun
L3482
Hegbachsee
Apfelbach
Der Niederwald von Groß-Gerau
Nauheim
Schwarzbach
Dohlgraben
Hegbach
Heimstättensiedlung
Trebur
Erlenwiese und Kratzenau von Groß-Gerau und Nauheim
Oberach
Mühlbach
Schwarzbach
Groß-Gerau

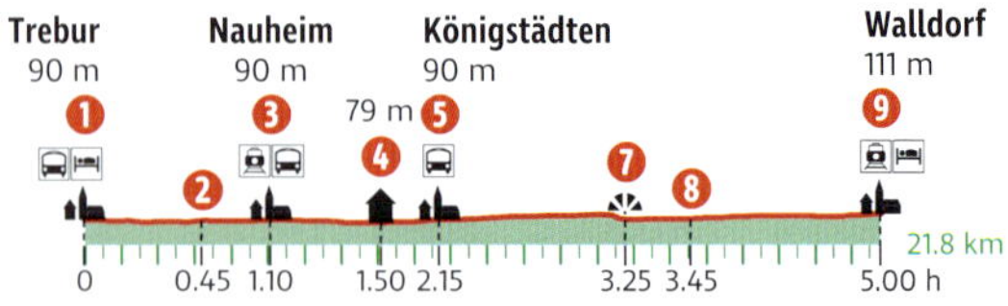
Trebur
90 m
Nauheim
90 m
79 m
Königstädten
90 m
Walldorf
111 m
21.8 km
0
0.45
1.10
1.50
2.15
3.25
3.45
5.00 h

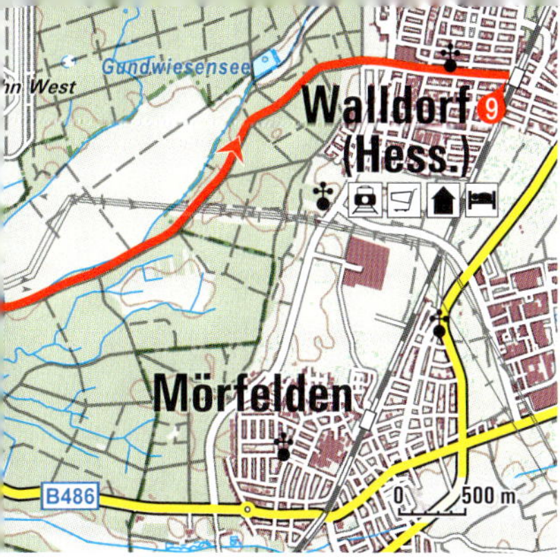

sen den Deich und folgen weiter dem Schwarzbach, bis wir nach einer weiteren Viertelstunde zwischen zwei **Hochspannungsleitungen** ❷ nach links zur nahen Landstraße gehen. Auf der gegenüberliegenden Seite wandern wir auf einem Fußgängerweg nach rechts und in 20 Min. bis zu einer Kreuzung am Ortsanfang von Nauheim. Dort überqueren wir die Mainzer/Darmstädter Landstraße und gehen geradeaus in den Ort hinein. Beim Bahnhof **Nauheim** ❸ unterqueren wir die Bahnlinie, gehen bei der ersten Kreuzung mit dem Hotel-Restaurant Hessischer Hof weiter geradeaus und bei der nächsten nach rechts in die Wilhelm-Leuschner-Straße. Nach knapp 5 Min. und bald nach der Brücke über den Schwarzbach folgen wir bei einer Kreuzung der Vorderstraße nach links in den historischen Ortskern von Nauheim. An vielen Häusern informieren Schilder über deren Geschichte. Bei der Kirche halten wir uns links und beim historischen Rathaus gleich darauf rechts. Wir wandern geradeaus bis zur zweiten Kreuzung und dort nach links in die Jahnstraße. Nach wenigen Minuten gehen wir vor dem Schwarzbach auf einem unbefestigten Weg nach rechts und etwa ¼ Std. an ihm entlang. Beim dritten Steg müssen wir ein Haus umgehen, dessen Grundstück sich bis zum Bach erstreckt, dann folgen wir weiter dem Bachverlauf, auch nach Überquerung der Rüsselsheimer Straße. Auf dem Holzsteg danach überqueren wir den Bach und halten uns nach wenigen Metern zweimal kurz nacheinander links (Gabelung, T-Kreuzung).

Nach dem Sportpark des SV Alemannia Königstädten und dem Vereinsheim mit dem **Bärenstübbsche** ❹ folgen wir kurz vor der Nauheimer Straße dem Pfad nach rechts ins nahe Königstädten. Bei der Straßen-

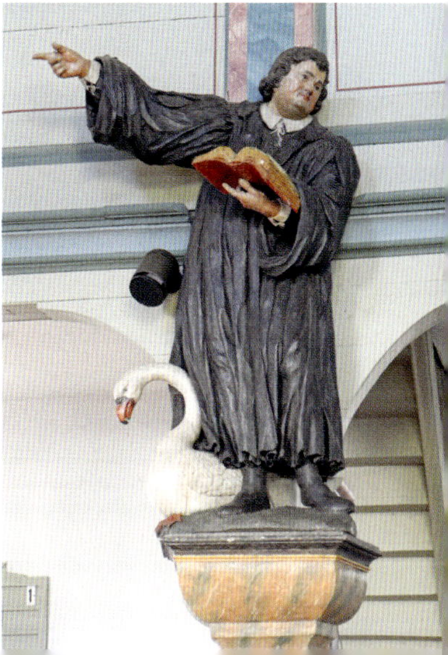

Luther und der Schwan in der Kirche von Trebur.

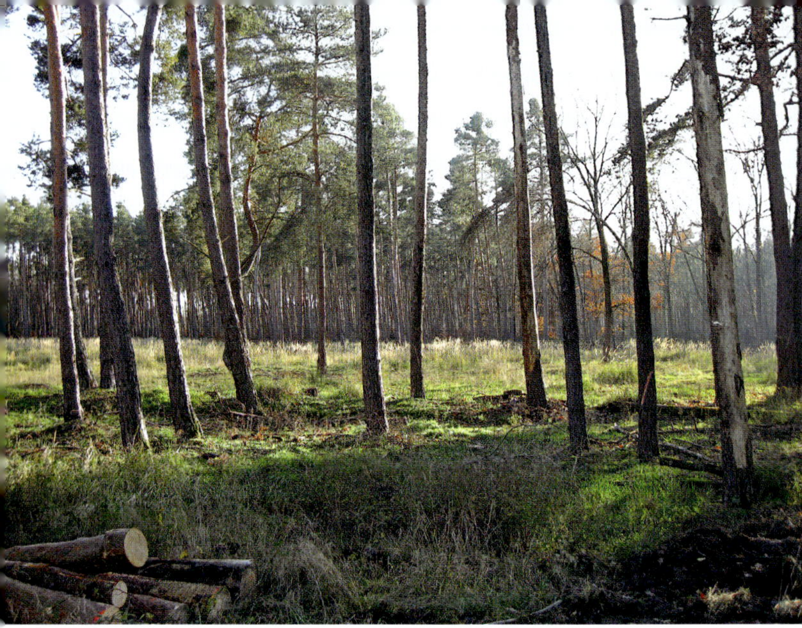

Im Mönchbruch.

kreuzung vor den ersten Häusern von Königstädten biegen wir nach links in die Höngenstraße und nach 100 m nach rechts in die Adam-Foßhag-Straße, die in gut 10 Min. zur Kirche leitet. Die Kirche, deren Grundmauern auf einen karolingischen Ursprung hinweisen, wurde Mitte August 1944 zusammen mit dem Großteil des Ortes bei einem Bombenangriff, der eigentlich den Opel-Werken in Rüsselsheim galt, zerstört und 1954/55 wieder aufgebaut. Dort gehen wir nach rechts und bei der nächsten Gelegenheit, vor einem schönen Fachwerkhaus nochmals. Die Rathausstraße bringt uns zum Bismarckplatz mit dem Restaurant Zur Krone, wir gehen nach links über den Platz und weiter geradeaus bis zur Grundschule. An ihr links vorbei und dahinter nach rechts in die Auerbacher Straße, mit der wir vor dem **Friedhof in Königstädten** 5 nach links biegen. Nach wenigen Minuten überqueren wir die breite Bensheimer Straße und setzen unseren Weg auf der anderen Seite geradeaus fort. Nach gut 5 Min. halten wir uns bei einer T-Kreuzung rechts und folgen der Elsa-Brändström-Allee vorbei am Zweckbau der Helen-Keller-Schule in den Wald.

Die nächsten 2½ Stunden wandern wir bis zum Ortsanfang von Walldorf durch den Wald im **Mönchbruch**. Bald führt die lange Mörfelder Brücke über die acht Spuren der A 67 vor dem Rüsselsheimer Dreieck; dahinter geht es im Wald rund 40 Min. geradeaus, dann bei einer **Wegkreuzung** 6

nach links und in der Mönchbruchpfadschneise in knapp 10 Min. zur B 86. Das Gebiet um das ehemalige landgräflich-hessische Jagdschloss Mönchbruch aus dem 18. Jh. und um die weitgehend erhaltene ältere Mühle ist mit 937 ha Ausdehnung das zweitgrößte Naturschutzgebiet Hessens.
Vor der Bundesstraße liegt das Restaurant Mönchbruch Mühle, auf ihrer anderen Seite das Hotel **Jagdschloss Mönchbruch** (stündlich mit Buslinie 67 zum Bhf. Rüsselsheim und Bhf. Mörfelden). Wir wandern links am Jagdschloss vorbei und nach einer Linkskurve bei einer Gabelung nach rechts auf die **Aussichtsplattform** 7 bei den Mönchbruchwiesen zu. Davor halten wir uns links und folgen knapp 20 Min. der Mönchbruchallee, dann bei der nächsten Kreuzung der Kohlbruchschneise nach rechts und knapp 10 Min. später bei einer **Auffächerung** 8 unter einer Hochspannungsleitung dem Neuwegsdamm ebenfalls nach rechts. Mit einigem Glück können wir auf den Wiesen links und rechts vom Weg Dammwildrudel beobachten und mit Sicherheit auf der Startbahn West startende Flugzeuge hören und sehen. Wir unterqueren die Hochspannungsleitung ein zweites Mal und halten uns bei der Kreuzung kurz danach links. Jetzt wandern wir eine ¾ Std. auf dem gut markierten Gundweg immer geradeaus bis zum Ortsrand von Walldorf (Hess.).
Am Ortsrand gehen wir geradeaus und durch die Langstraße vorbei am Hotel zum Löwen bis zur Bahnlinie, der **Bahnhof Walldorf** 9 liegt links.

Auf der Aussichtsplattform bei den Mönchbruchwiesen.

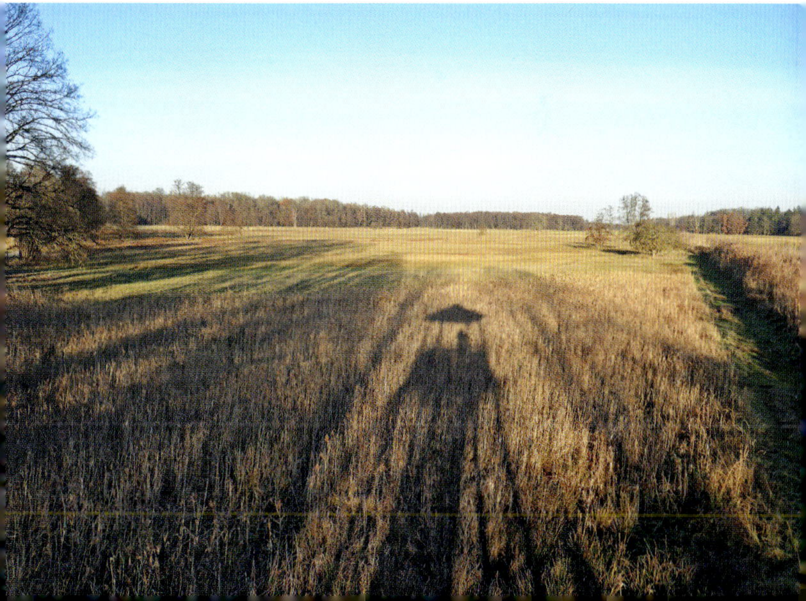

5 Walldorf (Hess.) – Frankfurt am Main

5.30 h | 23,6 km
↗70 m | ↘85 m

Durch die Hugenottenstadt in die Mainmetropole

Diese Etappe von Walldorf (Hess.) nach Frankfurt lohnt sich vor allem wegen einzelner Attraktionen am Wegesrand: dem Badesee Walldorf, dem Zepplinmuseum in Zeppelinheim, dem von Museen gesäumten Frankfurter Main-Ufer. Landschaftlich ist sie hingegen nur mäßig attraktiv. Nicht nur der lange Weg aus Walldorf heraus und dann nach Frankfurt hinein ist dafür verantwortlich, sondern auch der Fluglärm in dem großen Waldgebiet zwischen Neu-Isenburg und Frankfurt.

Ausgangspunkt: Walldorf (Hess.) (111 m, 18.000 EW), Bahnhof.
Endpunkt: Frankfurt am Main (94 m, 761.500 EW), Hauptbahnhof.
Anforderungen: Leicht, abgesehen von drei langen Abschnitten in Städten verläuft die Wanderung im Wald.
Einkauf: Walldorf (Hess.), Neu-Isenburg, Frankfurt am Main.
Einkehr: **Neu-Isenburg:** Hotel Restaurant Café Wessinger (s. Unterkunft); Ristorante da Luigi, Tel. +49 6102 377 337, www.ristorante-da-luigi.de, Di. bis Sa. 11.30–15 Uhr und ab 18 Uhr, So. 11.30–15 Uhr und ab 17 Uhr; Apfelwein Föhl, Tel. +49 6102 39669, www.apfelwein-foehl.de, Di. bis Sa. ab 17 Uhr, So. ab 12 Uhr; **Frankfurt-Sachsenhausen:** Waldcafé Dionysos, Tel. +49 69 682 248, www.waldcafedionysos.de, Di. bis So. 11.30–22.30 Uhr; auf dem weiteren Weg zum Hauptbahnhof großes Angebot.
Unterkunft: **Neu-Isenburg:** Hotel Restaurant Café Wessinger, Tel. +49 6102 8080, www.wessinger.com; Hotel Haus Isenburg, Tel. +49 6102 25058, www.hotel-haus-isenburg.de; Isenburger Hof, Tel. +49 6102 35320, www.isenburger-hof.de; **Frankfurt-Sachsenhausen:** Jugendherberge, Tel. +49 69 6100 150, www.jugendherberge-frankfurt.de; **Frankfurt (Kernstadt):** Großes Angebot, darunter zwei kirchliche Einrichtungen: Frankfurter Diakonissenhaus, Tel. +49 69 271 343 252, www.diakonisse.de; Das Spenerhaus (Nähe Dom), Tel. +49 69 2165 1410, www.spenerhaus.de.
Verkehrsmittel: Regionalbahnhöfe in Walldorf (Hess.), Zeppelinheim, Neu-Isenburg, Fernbahnhof in Frankfurt am Main, öffentlicher Personennahverkehr in Frankfurt am Main.
Karte: Kompass Wanderkarte 828 Frankfurt und Umgebung.
Tipps: Bademöglichkeit am **Badesee** Walldorf; bei einer Einkehr unbedingt Frankfurter **Grüne Soße** probieren.

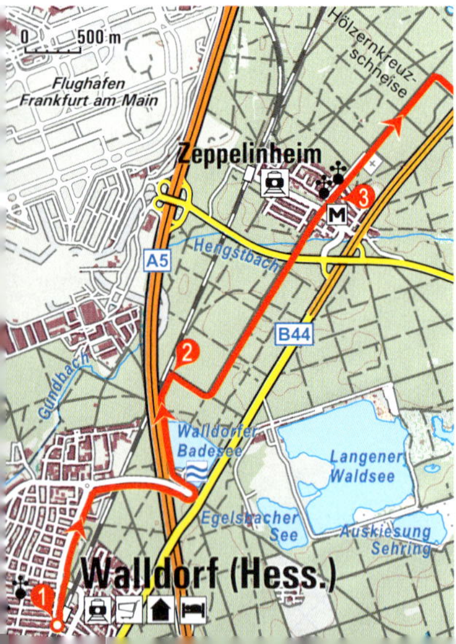

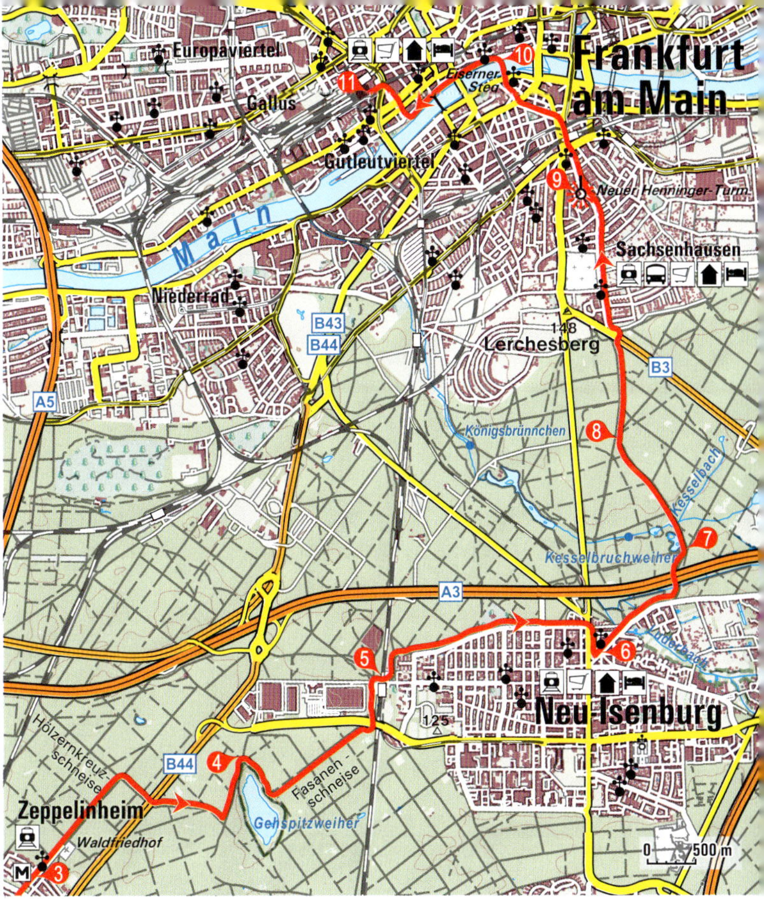

In **Walldorf (Hess.)** folgen wir der am **Bahnhof** ❶ mit Café entlangführenden Farmstraße nach rechts, vorbei an Supermärkten, Bäckereien und Einkehrmöglichkeiten. Wir überqueren die rechts abgehende Hermann-Löns-Straße und erreichen weiter geradeaus gehend nach einer ¼ Std. einen Kreisverkehr vor einer Esso-Tankstelle. Dort gehen wir nach rechts, vorbei am Anor Hotel, überqueren zuerst die Bahnlinie und dann die Autobahn A 5. 250 m hinter der zweiten Brücke folgen wir links einer Zufahrt zum umzäunten **Walldorfer Badesee**, nach wenigen Metern biegen wir vor dem Zaun nochmals dort nach links und laufen dann zwischen Zaun und Brückenauffahrt zurück zur Autobahn.

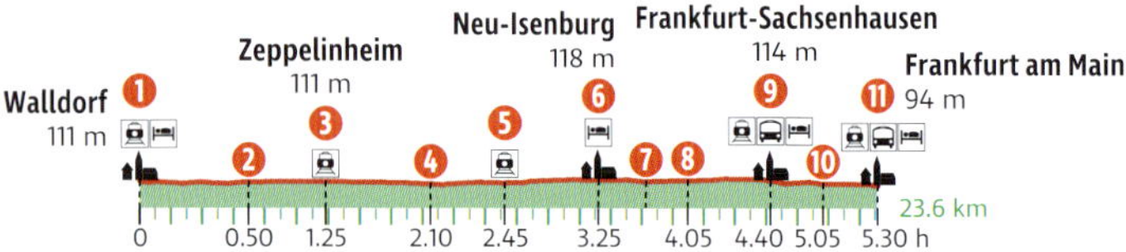

Vor der Autobahn gehen wir nach rechts und gut 5 Min. an ihr entlang, bis wir uns vor einer Bahnlinie nach rechts wenden. Nach etwa 5 Min. biegen wir bei einer **Erdgasleitungsstation** ❷ nach rechts in den Wald und nach weiteren 5 Min. bei der ersten Gelegenheit nach links. Im Wald wandern wir 20 Min. geradeaus bis nach **Zeppelinheim**.

i ***Zeppelinheim*** *wurde 1935 auf einer Rodungsinsel als selbstständige Gemeinde für die Angestellten der Friedrichshafener Luftschiffbau Zeppelin GmbH errichtet und ist seit 1976 ein Ortsteil von Neu-Isenburg. Das* ***Zeppelin-Museum****, Kapitän-Lehmann-Straße 9, ist Fr. 14–17 Uhr, Sa., So. und an Feiertagen 11–17 Uhr geöffnet. Tel. +49 69 694 390 (während der Öffnungszeit) oder www.zeppelin-museum-zeppelinheim.de.*

Wir laufen, vorbei am **Zeppelin-Museum** ❸, weiter geradeaus durch den Ort und dann wieder im Wald bis zur Kreuzung am Ende des **Waldfriedhofs**. Auch hier gehen wir geradeaus, bis zur übernächsten Kreuzung und dort nach rechts. Neben Markierungen des Lutherwegs finden wir auch häufig den Wegweiser Neu-Isenburg.

Zeppelinheim entstand auf dem Reißbrett.

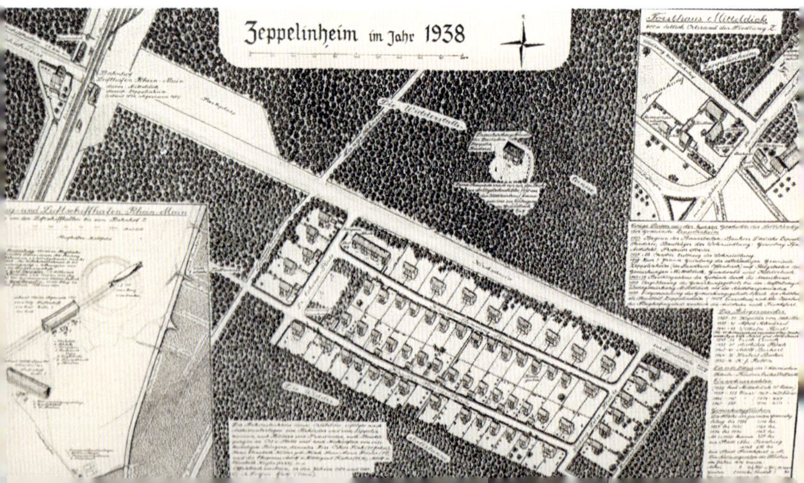

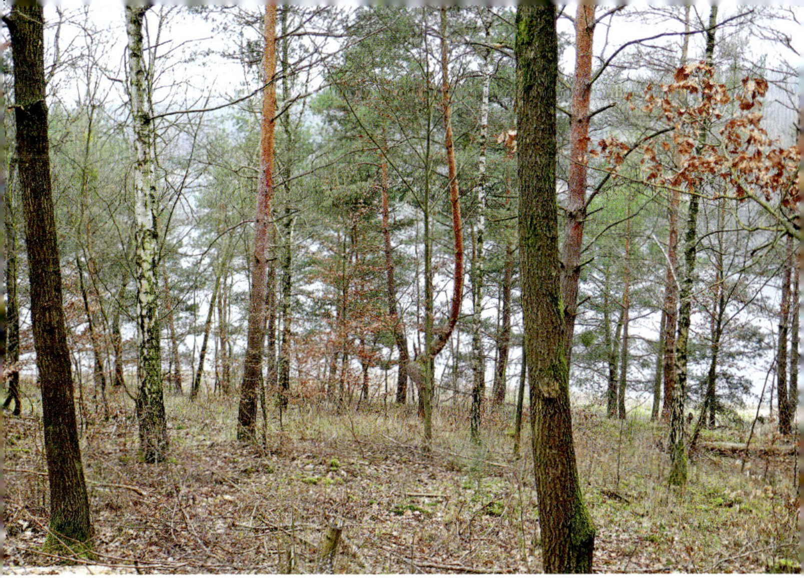

Am Gehspitzweiher.

Bald überqueren wir auf einer Brücke die neunspurige B 44, dahinter macht der Weg eine Linkskurve und mündet ca. 5 Min. später in den Querweg Hölzernkreuzschneise, dem wir nach rechts folgen. Nach weiteren 5 Min. halten wir uns bei einer Kreuzung links. Der Isenburger Weg leitet an der Westseite des **Gehspitzweihers** entlang, bis wir uns nach gut 10 Min. bei einer **Wegkreuzung** 4 rechts halten. Hier erzählt ein Schild die Geschichte des Weihers, der ab 1700 eine Lehmgrube war. 1872 wurde sie zum Abbau von Lehm, Kies und Sand von der Firma Philipp Holzmann erworben, die sich zu einem der größten internationalen Bauunternehmen entwickelte, 2002 aber Insolvenz anmelden musste.

Der Weg führt an der Nordostseite des Weihers entlang, der etwas tiefer, hinter Bäumen gut verborgen, in einem Naturschutzgebiet liegt. Noch vor der Mitte des Weihers biegen wir nach links und folgen dann der Fasanenschneise knapp 20 Min. geradeaus, bis wir vor der Brückenauffahrt einer Straße nach rechts und nach wenigen Metern vor einer Bahnlinie nach links unter der Straße hindurch gehen. Unser Fahrweg mündet in eine Straße, die nach rechts zum nahen **Bahnhof von Neu-Isenburg** 5 leitet. Dort unterqueren wir die Bahnlinie, gehen über eine Wendeplatte und halb links in ein Waldstück.

Der Weg biegt bald nach links, verläuft 200 m an Häusern entlang und am Ende der Bebauung nach rechts. Eine knappe halbe Stunde wandern wir nun zwischen dem Waldrand und dem Stadtrand von Neu-Isenburg.

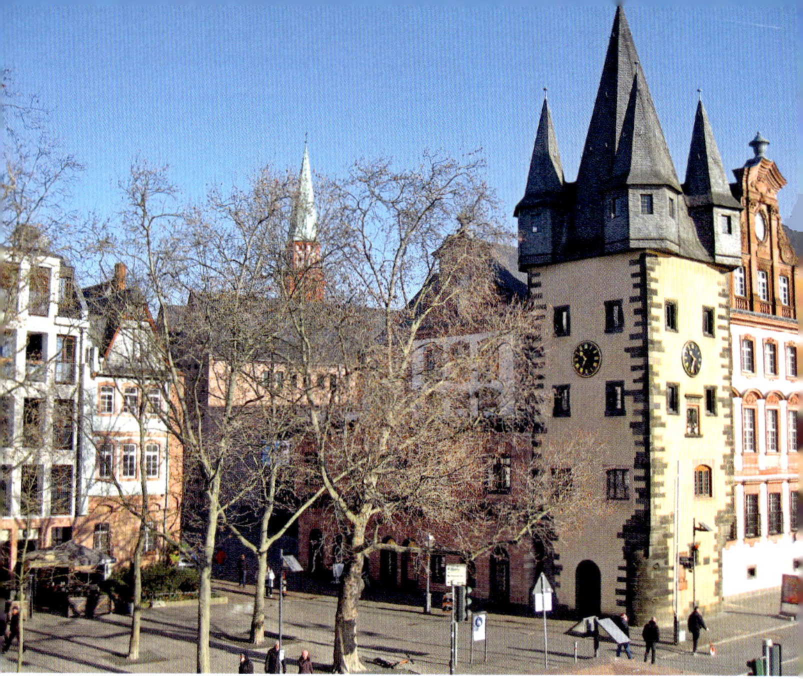

Blick vom Eisernen Steg.

Nach gut 5 Min. liegt rechts das empfehlenswerte Restaurant Wessinger. Bei einem Kreisverkehr gehen wir weiter geradeaus, passieren die Ludwigstraße, wo das Hotel Haus Isenburg zu finden ist, und erreichen an einer Straßenkreuzung mit einer OMV-Tankstelle die Frankfurter Straße, der wir nach rechts folgen. Hier gibt es neben mehreren Einkehrmöglichkeiten das Hotel Isenburger Hof.
Die Kronengasse, die vierte links abgehende Straße, bringt uns zum Marktplatz von **Neu-Isenburg** ❻.

i *Die acht Straßen, die sternförmig vom Marktplatz* ***Neu-Isenburg*** *mit dem 1702 errichteten Rathaus ausgehen, lassen die regelmäßige Anlage der barocken Planstadt noch erahnen, die 1699 von Hugenotten gegründet wurde. Diesen französischen Protestanten, die nach der Aufhebung des Toleranzedikts von Nantes aus Frankreich fliehen mussten, gewährte der Graf von Isenburg-Offenbach Zuflucht und sicherte ihnen Schutz, Religionsfreiheit und freien Gebrauch der französischen Sprache zu. Erst 1829 wurde Deutsch in Neu-Isenburg als offizielle Amtssprache festgelegt.*

Wir wandern weiter geradeaus bis zu dem den Ortsrand begleitenden Gravenbruchring, überqueren diese Straße und folgen dann rechts 5 Min. dem Fußweg, der parallel zur Straße am Waldrand entlang verläuft. Wenn rechts die Bebauung endet, führt ein asphaltierter Fahrweg nach links in den Wald, erreicht nach wenigen Minuten ein Holztor und dahinter eine Brücke über die Autobahn A 3. 70 m hinter der Brücke macht deren Abfahrt eine scharfe Linkskurve, hier gehen wir geradeaus durch ein zweites Holztor. Nach wenigen Minuten kommen wir vor dem Kesselbruchweiher an eine **Wegspinne** ❼ mit einer hölzernen Karte, hier gehen wir auf dem Miquels Weg nach halb links, rechts an der Karte vorbei und ¼ Std. geradeaus zur nächsten **Wegspinne** ❽ mit einem sechseckigen Unterstand. Wir wandern direkt an ihm vorbei nach halb rechts, dann auf dem Hainer Weg immer geradeaus und schließlich durch ein Holztor zur Babenhäuser Landstraße, wo das Bebauungsgebiet von Frankfurt beginnt. Wir überqueren die Straße beim Ampelübergang, gehen dann am Rand von **Frankfurt-Sachsenhausen** nach links vorbei an der Bushaltestelle (Bus 30 Bad Vilbel, Bus 36 Westbahnhof) und biegen dann nach rechts in die bebaute Fortsetzung des Hainer Wegs ein (gleich am Anfang liegt das Waldcafé Dionysos). Ihm folgen wir 25 Min. geradeaus, vorbei am **Neuen Henninger-Turm** ❾.

i *Der 140 m hohe **Neue Henninger-Turm** ist in seiner Form dem alten Henninger-Turm nachempfunden. Dieser quadratische Bau mit zylindrischem Aussichtsturm auf dem Dach war von 1961 bis 2013 das Malzsilo der Henninger Brauerei (in den 70er Jahren zeitweise die größte deutsche Einzelbrauerei, Ende des letzten Jahrtausends aufgelöst) und bis 1974 das höchste Gebäude Frankfurts. Überregional bekannt wurde es durch das bis 2009 ausgetragene Straßenradrennen »Rund um den Henninger-Turm«.*

Der Hainer Weg endet an der Offenbacher Landstraße, wir gehen etwas nach links und dann in der ursprünglichen Richtung weiter geradeaus, unterqueren die Bahngleise und biegen 5 Min. später nach links in die Schifferstraße, die uns in einer ¼ Std. zum Main bringt. Den Fluss überqueren wir auf dem **Eisernen Steg** ❿, einem Wahrzeichen der Stadt. Hier verlassen wir den Lutherweg, gehen links knapp ¼ Std. am Main-Ufer entlang und etwa in der Mitte zwischen dem Holbeinsteg (2. Brücke) und großen Friedensbrücke (3. Brücke) im rechten Winkel vom Ufer weg und durch die Wiesenhüttenstraße immer geradeaus in knapp 10 Min. zum Vorplatz des **Hauptbahnhofs in Frankfurt** ⓫.

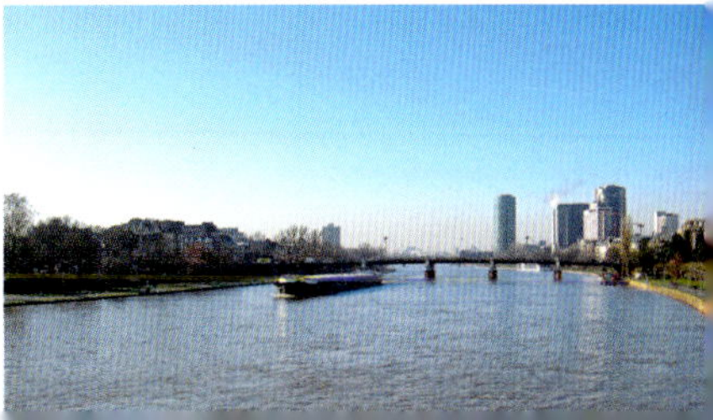

Der Main in Frankfurt.

6 Frankfurt am Main – Bad Vilbel

4.30 h | 18,2 km
↗155 m | ↘140 m

Pilgern durch eine Großstadt

Diese Etappe leitet zum großen Teil durch die Mainmetropole. Für Pilger ist es natürlich ein besonderes Erlebnis, eine Großstadt zu durchqueren, und kulturinteressierte Wanderer können am Wegesrand vieles entdecken. Naturliebhaber hingegen kommen nicht auf ihre Kosten. Wer wenig Interesse daran hat, eine Stadt zu erwandern, kann sich überlegen, lediglich die Frankfurter Museen und Kunstsammlungen, die Weltruf haben, zu besuchen und anschließend (oder gleich) mit der S-Bahn nach Bad Vilbel-Süd zu fahren, um das abschließende Wegstück entlang der Nidda zu genießen.

Ausgangspunkt: Frankfurt am Main (94 m, 761.500 EW), Hauptbahnhof.
Endpunkt: Bad Vilbel-Massenheim (108 m, 2.700 EW).
Anforderungen: Abgesehen von zwei kurzen Stücken am Lohrberg und nach der S-Bahn-Station Bad Vilbel Süd ausschließlich Stadtdurchquerungen. In Frankfurt ist der Weg nur auf einer Seite der Straße markiert. An vielen Pfosten von Straßenschildern kann man zehn und mehr Aufkleber unterschiedlichster Art zählen, da übersieht man den des Lutherwegs leicht und natürlich verschwinden Aufkleber in einer Großstadt eher als im tiefen Forst.
Einkauf: Frankfurt, Bad Vilbel.
Einkehr: **Frankfurt-Seckbach:** Lohrberg-Schänke, Tel. +49 69 9047 6785, www.lohrberg-schaenke.de, Reservierung empfohlen; Restaurant Altes Zollhaus, Tel. +49 69 472 707 www.altes-zollhaus-frankfurt.de, Mi. bis So. ab 18 Uhr, Sa., So. und Feiertage 12–15 Uhr und ab 18 Uhr; **Bad Vilbel-Heilsberg:** Café-Tortenmanufaktur Einzig, Tel. +49 6101 9865 700, www.cafe-einzig.de, Di. bis So. 11–17 Uhr; **Bad Vilbel:** Restaurant Zum Landsberg, Tel. +49 6101 8024 016, www.zum-landsberg.eatbu.com, Di. bis So. 11.00–14.30 Uhr und ab 17 Uhr; Restaurant Speisekammer an der Nidda (Clubrestaurant Tennisclub), Tel. +49 6101 44342, www.speisekammer-an-der-nidda.eatbu.com; **Bad Vilbel-Massenheim:** Apfelweinwirtschaft Gaststätte Zum Mühlengrund, Tel. +49 6101 42292, Do./Fr. und So./Mo. ab 16.30 Uhr; Gaststätt und Äbbelwoikelterei Zum Knoche, Tel. +49 6101 42563, www.gaststaette-

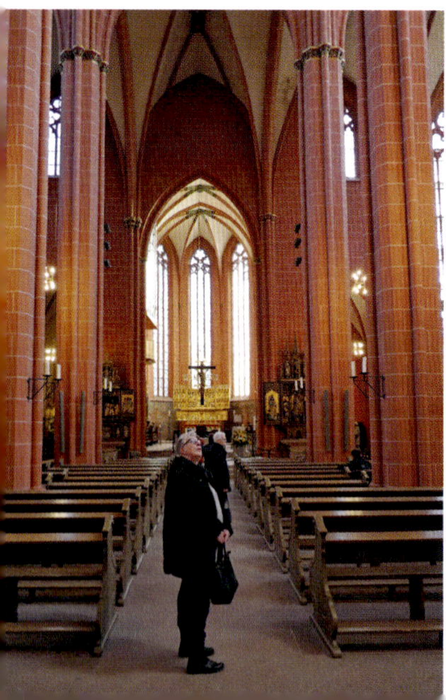

Im Frankfurter Kaiserdom.

zumknoche.de, Fr./Sa. 17–21 Uhr, So. 12–21 Uhr; Gasthaus und Hotel Ahrenshof (s. Unterkunft), Do. bis Sa. ab 17 Uhr, So. ab 12 Uhr.

Unterkunft: **Bad Vilbel-Heilsberg:** City Hotel Frankfurt – Bad Vilbel, Tel. +49 6101 5880, www.cityhotel-badvilbel.de; **Bad Vilbel:** Hotel Kreilingshöfchen, Tel. +49 6101 85516, www.hotel-kreiling.de; **Bad Vilbel-Massenheim:** Gasthaus und Hotel Ahrenshof, Tel. +49 6101 545 162, www.ahrenshof-massenheim.de.

Verkehrsmittel: Fernbahnhof in Frankfurt am Main und Regionalbahnhof in Bad Vilbel; öffentlicher Personennahverkehr in Frankfurt am Main.

Karte: Kompass Wanderkarte 828 Frankfurt und Umgebung.

Hinweis: In Frankfurt verlassen wir zweimal kurz den Lutherweg. Das erste Mal, um einige der Hauptsehenswürdigkeiten zu besichtigen, das zweite Mal, um einer »grüneren« Route den Vorzug zu geben.

Wir verlassen den **Frankfurter Hbf.** ❶ auf der Südseite (Einfahrtsrichtung rechts), überqueren die Mannheimer und die Basler Straße und folgen der Wiesenhüttenstraße bis zum Main. Am Mainufer gehen wir ¼ Std. nach links zum **Eisernen Steg** ❷, wo wir auf den Lutherweg treffen – und ihn gleich wieder verlassen. Luther wird Ihnen verzeihen, dass Sie anfangs von der auszeichneten Route abweichen, denn diese lässt die rekonstruierte Altstadt, den Römerberg und die Paulskirche aus. Vom Eisernen Steg kommend gehen wir wenige Meter nach rechts und folgen dann der vor dem Turm des Saalhofs vom Main wegführenden Fahrtor(-Gasse). Nach wenigen Metern liegt links das Haus Wertheym, das einzige Fachwerkhaus der Stadt, das die Bombenstürme des Zweiten Weltkriegs überstanden hat. Vorbei

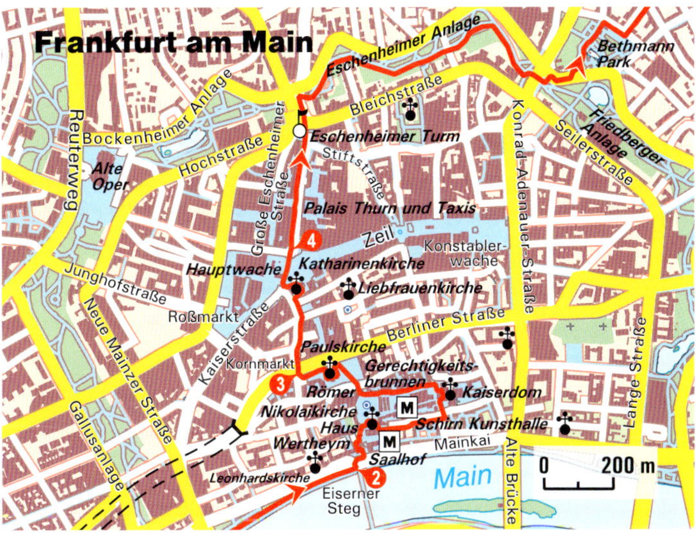

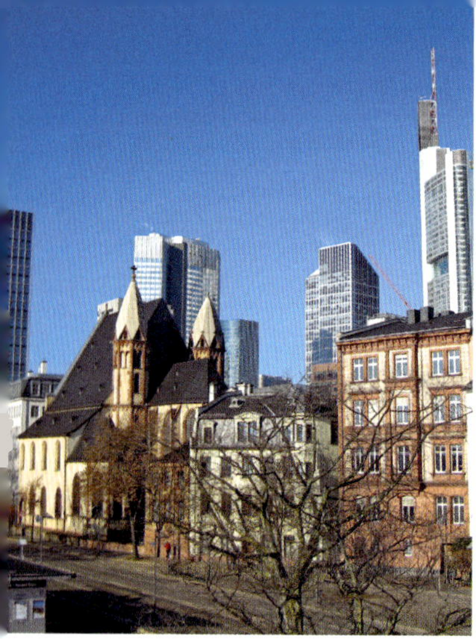

am schräg gegenüberliegenden Jungen Museum biegen wir zwischen diesem und der Alten Nikolaikirche nach rechts in die Saalgasse und folgen ihr bis zum Weckmarkt beim Kaiserdom St. Bartholomäus. Die heutige Kirche ist der fünfte bekannte Bau an dieser Stelle. Hier wurden seit der Goldenen Bulle von 1356 die meisten Kaiser gewählt und gekrönt, deshalb wird die Kirche auch Dom genannt, obwohl hier nie ein Bischof residiert hat. Am Ende der Saalgasse biegen wir nach links und nach dem Kaiserdom nochmals. Die Markt(-Gasse) bringt uns zum

Die Kirche St. Leonhard, in deren Nachbarschaft Luther 1521 Station machte.

i ***Frankfurt am Main*** *ist die fünftgrößte Stadt Deutschlands, einer der wichtigsten internationalen Finanzplätze, eine bedeutende Messestadt und ein europäischer Verkehrsknotenpunkt. Außerdem hat die Stadt eine der wenigen Hochhaus-Skylines Europas, weshalb sie ironisch-liebevoll auch Mainhattan genannt wird. In der Metropolregion FrankfurtRhein-Main leben 5,8 Mio. Menschen.*

Ihr heutiges, oft vorstädtisch wirkendes Aussehen »verdankt« die Stadt den Bombenschäden des Zweiten Weltkriegs und dem autogerechten Wiederaufbau danach. Von einer der ehemals größten zusammenhängenden Altstädte Deutschlands, die seit dem Hochmittelalter nie durch Kriege oder Großfeuer verwüstet worden war, blieb nur wenig übrig. In den letzten Jahren bemühte man sich, die Altstadt um den Römerberg zu rekonstruieren.

Seit 1372 war Frankfurt eine Reichsstadt und konnte seine Unabhängigkeit wahren, bis es 1866 von Preußen annektiert wurde. In Frankfurt fanden seit 1147 die meisten deutschen Königswahlen statt und ab 1582 auch die Kaiserkrönungen, hier tagte 1848/49 die deutsche Nationalversammlung in der Paulskirche.

Schon vom Eisernen Steg aus sieht man rechts das Historische Museum Frankfurt im Saalhof. Im Untergeschoss des mächtigen Wohnturms wurde vermutlich der Reichsschatz aufbewahrt. Links liegt St. Leonhard, die älteste und vielleicht schönste Kirche der Stadt, die als einzige Innenstadtkirche den Zweiten Weltkrieg fast unbeschadet überstanden hat.

Römerberg. An der »Domseite« dieses Platzes ersetzte man vor wenigen Jahren die wenig attraktive Nachkriegsbebauung durch Nachbauten der im Zweiten Weltkrieg zerstörten Fachwerkhäuser. In der Mitte des Platzes steht der Gerechtigkeitsbrunnen (auch Justitiabrunnen) von 1611 und dahinter der Römer, das Rathaus der Stadt, mit dem Kaisersaal. Wir gehen daran vorbei zum angrenzenden Paulsplatz. Links vor uns liegt die **Paulskirche**.

i *An dieser Stelle stand bis 1786 die Barfüßerkirche, in der 1528 die erste evangelische Abendmahlsfeier in Frankfurt stattfand. Die neue* ***Paulskirche****, ein elliptischer Zentralbau aus Rotsandstein, wurde dann 1833 als evangelisch-lutherische Hauptkirche der Stadt geweiht. Da die Paulskirche damals den größten Saal Frankfurts hatte, tagte hier 1848 die Nationalversammlung, das erste gesamtdeutsche Parlament, und schuf die erste demokratische Verfassung für Deutschland. Heute werden in der Paulskirche der Friedenspreis des Deutschen Buchhandels und der Goethepreis der Stadt Frankfurt verliehen.*

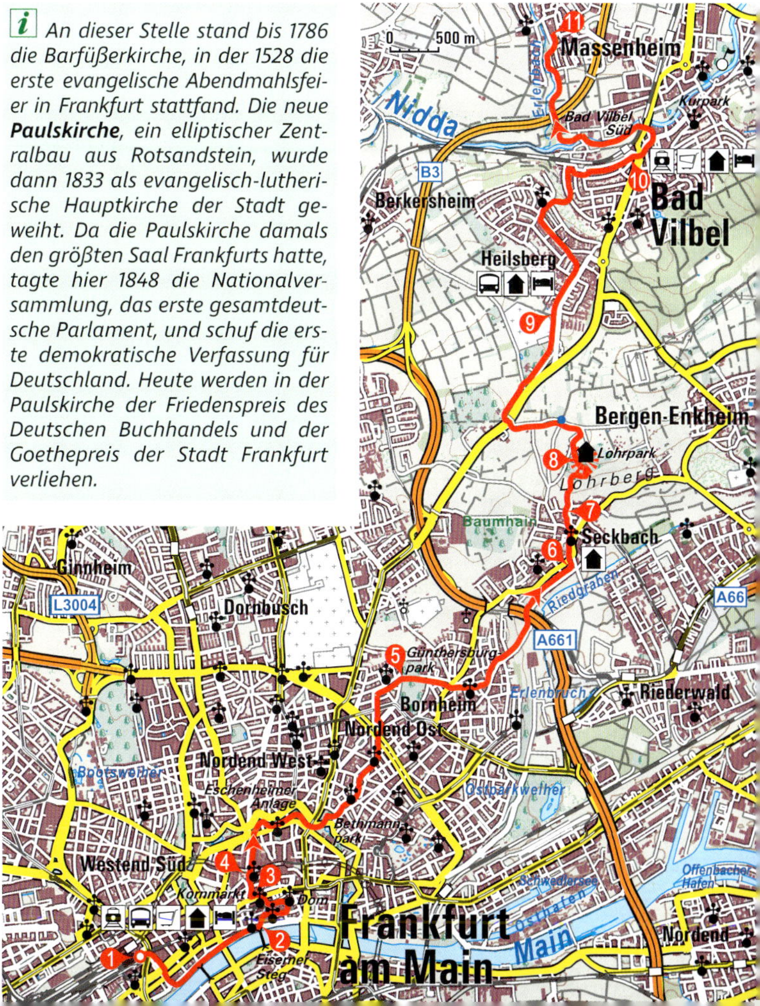

Wir gehen an der Paulskirche vorbei, dann in der Berliner Straße wenige Meter nach links, bis wir auf die Straße **Kornmarkt** ❸ stoßen, die nach rechts und dann immer geradeaus zur Katharinenpforte leitet. Hier sind wir wieder auf dem markierten Lutherweg. Rechts neben der Katharinenpforte erhebt sich die **St. Katharinenkirche** und ihr gegenüber liegt die **Hauptwache**.

i *Die **St. Katharinenkirche** ist heute die größte evangelische Kirche der Stadt. Hier hielt 1522, ein Jahr nach Luthers Aufenthalt, sein Schüler Hartmann Ibach die erste evangelische Predigt in Frankfurt. Der Neubau vom Ende des 17. Jh. brannte nach dem verheerenden Bombenangriff am 22. März 1944 vollständig aus. Ein Glasfenster mit der Darstellung einer stehengebliebenen Uhr hält die Erinnerung an jene Nacht fest! Der Wiederaufbau erfolgte von 1950 bis 1954, im Inneren wurden die Wände weiß verputzt. Das war nicht nur eine Folge der geringen zur Verfügung stehenden Mittel, sondern entsprach auch dem Lebensgefühl der 1950er Jahre.*
*Das barocke Gebäude der **Hauptwache**, in dem heute ein Café ist, war Sitz der Stadtwehr und enthielt ein Gefängnis. Auf dem gleichnamigen Platz daneben befanden sich im 18. Jh. mehrere Richtstätten, hier wurde am 14. Januar 1772 die Dienstmagd Susanna Margaretha Brandt hingerichtet, ein Vorbild für das Gretchen in Goethes Faust.*

Bei der Hauptwache gehen wir geradeaus, links an Galeria Kaufhof vorbei, in die **Große Eschenheimer Straße** ❹ und verlassen erneut vorübergehend den Lutherweg. Der Straße folgen wir über den Verkehrsknotenpunkt beim Eschenheimer Tor hinweg. Auf einer Verkehrsinsel in seiner Mitte steht der 47 m hohe **Eschenheimer Turm**, der Anfang des 15. Jh. bei der zweiten Stadterweiterung als Teil der neuen Stadtmauer gebaut worden ist. Kurz darauf führt die Straße durch einen schmalen Grüngürtel, der entstand, als 1804 bis 1812 die Frankfurter Stadtbefestigung geschleift wurde. Hier gehen wir nach rechts in die Eschenheimer Anlage, der wir bis zur Friedberger Landstraße folgen. Wir überqueren sie, treffen wieder auf die Markierungen des

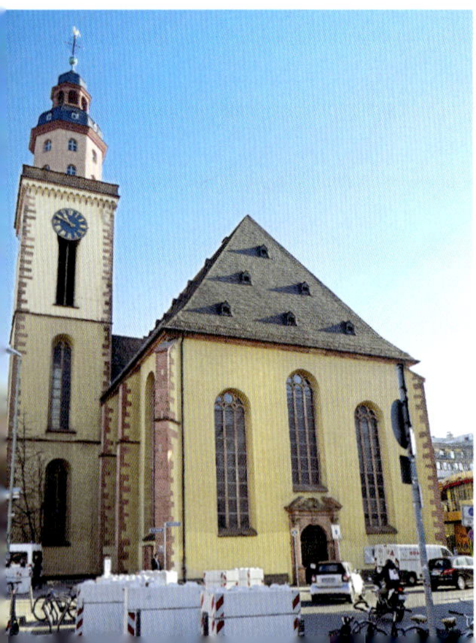

Die St. Katharinenkirche.

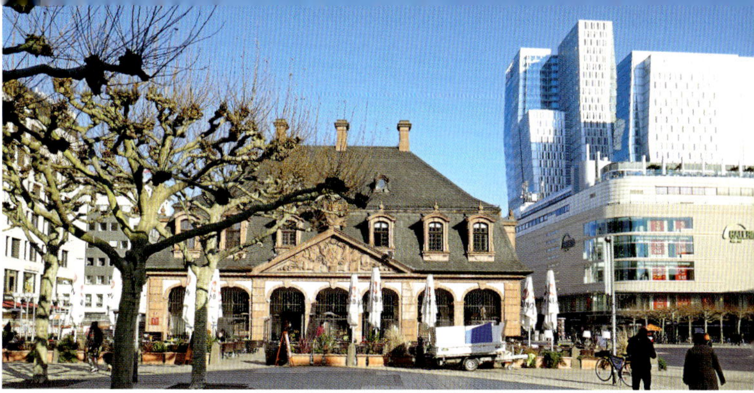

Die Hauptwache.

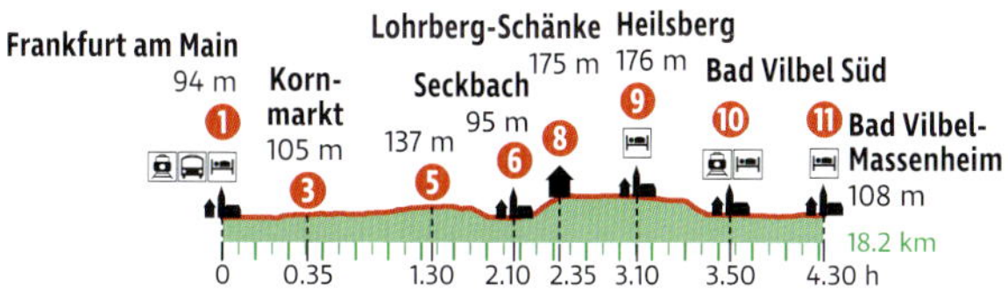

Lutherwegs und gehen im Bethmann-Park nach Norden. Die Bethmanns waren eine bedeutende Frankfurter Bankiersfamilie, die hier eine Sommervilla besaßen.

Am Ende des Parks folgen wir dem Mauerweg nach rechts und kurz darauf der Elkenbachstraße nach links. Nachdem sie die Bornheimer Landstraße gekreuzt hat, heißt sie Burgstraße. Bei der **Lutherkirche** verlassen wir sie. Die neugotische Kirche wurde im Zweiten Weltkrieg zerstört und Mitte der 1950er-Jahre unter Einbeziehung des beschädigten Turms neu aufgebaut.

Nun nehmen wir die Martin-Luther-Straße, die halb links auf die Kirche zuläuft, folgen ihr über die mehrspurige Rothschildallee, gegen den Uhrzeigersinn um eine halbkreisförmige Grünanlage und dann geradeaus weiter, bis sie an der Hallgartenstraße endet. Nach rechts gehend kommen wir, vorbei an der Wartburgkirche aus den 1960er-Jahren, zum **Günthersburgpark** 5 und durchqueren ihn.

i 1837 erwarb Carl Mayer von Rothschild das Gelände des heutigen ***Günthersburgparks****. Die Rothschilds waren eine berühmte Bankiersfamilie aus Frankfurt und bis ins 20. Jh. hinein Global Players auf den Finanzmärkten. Nach dem Tod des Besitzers übernahm 1889 die Stadt den Besitz und verwandelte ihn in einen Volkspark.*

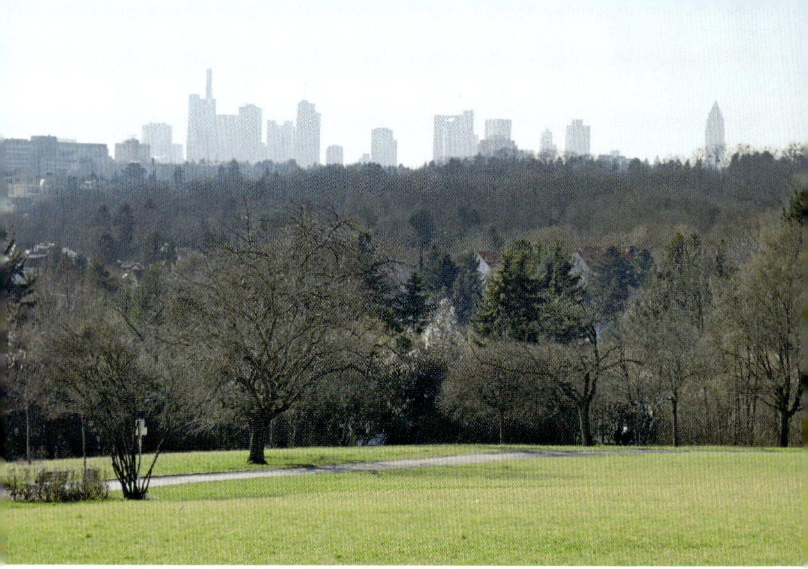

Ausblick vom Lohrberg: die Frankfurter Silhouette im Dunst.

Auf der anderen Parkseite folgen wir der Weidenbornstraße und überqueren mit ihr die breite Seckbacher Landstraße. An einem Polizeirevier gehen wir rechts vorbei und weiter geradeaus auf den Zwiebelturm der spätbarocken Johanniskirche im ehemaligen Dorf Bornheim zu. Heute ist die Kirche nach der Katharinenkirche der größte und bedeutendste barocke Sakralbau Frankfurts. Hier folgen wir der Großen Spillingsgasse geradeaus. Bei der T-Kreuzung an ihrem Ende biegen wir nach links in die Berger Straße und bei der folgenden Kreuzung nach rechts in die Enkheimer Straße. Die Straße wird zur Sackgasse und die Bebauung endet, der Weg führt abwärts in ein Tal. Früher floss dort das Wasser eines Mainarms, heute der Verkehr auf einer Autobahn. Wir unterqueren sie und gleich dahinter eine Bahnlinie und wandern auf der Zeuläckerstraße geradeaus weiter und bald in den Frankfurter Ortsteil Seckbach.
Bei der zweiten Kreuzung in **Seckbach** 6 biegen wir nach links in die Straße Im Trieb. Bald liegt links die Marienkirche mit historischem Friedhof. Bei der folgenden Kreuzung beim Gasthaus Zum Neuen Schwanen wandern wir nach links (Wegweiser Bornheim), nach knapp 100 m bei einer Gabelung nach rechts und dann gut 100 m geradeaus. Bei einer weiteren **Gabelung** 7 biegen wir nach rechts in die Alsfelder Straße (Wegweiser Fußweg zum Lohrberg). Bei der nächsten Gabelung nach knapp 100 m folgen wir der Alsfelder Straße nach links, lassen die Bebauung bald hinter uns und steigen zum **Lohrberg** hinauf.

*i Der 185 m hohe **Lohrberg** ist der Frankfurter Hausberg und der einzig verbliebene Weinberg innerhalb des Stadtgebietes. Nahebei wurde einst Kohle unter Tage abgebaut und Ende des 19. Jh. entdeckte man in einem Bergwerksschacht die Überbleibsel eines fossilen Säugetiers, im Volksmund »Seckbacher Kohlensau« genannt. Auf dem »Berg« gibt es eine große Spielwiese, Bänke zum Verweilen und seit 1933 die meist gut besuchte Lohrberg-Schänke. Nicht nur vom Aussichtspunkt hat man einen schönen Blick auf Frankfurt und seine Skyline.*

Vorbei an der **Schänke auf dem Lohrberg** 8 wandern wir geradeaus zum 5 Min. entfernten Parkplatz und dahinter auf der Zufahrtsstraße nach links. Schon aus der Ferne sehen wir ein gewaltiges Brückenbauwerk, auf dem wir die Friedberger Landstraße mit ihrem brausenden Verkehr überqueren. Diese Straße war Teil einer Via Regia (Königsstraße), die von Santiago de Compostela bis nach Moskau führte und somit auch die Messestädte Frankfurt und Leipzig verband. Links von der Brücke über die Friedberger Landstraße steht das Alte Zollhaus aus dem Jahr 1775, heute ein leider an Werktagen mittags nicht geöffnetes Restaurant, das auf eine bewegte Geschichte mit prominenten Gästen zurückblickt.
Wir wandern von der Brücke nach rechts und 5 Min. auf einem Parallelweg zur Landstraße. Beim ehemaligen DENA-Gelände, auf dem bis in die 1980er-Jahre der Sender der Deutschen Nachrichtenagentur stand, folgen wir dem Heiligenstockweg weiter geradeaus, bis er in die Friedberger Land-

Der Lohrberg ist der Frankfurter Hausberg.

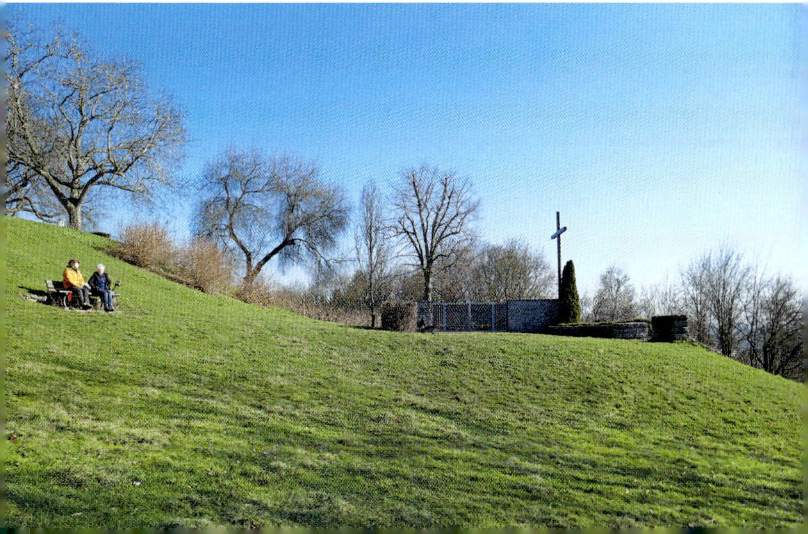

straße mündet. Diese ist inzwischen zur Zufahrtsstraße nach Heilsberg herabgestuft worden, Heilsberg ist ein Ortsteil von Bad Vilbel, der nach dem Zweiten Weltkrieg auf der grünen Wiese für Vertriebene, Ausgebombte und Heimkehrer entstand.

Vorbei am Friedhof Heiligenstock erreichen wir **Heilsberg** 9 und gehen – nun auf der Frankfurter Straße – weiter geradeaus. Nach 5 Min. liegt rechts das Café Einzig, in dessen Tortenmanufaktur empfehlenswerte Leckereien entstehen. Bald dahinter liegen ebenfalls rechts eine Bäckerei und dann links ein Rewe-Markt. Vor diesem biegen wir nach links in einen namenlosen Fußweg ein, dem wir über drei Straßen hinweg geradeaus folgen. Er endet nach gut 5 Min. am Pommernweg. Gegenüber führt zwar noch eine Sackgasse weiter, aber wir gehen wenige Meter nach rechts zur Friedensstraße, dort links und gleich wieder rechts. Die Straße Am Kreuz heißt nach einer Kreuzung Tannenweg, nach 60 m führt rechts ein Treppenweg den mit Bäumen bestandenen Hang hinunter.

Unten leitet die Berliner Straße nach links und in knapp 5 Min. zu einer T-Kreuzung vor einer Bahnlinie. Wir gehen nach rechts und in gut 5 Min. zum S-Bahnhof **Bad Vilbel Süd** 10. Im Bereich des Bahnhofs und auf seiner Nordseite werden zurzeit größere Baumaßnahmen durchgeführt. Nach deren Abschluss, voraussichtlich 2023/24, wird der Lutherweg im Bahnhof die Gleise queren, nach weiteren 50 m einem Querweg nach links folgen und dann nach rechts auf einer Brücke über die Nidda leiten. Bis es so weit ist, gehen wir am Bahnhof vorbei, vor dem nahen Rewe-Supermarkt nach rechts bis zu einem Kreisverkehr und folgen auf seiner gegenüberliegenden Seite, vorbei am Restaurant Zum Landsberg, der Frankfurter Straße, die ins nahe Stadtzentrum von **Bad Vilbel** leitet.

Im Hof der Wasserburg Vilbel finden jährlich Burgfestspiele statt.

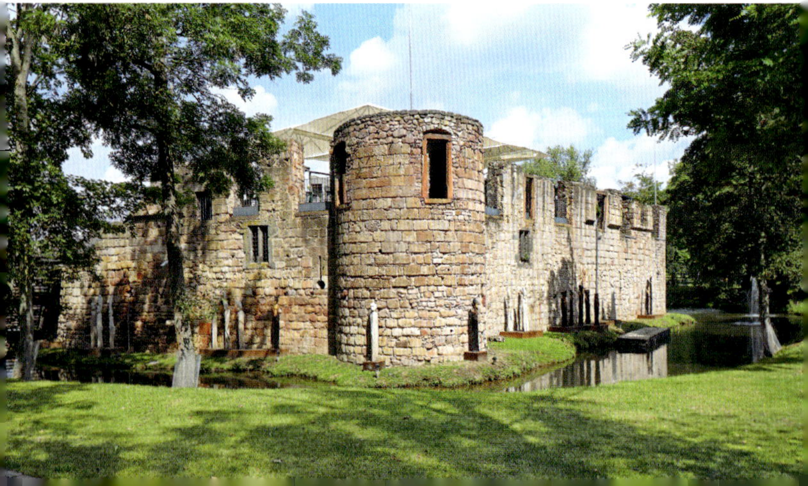

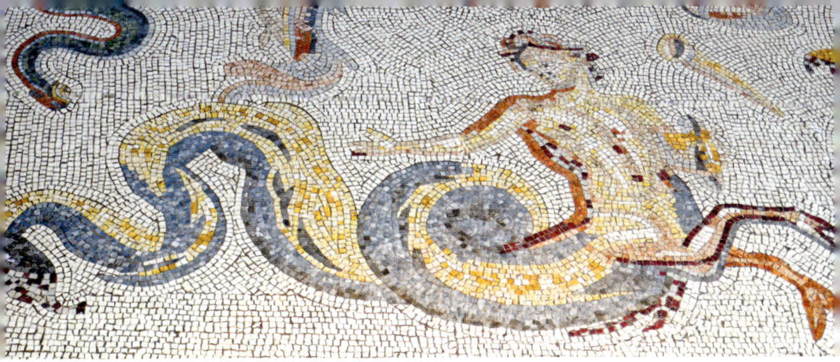

Fantasiewesen aus dem Gefolge des Meeresgottes Oceanus.

*i Schon die Römer kannten die Heilwasser von **Bad Vilbel**. In einem Glaspavillon im Kurpark am Ufer der Nidda ist eines der schönsten römischen **Mosaike** in Deutschland als vervollständigte Rekonstruktion in einem Wasserbecken zu sehen, das Original befindet sich im Hessischen Landesmuseum in Darmstadt. Heute ist Bad Vilbel für seine Kohlensäurebäder und Trinkkuren bekannt. Im nördlichen Teil des Kurparks steht die Ruine einer **Wasserburg**, deren älteste Bauteile aus dem 12. Jh. stammen.*

Nach knapp 5 Min. biegen wir gegenüber der Kurapotheke in die schmale, links abgehende Wiesengasse (Wegweiser Massenheim). Nach einer Rechtskurve leitet sie am Ufer der Nidda zuerst unter einer Straßen- und unmittelbar danach unter einer Bahnbrücke durch (Achtung Radfahrer!). Gleich darauf überqueren wir auf einem Betonsteg den Fluss und halten uns dann links. Der Weg führt an einem Freibad mit Imbissmöglichkeit und an einem Fußballstadion vorbei und biegt dann nach rechts. Wir gehen aber am Fluss entlang weiter geradeaus, vorbei am Restaurant Speisekammer an der Nidda. Bald passieren wir eine Brücke, über die der Lutherweg nach Ende der Baumaßnahmen kommen wird.

Vor dem Erlenbach, einem Zufluss der Nidda, biegt der Weg nach rechts und verläuft immer geradeaus am Bach entlang, bald auf einer Brücke über die vierspurige B 3, dann an einem Schützenhaus vorbei. Wenig später liegt zwischen Bach und Weg ein Spielplatz, dann endet diese Etappe in **Bad Vilbel-Massenheim** ⑪.

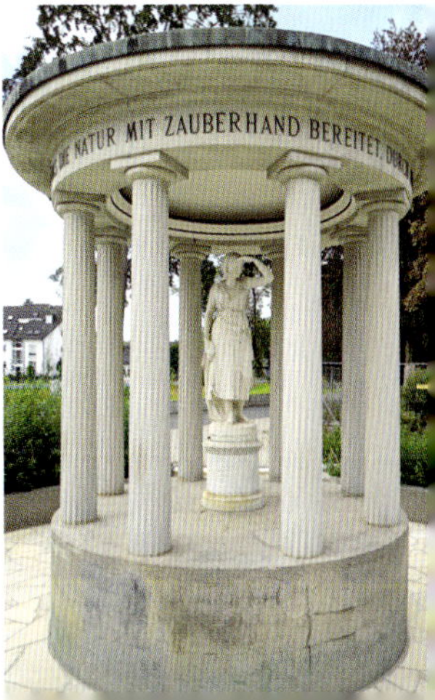

Friedrich-Karl-Sprudel im Kurpark von Bad Vilbel.

7 Bad Vilbel – Friedberg (Hess.)

6.15 h	26,1 km
↗180 m	↘135 m

In der Wetterau

Auf dieser Etappe lässt der Lutherweg den Großraum Frankfurt am Main endgültig hinter sich und führt in die fruchtbare Wetterau nördlich der Metropole. Die nach dem Fluss Wetter benannte Gegend gehört zu den ältesten Kulturlandschaften Deutschland und so verläuft der Lutherweg oft zwischen großen Feldern und durch ehemals kleine Dörfer, deren Bewohner inzwischen nach Frankfurt am Main pendeln, zur alten Reichsstadt Friedberg (Hess.).

Ausgangspunkt: Bad Vilbel (105 m, 34.000 EW), Bahnhof. Alternativ kann die Wanderung auch an der S-Bahn-Station Bad Vilbel Süd begonnen werden (s. Etappe 6). Fernwanderer setzen die Tour auf dem Lutherweg 1521 direkt in Bad Vilbel-Massenheim ❷ fort.
Endpunkt: Friedberg (Hess.) (152 m, 61.100 EW), Bahnhof.
Anforderungen: Einfach, obwohl die Gegend dicht besiedelt ist, verläuft die Route verwiegend durch Felder und Wiesen.
Einkauf: In allen Orten.
Einkehr: **Frankfurt–Nieder-Erlenbach:** Speisegaststätte Zur Erholung (s. Unterkunft), Mo. und Sa. Ruhetag, sonst ab 18 Uhr, Mi. und So. auch 12–13.30 Uhr; **Karben-Petterweil:** Pizzeria La Rosa (s. Unterkunft), Tel. +49 6039 7777, Di. bis So. 11.30–14 Uhr und ab 17.30 Uhr; **Karben-Okarben:** Restaurant Bürgerstube, Tel. +49 6039 9289 250, www.buergerstube.com, Di. bis So. ab 17 Uhr, Mi. bis Fr., So. und feiertags auch 11.30–14 Uhr; **Nieder-Wöllstadt:** Liftis Eis und Café, Tel. +49 6034 5555, www.lifti.de, im Sommer tgl. bis 20 Uhr, in der Wintersaison bis 18 Uhr; Pizzeria La Luna, Tel. +49 6034 5098 361, Mo. bis Fr. ab 11.30 Uhr, Sa. ab 16.30 Uhr, So. ab 12 Uhr; **Friedberg (Hess.):** Cafe Confiserie Der Torten- und Trüffelmacher (direkt am Bahnhof), Tel. +49 6031 6842 610, www.cafe-eisenmann.de, Mo. bis Fr. 7–17 Uhr, So. 9–11.30 Uhr und 14–16 Uhr; Hotel Restaurant Metzgerei Goldnes Fass (s. Unterkunft), Di. bis Sa. ab 18 Uhr und Do., Fr., So. 11.30–14 Uhr.
Unterkunft: **Frankfurt–Nieder-Erlenbach:** Alte Scheune, Tel. +49 6101 544 000, www.alte-scheune.de, So. Ruhetag; Speisegaststätte mit Gästezimmern Zur Erholung, Tel. +49 6101 42104, www.gaststaette-zur-erholung.de, Mo. und Sa. Ruhetag; **Karben-Petterweil:** Hotel La Rosa, Tel. +49 6039 3544, www.pizzeria-hotel-karben.de; **Nieder-Wöllstadt:** Pension und Restaurant Hessen-Schenke, Tel. +49 6034 4455; **Friedberg (Hess.):** Pension Moni, Tel. +49 6031 680 734 und +49 171 7493 099; Hotel Restaurant Metzgerei Goldnes Fass, Tel. +49 6031 16880, www.goldnes-fass.de; Gästehaus Burgblick, Tel. +49 6031 12232, www.gaestehausburgblick.de.
Verkehrsmittel: Regionalbahnhöfe in Bad Vilbel, Okarben, Nieder-Wöllstadt und Fernbahnhof in Friedberg (Hess.) an der Bahnstrecke Kassel-Frankfurt a. M., von Nieder-Erlenbach Zubringerbus zum Bahnhof in Berkersheim und von Petterweil zum Bahnhof in Groß-Karben.
Karte: Kompass Wanderkarte 828 Frankfurt und Umgebung.
Tipp: **Hofladen Riedhof**, Am Riedsteg 125, 60437 Frankfurt–Nieder-Erlenbach, Tel. +49 6101 54580, www.riedhof-frankfurt.de, Mo. bis Sa. 8–18 Uhr.

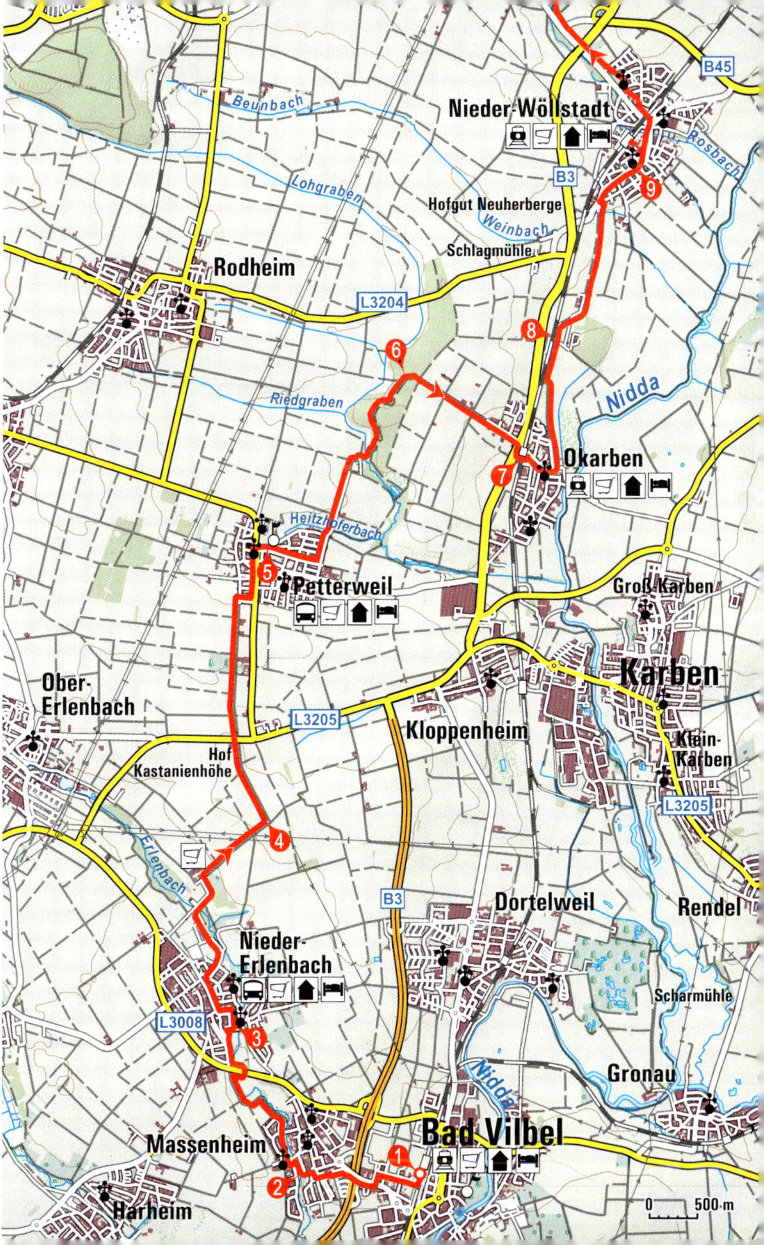

Beunbach
Nieder-Wöllstadt
B45
Rosbach
Lohgraben
B3
Hofgut Neuherberge
Weinbach
Schlagmühle
Rodheim
L3204
Riedgraben
Nidda
Okarben
Heitzhöferbach
Petterweil
Groß-Karben
Karben
Ober-
Erlenbach
L3205
Kloppenheim
Hof
Kastanienhöhe
Klein-
Karben
L3205
Erlenbach
B3
Dortelweil
Rendel
Nieder-
Erlenbach
Scharmühle
L3008
Gronau
Nidda
Bad Vilbel
Massenheim
Harheim
0
500 m
1
2
3
4
5
6
7
8
9

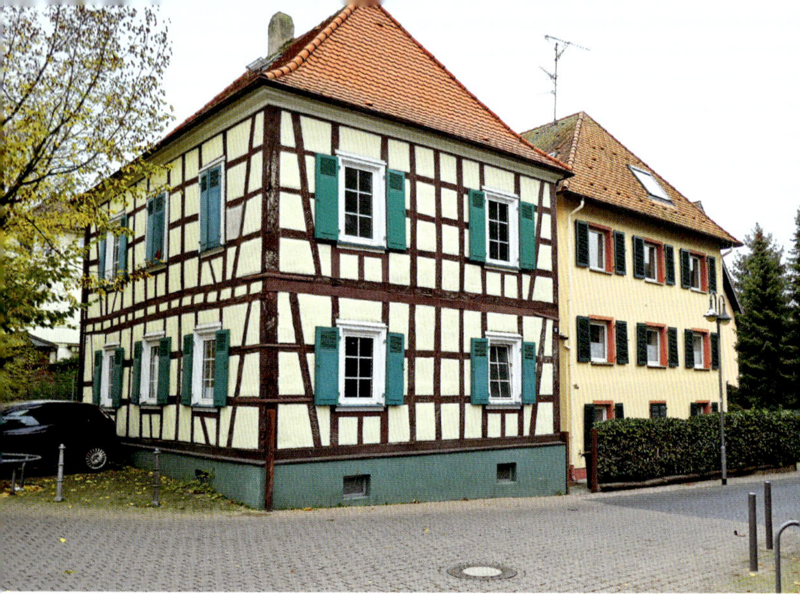

Gegenüber der Kirche von Nieder-Erlenbach steht ein barockes Fachwerkhaus aus dem 18. Jahrhundert.

Vom **Bahnhof Bad Vilbel** ❶ gehen wir nach Süden und folgen vor dem P+R-Parkplatz (50 Cent/Tag) und der Packstation der Max-Planck-Straße nach rechts durch ein Neubaugebiet. Bei der T-Kreuzung an ihrem Ende (links Aldi, rechts Rewe) biegen wir nach links und bei der ersten Gelegenheit nach rechts in die Homburger Straße. Die Brücke über die vierspurige B 3 bringt uns in den Ortsteil Massenheim, dort biegen wir in die zweite Straße auf der linken Seite (An der Ziegelei) ein. Diese Straße macht eine S-Kurve und erreicht nach 160 m eine T-Kreuzung, hier gehen wir 20 m nach rechts und gleich darauf nach links. Wenn die Straße An der Ziegelei nach wenigen Metern endet, gehen wir auf dem Fußweg Eschbacher Weg weiter geradeaus, bei einer T-Kreuzung wenige Meter nach rechts (Am Weinberg) und bei der ersten Gelegenheit nach links (Am Hottenberg), immer geradeaus und bald (hinter einem rot-weißen Gitter) auf einer Treppe abwärts zum Erlenbach, wo wir in **Massenheim** ❷ auf den **Lutherweg 1521** treffen. Wir wandern nach rechts bis zu einer Querstraße, nach links über eine Brücke und auf der anderen Seite weiter am Bach entlang. Seit mehr als zehn Jahren präsentieren renommierte zeitgenössische Künstler auf den Wiesen der Erlenbach-Aue zwischen Erlen und Weiden ihre Figuren und Plastiken. Wir bleiben am Bach und erreichen nach 20 Min. die Landstraße L 3008, vor der wir nach rechts gehen, mit dem Bach unter ihr hindurch und dann nach links. Nach einer Rechtskurve folgen wir dem Bornweg geradeaus nach **Nieder-Erlenbach**. Das Dorf gehörte seit dem 14. Jh. Frankfurt, heute gehört es als nördlichster Ortsteil zu Frankfurt. Wir gehen bei zwei kurz aufeinanderfolgenden Gabelungen jeweils nach rechts, dann in der Straße Alte Fahrt nach Haus Nr. 19 (rechte Seite) erneut rechts in eine schmale Gasse, die man leicht übersieht, und bei der ersten Gelegenheit nach links. Wir erreichen die **Kirche in Nieder-Erlenbach** ❸; schräg gegenüber befindet sich eine Bäckerei.

*i Die **Kirche in Nieder-Erlenbach** aus dem Frühbarock besitzt einen spätgotischen Kern, ihr Turm war früher mit Schießscharten versehen und diente als Wehrturm. Die Innenausstattung zeigt einen Querschnitt der Kirchenkunst der letzten 400 Jahre.*

Die Straße Alt-Erlenbach leitet durch den Ort: zuerst geradeaus, dann links, kurz darauf rechts und dann geradeaus, rechts liegt das Hotel/Restaurant Alte Scheune, schräg gegenüber Hotel und Speisegaststätte Zur Erholung. 100 m dahinter gabelt sich die Straße, wir folgen der Straße Am Schäferköppel nach rechts und geradeaus bis zur Brücke über den Erlenbach. Noch vor der Brücke biegen wir nach links und wandern wieder am Erlenbach entlang, vorbei am Schützenhaus. Kurz darauf halten wir uns bei einer T-Kreuzung rechts und folgen der Fahrstraße Am Riedsteg, die nach dem Sportplatz eine Linkskurve macht. An der T-Kreuzung beim **Hofladen Riedhof** gehen wir rechts, unterqueren nach gut 10 Min. eine Hochspannungsleitung und halten uns nach weiteren 200 m bei einer **Abbiegung** ❹ links (Schilderbaum, aber keine Lutherweg-Markierung). Zwischen großen Feldern immer geradeaus gehend kommen wir nach einer halben Stunde an den Ortsrand von **Petterweil**. Nach der ersten Einfamilienhauszeile biegen wir nach rechts in den Schlinkenweg und bei der nächsten Gelegenheit nach links in die Alte Heerstraße. Nach 5 Min. liegt links das Hotel/Restaurant La Rosa, kurz darauf kommen wir an einer Bäckerei und der schlichten Kirche St. Martin aus dem Jahr 1653 (Vorgängerbauten gab es schon im 9. Jh.) vorbei. Wenige Meter danach gelangen wir zu einer Kreuzung. Links leitet die Martins-Kirchgasse zu weiteren Gaststätten, wir dagegen wandern nach rechts durch die Schlossstraße, an deren Anfang sich das **Schloss Pet-**

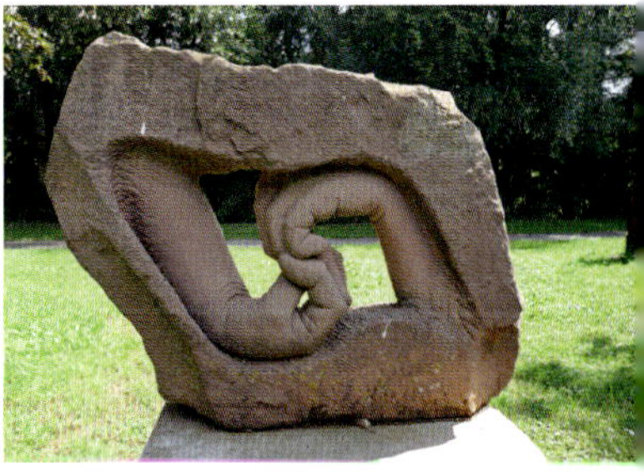

Die Skulptur »Zwei Hände« von Joachim Mennicken ist eines der Exponate in den Massenheimer Auen.

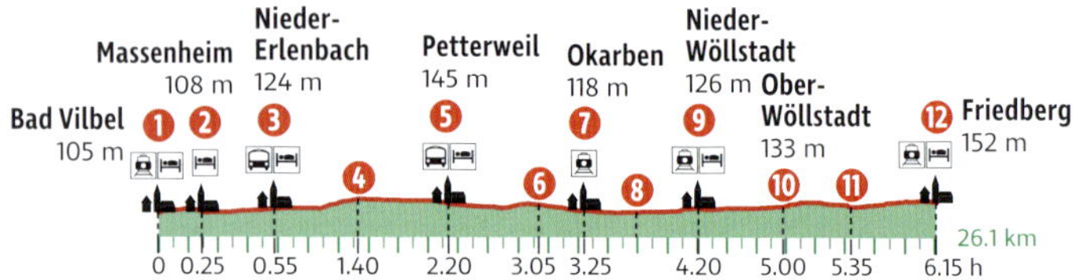

terweil 5, ein dreiseitig umbauter Wirtschaftshof, befindet. Nach ¼ Std., vor der letzten Häuserzeile am Ortsrand, biegen wir bei einer Kreuzung nach links in die Heitzhofer Straße.

Wir gehen geradeaus, zuerst noch im Ort, hinter dem Heitzhoferbach dann zwischen Feldern und Wiesen. Nach gut 10 Min. halten wir uns bei einer T-Kreuzung nach dem Pfadfinderzentrum Lilienwald rechts, wandern hinter der anschließenden Linkskurve nach rechts auf den Wald zu und im Wald gleich nach links. Der gut markierte Weg führt kurvenreich durch den Wald und nach ¼ Std. zu einer **Kreuzung** 6. Dort gehen wir nach rechts, bald aus dem Wald heraus und geradeaus bis zur B 3. Auf der anderen Seite der Bundesstraße sieht man schon den **Bahnhof von Okarben** 7, dort unterqueren wir die Bahnlinie und gehen nach links. Eine Rampe führt in einer Rechtskurve aufwärts; an ihrem Ende folgen wir der Hauptstraße geradeaus, bis nach 250 m rechts eine Bäckerei und links ein Lebensmittelgeschäft liegen. Hier leitet der Friedhofsweg nach links, nach 100 m biegen wir hinter dem letzten Haus (Blechbearbeitung) und vor dem Friedhof nach links in den Friedberger Weg ein.

Er führt uns zurück zur Bahnlinie und dann an ihr entlang. Nach 20 Min. kreuzen wir einen aus einer **Unterführung** 8 kommenden Fahrweg, gehen noch 100 m weiter geradeaus, vor einem direkt an der Bahnlinie liegenden Bauernhof halb rechts auf ein Entsorgungsunternehmen zu, rechts an der Anlage vorbei und über eine Straße. Der Wiesenweg (falls matschig, auf Parallelweg rechts davon ausweichen) leitet zwischen Feldern geradeaus zur Frankfurter Straße. Ihr folgen wir nach rechts zur **Kirche von Nieder-Wöllstadt** 9, wo die Bahnhofstraße nach links zum Bahnhof führt.

Wir aber gehen mit dem Lutherweg weiter geradeaus in Richtung Ober-Wöllstadt. Bald gabelt sich die Straße, wir wandern nach links in die Friedberger Straße und dann

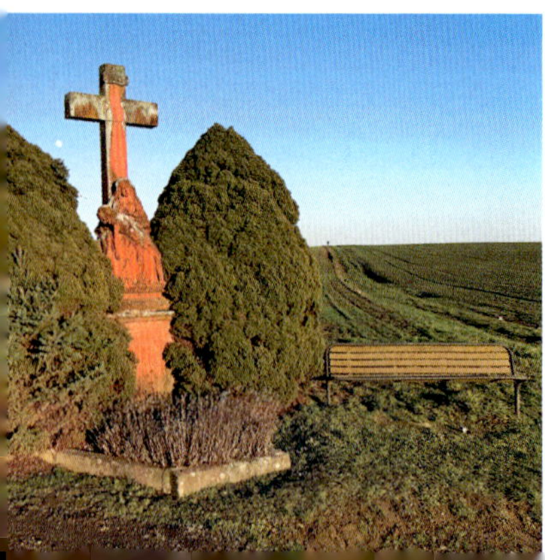

Rast gefällig? Flurkreuz am Ortsrand von Nieder-Wöllstadt.

auf einem Parallelweg rechts von ihr bis zum Rosbach vor dem Ortsanfang von Ober-Wöllstadt. Dort gehen wir vor dem Bach nach rechts und an ihm entlang, zuerst auf einem Pfad, dann auf dem Kapellenweg. Auf der anderen Bachseite liegen ein Fußballplatz, die Römerhalle (mit Einkehrmöglichkeit) und schließlich die Grundschule von **Ober-Wöllstadt** ⑩. Hier kreuzt der Kapellenweg die Gartenstraße, der wir nach rechts folgen. Wir gehen immer geradeaus, an der Bebauungsgrenze beschreibt der asphaltierte Weg eine Linkskurve und führt dann über die B 3. Weiter geradeaus gehend kommen wir nach knapp 20 Min. ins Gewerbegebiet von **Friedberg (Hess.)**. Wir überqueren die Straße Pfingstweide, gehen an Lidl vorbei und biegen danach nach links in die **Emil-Frey-Straße** ⑪, da das Gelände der ehemaligen amerikanischen Kaserne den direkten Weg ins Stadtzentrum versperrt und umgangen werden muss. Wenn die Emil-Frey-Straße nach 5 Min. bei einer T-Kreuzung endet, folgen wir der Straße Am Straßbach nach rechts zu einem Wendekreis und dort einem Fußweg weiter geradeaus zur nahen Frankfurter Straße. Auf ihrem Gehweg wandern wir nach rechts. Nach einer Bahnunterführung kommen wir zu einem Kreisverkehr, in dessen Mitte ein Denkmal an **Elvis Presley** erinnert, der von 1958 bis 1960 in der heute verlassenen Kaserne rechts stationiert war. Bald kommen wir an einem mächtigen Turm rechts vorbei. Der marode Multifunktions-Wartturm ist Wasserturm, Gedenkstätte für Gefallene und Aussichtsturm zugleich, aber kann heute aus Sicherheitsgründen nicht mehr betreten werden. Nach einer Viertelstunde folgen wir bei der Mainzer-Tor-Anlage der Saarstraße nach rechts zum **Bahnhof von Friedberg** ⑫.

Zutaten für die berühmte Grüne Soße, die in der Frankfurter Umgebung auf fast jeder Speisekarte zu finden ist.

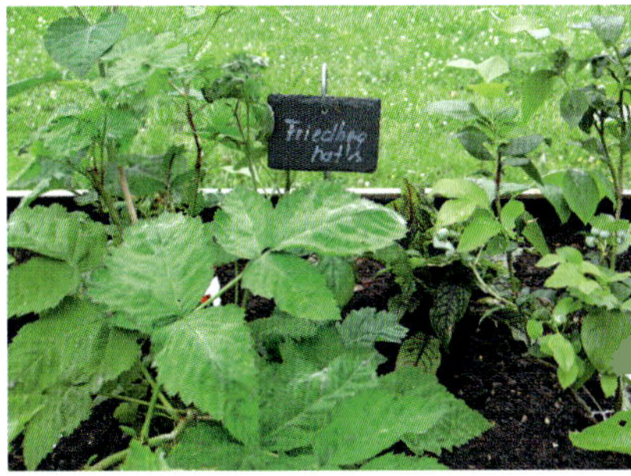

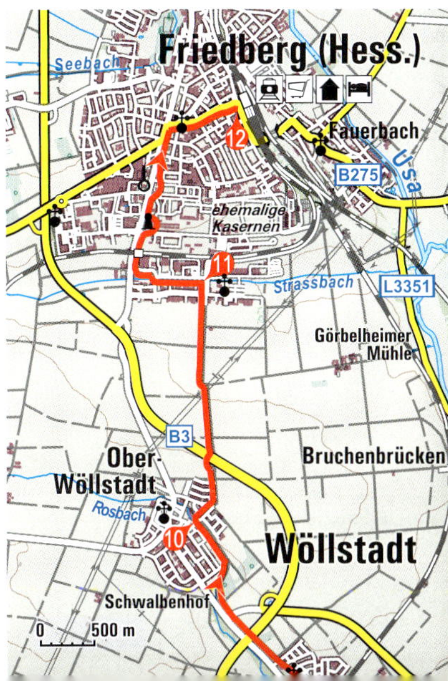

8 Friedberg (Hess.) – Nieder-Weisel

4.15 h | 17,8 km
↗150 m | ↘115 m

Jugendstil im alten Weltbad

Nach Friedberg teilt sich der Lutherweg, da nicht klar ist, ob Luther über Lich oder Hungen gereist ist. Der erste Ort auf der Westspange über Hungen ist Bad Nauheim, in den Jahren vor dem Ersten Weltkrieg ein Weltbad, in dem die Zarenfamilie und andere Herrscher Heilung ihrer Gebrechen suchten. Aus dieser Zeit stammen wunderschöne Jugendstilbauten und viele Parkanlagen am Fluss Usa, durch die der Weg uns führt. Jenseits der Kurstadt ist die Landschaft wieder landwirtschaftlich geprägt.

Ausgangspunkt: Friedberg (Hess.) (152 m, 61.100 EW), Bahnhof.
Endpunkt: Nieder-Weisel (bei Butzbach) (186 m, 3.400 EW), Johanniter Hotel.
Anforderungen: Einfach, von Friedberg (Hess.) bis Ober-Mörlen verläuft der Weg entlang des Flusses Usa in überwiegend städtisch geprägtem Gebiet, nach Ober-Mörlen durch Felder und Wiesen.
Einkauf: Friedberg (Hess.), Bad Nauheim, Nieder-Weisel.
Einkehr: **Bad Nauheim:** Mehrere Lokale, darunter Café am Ludwigsbrunnen, Tel. +49 6032 32150, www.cafe-am-ludwigsbrunnen.de; **Ober-Mörlen:** La Racchetta, Tel. +49 6002 9922 334, www.laracchettaober-moerlen.de, Di. bis Fr. ab 14 Uhr, Sa. u. So. ab 11 Uhr; Gaststätte Goldener Hirsch, Tel. +49 6002 450; Hanoi's Ecke, Tel. +49 1520 9789 999, So. bis Fr. 11.30–15 Uhr und ab 17 Uhr. Sa. ab 17 Uhr; **Nieder-Weisel:** Johanniter Hotel (s. Unterkunft), Mo. bis Sa. ganztägig, So. 11.30–14.30 Uhr.
Unterkunft: **Bad Nauheim:** Brunnenhof Garni, Tel. +49 6032 92900, www.brunnenhof-hotel.de; Haus Andrea, Tel. +49 6032 84424, www.hausandrea-badnauheim.de; Hotel Lindemann Garni, Tel. +49 6032 96665, www.hotel-lindemann.de; **Nieder-Weisel:** Johanniter Hotel, Tel. +49 6033 9170 900, www.johanniterhotel.de.
Verkehrsmittel: Fernbahnhof in Friedberg (Hess.), Regionalbahnhöfe in Bad Nauheim und Ostheim (bei Butzbach), Zubringerbus von Ober-Mörlen zum Bahnhof in Bad Nauheim und von Nieder-Weisel zum Bahnhof in Ostheim (bei Butzbach) und in Butzbach.
Karte: Kompass Wanderkarte 846 Vogelsberg, Nördliche Wetterau.

Vom Bahnhof in **Friedberg** ❶ folgen wir der breiten, von ihm wegführenden Saarstraße etwa 10 Min. bis zur Mainzer-Tor-Anlage und dort der Kaiserstraße nach rechts. Nach knapp 5 Min. erreichen wir den Europaplatz, eine kleine Grünanlage auf der rechten Seite, umstellt von Verwaltungsgebäuden des Wetteraukreises. 5 Min. später weitet sich die Kaiserstraße zum Elvis-Presley-Platz. Vor dem

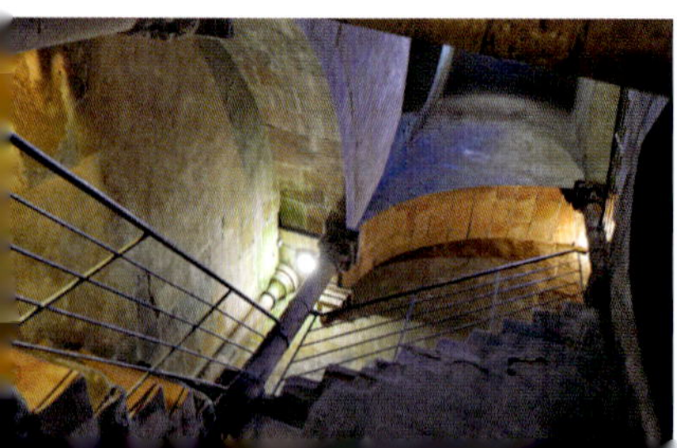

Zum Wasserbecken in der Mikwe geht es steil abwärts.

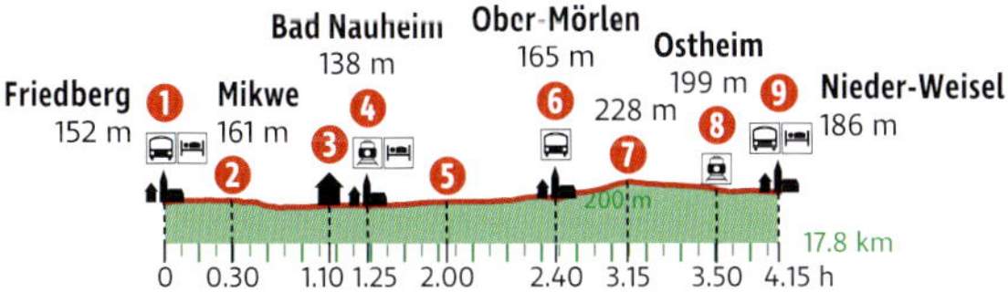

Parkplatz an seinem Ende biegen wir nach rechts in die Wolfengasse, die direkt auf die **Liebfrauenkirche** zuläuft.

*Im 13. Jh. war »Friedberger Tuch« aufgrund eines neuartigen Bleichverfahrens ein Exportschlager und die Stadt wurde reich. Die stolzen Bürger ließen den romanischen Vorgängerbau der **Liebfrauenkirche** abreißen und eine gotische Hallenkirche von den Ausmaßen einer Kathedrale errichten (geöffnet 11–17 Uhr). Die geplanten Türme wurden nie fertiggestellt, da die nahe Reichsburg befürchtete, dass in den Türmen Geschütze aufgestellt werden könnten. Die drei zentralen Fenster im Chorraum entstanden Ende des 15. Jh., die anderen Fenster, darunter auch das Luther-Fenster auf der linken Seite des Kirchenschiffs, in verschiedenen Abschnitten des 20. Jh. Rechts neben der Kirche liegt das **Wetterau-Museum**. Das Heroldsschwert des Kaspar Sturm ist heute als sogenanntes Lutherschwert sein wertvollstes Ausstellungsstück.*

Wir umrunden die Kirche gegen den Uhrzeigersinn und folgen dann der am Hauptportal der Kirche vorbei führenden Engelsgasse nach rechts zum **Fünf-Finger-Platz**, benannt nach den fünf Straßen, die von ihm ausgehen. Auf dem Platz steht der 1987 eingeweihte Zunft-Brunnen von Blasius Spreng. Der moderne Brunnen mit der Brunnensäule, an der eine Reihe von Bronzefiguren befestigt ist, ist interessant, aber etwas verwahrlost. Ob er noch dasteht, wenn Sie vorbeikommen, ist unsicher. Seit einiger Zeit wird heftig über seine Zukunft gestritten. Vom Platz gehen wir nach halb links in die Judengasse, nach 50 m liegt rechts die **Mikwe** ❷.

*Mikwe ist das hebräische Wort für das Tauchbad, durch das jüdische Gläubige Reinheit erlangen können. Die **Friedberger Mikwe** ist neben der Liebfrauenkirche das wertvollste gotische Bauwerk der Stadt. Um 1260 grub die jüdische Gemeinde einen Schacht durch den Basaltfelsen, um in 25 m Tiefe auf Grundwasser für das Bad zu stoßen. Es enstand die größte einer kleinen Gruppe mittelalterlicher Monumental-Mikwen, die in Deutschland erhalten sind, und mit ihr ein Zeichen der Bedeutung der vom 13. Jh. bis 1942 bestehenden jüdischen Gemeinde Friedbergs.*

Bei der T-Kreuzung am Ende der Judengasse biegen wir nach links und nach knapp 40 m nach rechts in die Kaiserstraße. Links war in der Kaiserstraße 32 einst das Gasthaus Zum Grünberg zu finden, in dem Martin Luther am 29. April 1521 den Reichsherold Kaspar Sturm mit Briefen an den Kaiser sowie die Kurfürsten und Reichsstände entließ, in denen er seine Argumentation vom Wormser Reichstag wiederholte.
Von hier sind es noch 100 m zum Südtor der **Friedberger Burg** mit dem imposanten, 54 m hohen Adolfsturm, dem ältesten Bauwerk der Burg.

i *Die **Friedberger Burg**, eine der größten Burgen Deutschlands, gehörte nie einem Dynastengeschlecht, sondern war eine Reichsburg, in der Burgmannen unter Führung eines Burggrafen Burgdienst leisteten. Sie war ein vom Stadtgebiet unabhängiges Territorium mit voller Landeshoheit. Die Burgmannen aus dem Kleinadel der Umgebung wählten ihren Burggrafen selbst; so wurde aus der Reichsburg eine Art Adelsrepublik mit eigenen territorialen und standespolitischen Interessen. Die Burgmannen, die über Jahrhunderte aus denselben Familien kamen, siedelten sich innerhalb der Burg an. Dadurch erklärt sich deren große Grundfläche. Der Sitz der Burggrafen, ein stattlicher Renaissancebau, wird auch Schloss genannt, da die Großherzöge von Hessen-Darmstadt nach 1806 im Sommer hier residierten.*

Die Friedberger Burg.

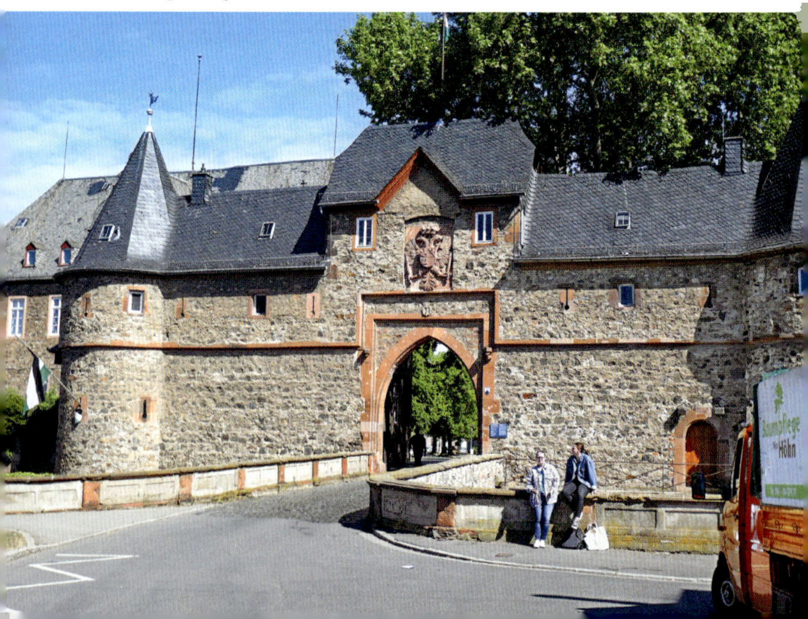

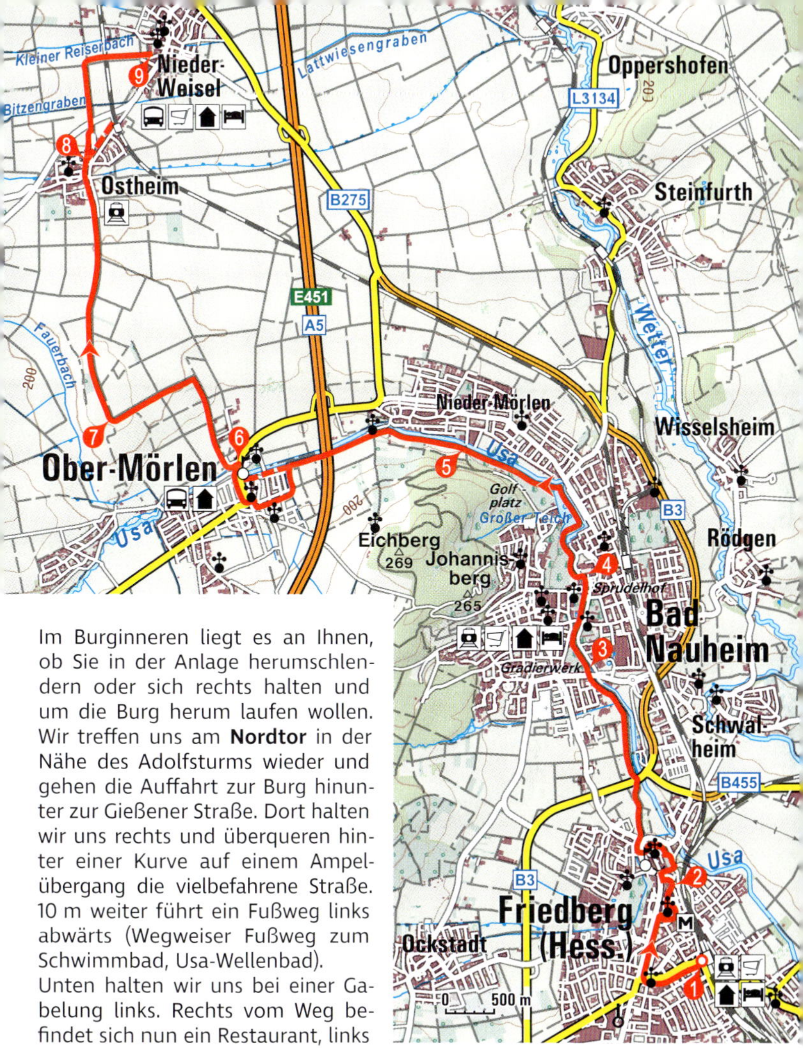

Im Burginneren liegt es an Ihnen, ob Sie in der Anlage herumschlendern oder sich rechts halten und um die Burg herum laufen wollen. Wir treffen uns am **Nordtor** in der Nähe des Adolfsturms wieder und gehen die Auffahrt zur Burg hinunter zur Gießener Straße. Dort halten wir uns rechts und überqueren hinter einer Kurve auf einem Ampelübergang die vielbefahrene Straße. 10 m weiter führt ein Fußweg links abwärts (Wegweiser Fußweg zum Schwimmbad, Usa-Wellenbad). Unten halten wir uns bei einer Gabelung links. Rechts vom Weg befindet sich nun ein Restaurant, links liegen hinter einem grünen Zaun zuerst Sportanlagen, später Schrebergärten. Nach kaum 5 Min. gehen wir bei einer Wegspinne halb rechts (Wegweiser Usatal-Radweg) und unterqueren nach weiteren 5 Min. gemeinsam mit der Usa die Bundesstraße B 3. Die nächsten 90 Min. wird der Weg am Fluss entlang verlaufen.

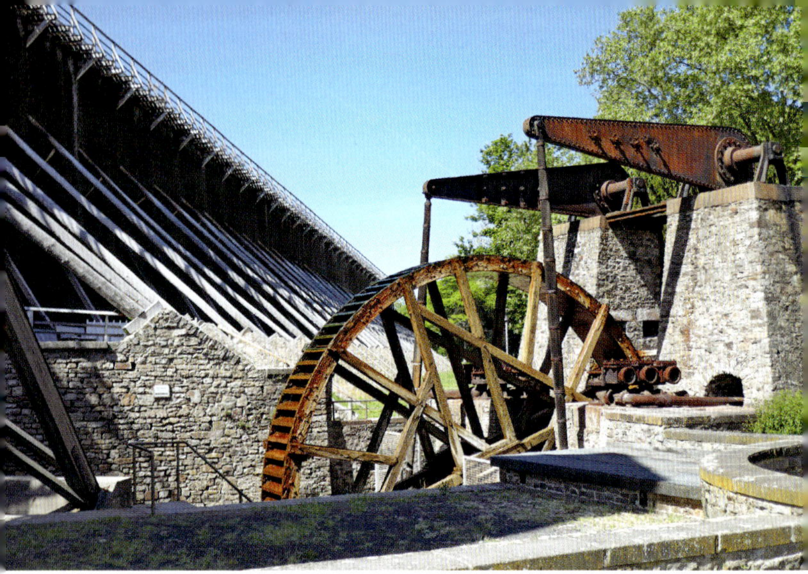

Gradierwerk in Bad Nauheim.

¼ Std. nach Unterquerung der B 3 überqueren wir die Schwalheimer Straße am Ortsanfang von **Bad Nauheim** und kommen in den Kurpark. Links liegt eine riesige Bretterwand, eines der fünf noch existierenden **Gradierwerke** 3 des Kurortes.

i *Die **Gradierwerke** stammen aus dem 18. Jh. und ermöglichten es Salinen, deren Solequellen einen geringen Salzgehalt aufwiesen, eine konzentrierte Sole zu versieden. Genau wie damals, als die Nauheimer Saline eine der modernsten Salzfabriken Europas war, wird das salzhaltige Wasser aus der Quelle nach oben auf die Gradierwerke gepumpt. Langsam tropft es die bis zu zehn Meter hohen Wände aus Schwarzdornbündeln herab. Dabei verdunstet durch Sonne und Wind ein Teil des Wassers und der Salzgehalt steigt. Da durch das Inhalieren der salzhaltigen Luft die Atemwege befeuchtet und die inneren Atemorgane positiv beeinflusst werden, dienen die fünf verbliebenen Gradierwerke heute als Freiluftinhalatorien.*

Am Ludwigsbrunnen davor kann man ohne Sorge die Trinkwasserflasche nachfüllen und im Café am Ludwigsbrunnen, in dem früher die Wärter der Anlage wohnten, Kaffee trinken. Anschließend geht es im Park 10 Min. weiter an der Usa entlang zur nächsten Brücke, dann überqueren wir mit der Lutherstraße den Fluss.

Auf der anderen Seite leitet der Weg weiter am Fluss entlang bis zu einer Straßenkreuzung. Jenseits der Usa liegt das ehemalige Grand Hotel, heute in Eigentumswohnungen umgewandelt, und gegenüber diesem im wahrsten Sinn des Wortes großen Hotel die **Trinkkuranlage**. Fans von Elvis Presley dürfen hier vorübergehend den Lutherweg verlassen und den Weg durch die Goethestraße, die nächste Parallelstraße rechts, nehmen. Im dritten Haus rechts wohnte der King of Rock 'n' Roll während seines Militärdienstes in Friedberg. Alle anderen laufen noch ein Stück an der Usa entlang und an der Kreuzung mit der Ludwigstraße etwas nach rechts versetzt weiter geradeaus zum **Sprudelhof** in **Bad Nauheim** ❹.

*i Die Trinkkuranlage und der Sprudelhof zählen zu den gelungensten Bauwerken des deutschen Jugendstils. Die **Trinkkuranlage** besteht aus mehreren Säulengängen, die um ein großes Bassin und eine Orchestermuschel führen. Das Juwel des Ensembles bildet der achteckige Kurbrunnentempel mit goldener Kuppel. Der zwischen 1905 und 1912 entstandene **Sprudelhof** beeindruckt mit sechs reich verzierten Badehäusern, den üppig ornamentierten Wartesälen und Schmuckhöfen sowie Hunderten von Buntglasfenstern. Die Versorgung der Badewannen in den 264 Badezimmern mit Heilwasser aus den Quellen erfolgte durch ein kompliziertes unterirdisches System aus Rohren und Vorratsbehältern, das ohne Pumpen, nur mechanisch durch Ausnutzung von Druck und Gefälle, arbeitete. Im zentralen, zum Kurpark offenen Hof befinden sich zwei Becken, in die das Heilwasser Bad Nauheims sprudelt. Die Skulpturen des Bildhauers Heinrich Jobst (1874–1943) am Großen Sprudelbecken wurden 1978 erneuert.*

Vom Großen Sprudelbecken gehen wir über die Usa in den Kurpark und gleich hinter der Brücke nach rechts, weiter am Fluss entlang. Am Ende des

Das Große Sprudelbecken im Sprudelhof.

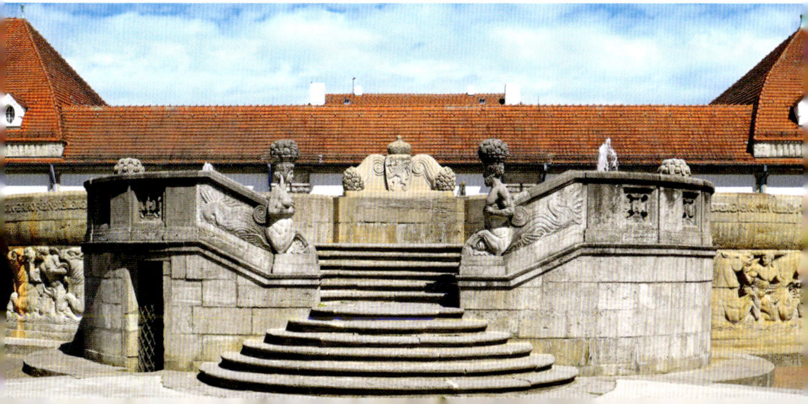

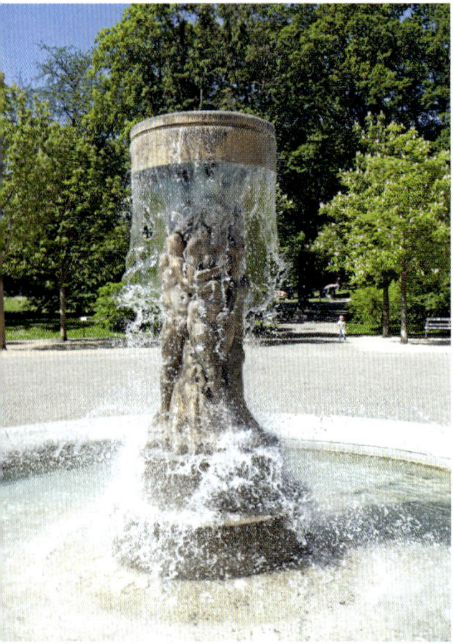

Brunnen der Erkenntnis im Kurpark Bad Nauheim.

Großen Teichs halten wir uns bei einer Gabelung rechts und bleiben an der Usa. Links beginnt ein Golfplatz. Gut 10 Min. später, am Ende des Golfplatzes, führt eine **Brücke** ❺ über den Fluss in den Ortsteil **Nieder-Mörlen**. Ein Zeichen des Lutherwegs ist nirgends sichtbar, der GPS-Track des Lutherwegs macht einen Abstecher nach Nieder-Mörlen. Das ehemalige Dorf bietet einige Einkehrmöglichkeiten, aber der Weg geradeaus, weiter am Fluss entlang, ist verlockender. Bei der nächsten Brücke nach weiteren 10 Min. stößt der Abstecher wieder zum Flussweg. Wir wandern weiter geradeaus, unterqueren die Autobahn A 5 und erreichen 5 Min. später die ersten Häuser von **Ober-Mörlen.**

Nachdem wir Nieder-Mörlen ausgelassen haben, folgen wir jetzt den Markierungen des Lutherwegs nach links. Nur wenn Sie es eilig haben sollten, können Sie weiter an der Usa bis zur zweiten Straßenbrücke im Dorf gehen. Wir aber wandern an den Häusern von Ober-Mörlen entlang und biegen nach knapp 5 Min. nach rechts in die Jahnstraße. Sie führt uns in knapp 10 Min. zu der den Ort durchquerenden Bundesstraße. Kurz davor liegt rechts die Pfarrkirche St. Remigius. Das äußerlich beeindruckende Gebäude scheint leider nicht ständig geöffnet zu sein. Am Kirchplatz befindet sich eine Bäckerei.

Wir folgen der Durchgangsstraße nach rechts, zwei Häuser weiter gibt es mit der Gaststätte Goldener Hirsch eine Einkehrmöglichkeit. Kurz vor der Brücke über die Usa liegt rechts das ehemalige Schloss und heutige Rathaus von Ober-Mörlen aus dem 16. Jh. Dahinter überquert die Straße die Usa; hier stößt auch der Uferweg am Fluss wieder auf den Lutherweg. Direkt hinter der Brücke erweitert das vietnamesische Restaurant Hanoi's Ecke das kulinarische Angebot des Dorfes.

Nach ca. 80 m, am Ende des Friedhofs von **Ober-Mörlen** ❻, folgen wir der Königstraße nach links. Hinter dem letzten Haus auf der rechten Seite biegen wir nach rechts und verlassen auf dem Landwirtschaftsweg den Ort. ¼ Std. später biegen wir nach einem Anstieg auf Betonplatten mit ihnen nach links. Gut 10 Min. danach halten wir uns bei einer **T-Kreuzung** ❼ mit einem unbefestigten Weg rechts und gehen ½ Std. geradeaus zu den ersten Häusern von **Ostheim**. Bei einer **Gabelung** 8 nach weiteren knapp 5 Min. leitet die Bahnhofstraße nach rechts zum Bahnhof Ostheim (bei Butzbach), der Lutherweg folgt der Römerstraße (auch Am Römerberg) nach links.

Am Ende der Bebauung biegt die Römerstraße nach rechts und gleich wieder nach links. Der Weg führt nun geradeaus, überquert die Kreisstraße und biegt 5 Min. später unmittelbar vor einem landwirtschaftlichen Betrieb nach rechts. Ein letzter gerader Abschnitt führt unter der Bahnlinie **hindurch** und erreicht nach 10 Min. das **Johanniter Hotel** am Ortsanfang von **Nieder-Weisel** 9.

*i In **Nieder-Weisel** befand sich eine Komturei des Johanniterordens, die 1557 evangelisch wurde. Anfang des 19. Jh. wurden die Güter im Rahmen der Säkularisation verkauft und das Erdgeschoss der Komturkirche (siehe S. 86) aus dem 13. Jh. als Kuhstall genutzt. Nach seiner Wiedergründung Mitte des 19. Jh. erhielt der Orden die Kirche vom hessischen Staat geschenkt und kaufte wenig später auch das Gutshaus zurück, das bis 1973 als Krankenhaus genutzt wurde. Heute dient es als Ordenshaus der Hessischen Genossenschaft und beherbergt das **Johanniter Hotel**.*

Auf dem Weg nach Ostheim.

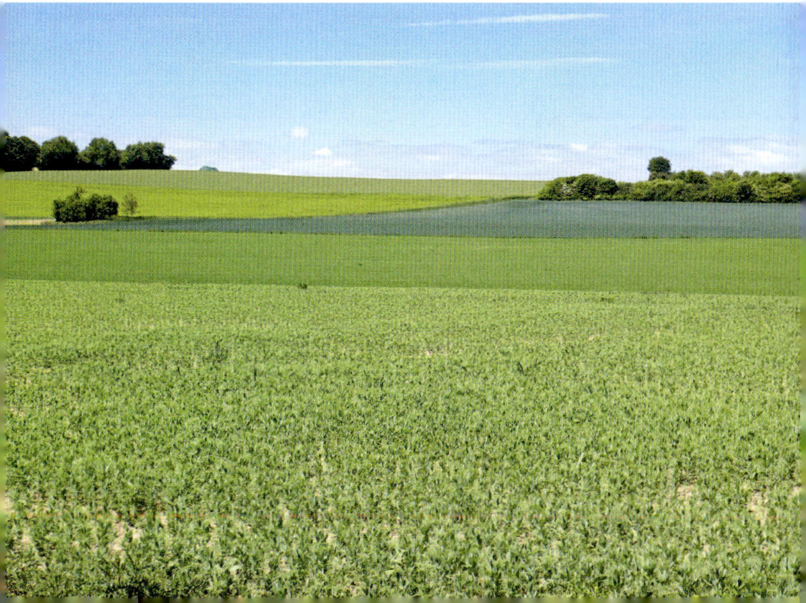

9 Nieder-Weisel – Lich

5.15 h | 21,6 km
↗195 m | ↘205 m

Im Reich der Fürsten von Solms

Ziel dieser Etappe durch landwirtschaftlich geprägtes Gebiet ist Lich, die Residenzstadt der Fürsten von Solms-Hohensolms-Lich. Davor durchqueren wir Rockenberg und Münzenberg, beides kleine Städte, letztere mit einer imposanten Burgruine, und kommen dann zum nördlichsten Punkt des Raetischen Limes in Hessen. Anschließend können wir im teilerhaltenen Kloster Arnsburg für unser leibliches Wohl sorgen.

Ausgangspunkt: Nieder-Weisel (bei Butzbach) (186 m, 3.400 EW), Johanniter Hotel. Wer extra für diese Etappe anreist, beginnt am Bahnhof Ostheim unweit von Nieder-Weisel (s. Etappe 8).
Endpunkt: Lich (177 m, 13.800 EW), Rathaus.
Anforderungen: Wanderung ohne große Anforderungen durch ländliches Gebiet, nur kurze Stadtdurchquerungen.
Einkauf: Nieder-Weisel, Rockenberg, Lich.

Einkehr: **Rockenberg:** Restaurant Rotes Haus, Tel. +49 6033 9742 777, www.restaurant-rotes-haus-rockenberg.de, Mi. bis Mo 11.30–14.30 Uhr und ab 17.30 Uhr; **Münzenberg:** Burghotel (s. Unterkunft), Mo. bis Fr. ab 17 Uhr, Sa./So. ab 11.30 Uhr; Gasthaus Zum Löwen, Tel. +49 6004 597, Di. bis Fr. ab 17 Uhr, Sa ab 12 Uhr, So ab 11 Uhr; **Lich-Kloster Arnsburg:** Alte Klostermühle, Tel. +49 6404 6967 082, www.alte-klostermuehle-

Komturkirche in Nieder-Weisel.

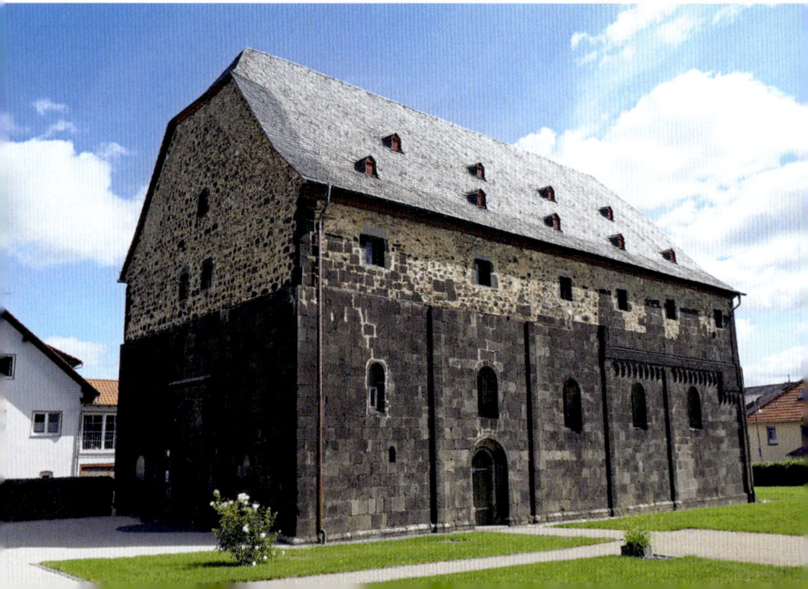

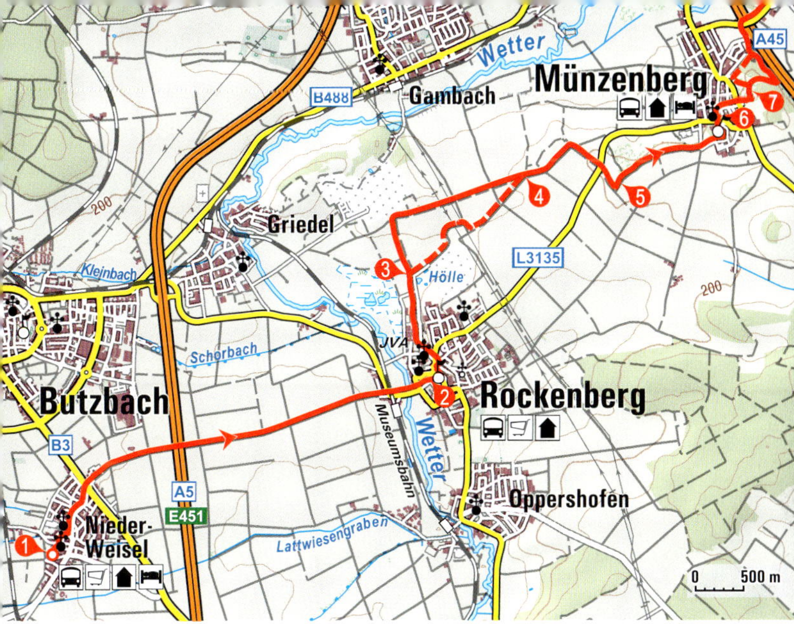

arnsburg.de, Mi. bis So. ab 12 Uhr (Winter anders); **Lich:** Kultur Restaurant Savanne, Tel. +49 6404 2052 542, www.savanne-restaurant.de, Di. bis Sa. ab 17 Uhr, So. ab 12 Uhr; Hotel Schneider (s. Unterkunft), Di. bis So 8–15 Uhr und ab 17 Uhr; Wiener Altstadtcafé, Tel. +49 6404 6580 410, Mo./Di. sowie Do. bis Sa. 8.30–18 Uhr, So. 11–18 Uhr.

Unterkunft: Münzenberg: Burghotel Münzenberg, Tel. +49 6004 915 700, www.burghotelmuenzenberg.de; **Lich:** Hotel Schneider, Tel. +49 6404 2408, www.hotel-schneider.de; Hotel Holländischer Hof, Tel. +49 6404 2376, www.hollaendischer-hof-lich.de.

Verkehrsmittel: Regionalbahnhof in Lich an der Bahnstrecke Gießen-Gelnhausen, Zubringerbus von Nieder-Weisel zum Bahnhof in Ostheim (bei Butzbach) und in Butzbach, von Rockenberg zum Bahnhof in Butzbach und in Bad Nauheim sowie von Münzenberg zum Bahnhof in Butzbach und in Lich.

Karte: Kompass Wanderkarte 846 Vogelsberg, Nördliche Wetterau.

In **Nieder-Weisel** leitet der Lutherweg vom **Johanniter Hotel** ❶ an der auf dem Gelände liegenden Komturkirche vorbei auf die Straße. Der Straße An der Comturkirche folgen wir nach rechts, biegen aber schon nach wenigen Metern, noch vor dem Ende der Kirche, nach links (Wegweiser fehlt) in die Comturgasse und an ihrem Ende nach rechts. Der Weg führt über den Marktplatz und folgt an seinem Ende der Butzbacher Straße nach links. Wir wandern geradeaus, nach gut 5 Min. am Ortsrand über einen Kreisverkehr und weitere 40 Min. auf einem landwirtschaftlichen Weg nach Rockenberg. Die Bahnlinie, die wir am Ortsrand von Rockenberg kreuzen, war Teil der

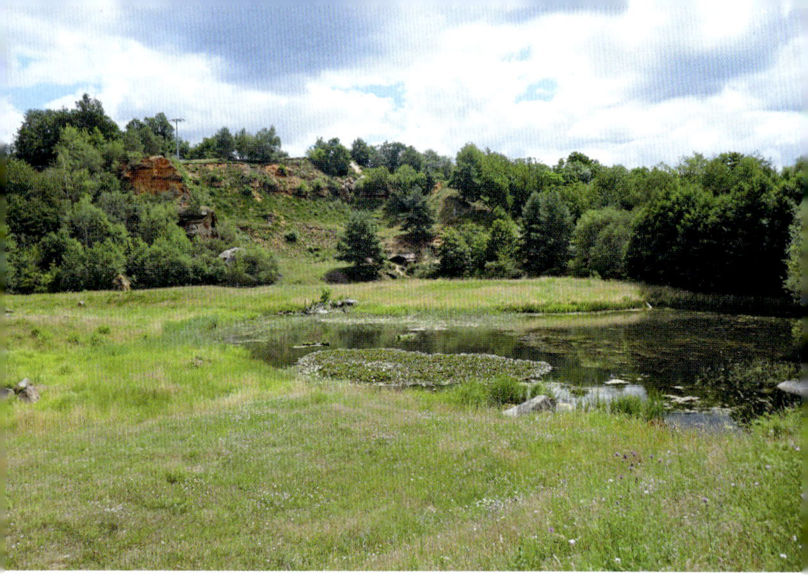

Hölle von Rockenberg.

Butzbach-Licher-Eisenbahn und ist heute Museumsbahn. Wir laufen weiter geradeaus, über die Wetter und bei einer Kreuzung geradeaus in die Ziegelgasse bis zu einem großen Platz mit Bänken im Zentrum von **Rockenberg** ❷. Rechts vom Platz befindet sich im ehemaligen Kurmainzischen Kellereigebäude, das an die Reste der Burg angebaut wurde, das Restaurant Rotes Haus.

Wir folgen der am Platz vorbeiführenden Obergasse nach links, biegen bald bei einer Gabelung nach rechts in die Münzenberger Straße und kurz darauf nach links in die Schloßstraße (Wegweiser Justizvollzugsanstalt JVA). Nach der kleinen evangelischen Kirche in der katholischen Exklave Rockenberg folgen wir vor der JVA dem Gambacher Weg nach rechts und wandern an der JVA entlang. Bis 1809 befand sich hier das Kloster Marienschloss der Zisterzienserinnen, die heutige Gefängniskirche ist die größte Rokokokirche nördlich des Mains.

Außerhalb des Ortsgebiets biegen der asphaltierte Fahrweg und der Lutherweg an der sogenannten **Hölle von Rockenberg** ❸ nach rechts. Diese Hölle ist eine Sandgrube und ein bedeutender Fundort von Sandrosen, seit 1999 ist der Teich am Fuß des Hügels Schutzbereich für die Europäische Sumpfschildkröte. Wenn Sie Glück haben, liegen Schildkröten auf großen Steinen in der Sonne. Hier verlassen wir vorübergehend den Lutherweg, denn die asphaltierte Straße und der Schwerlastverkehr zur Sandgrube sind nicht einladend, und folgen stattdessen dem unbefestigten Weg geradeaus.

Bei der T-Kreuzung am Ende eines Waldstücks wandern wir ½ Std. nach rechts, überqueren nach der Hälfte der Zeit einen asphaltierten Weg und stoßen dann wieder auf den mit Betonplatten belegten **Lutherweg** 4. Seit einiger Zeit ragen die beiden Türme der Burgruine Münzenberg vor uns auf. Schon in Sichtweite der mittelalterlichen Stauferstadt Münzenberg, wenn jenseits der Landstraße ein Waldstück beginnt, biegen wir nach rechts in einen Wiesenweg, überqueren die Landstraße L 3135, wandern geradeaus und bei den Bänken am Ende des Waldstückes nach links. Nach 100 m leitet links ein kurzer Abstecher zum **Galgen von Münzenberg** 5. Wer Galgen nur aus Wildwestfilmen kennt, ist erstaunt über die Bauweise dieses steinernen mittelalterlichen Hinrichtungsinstruments.

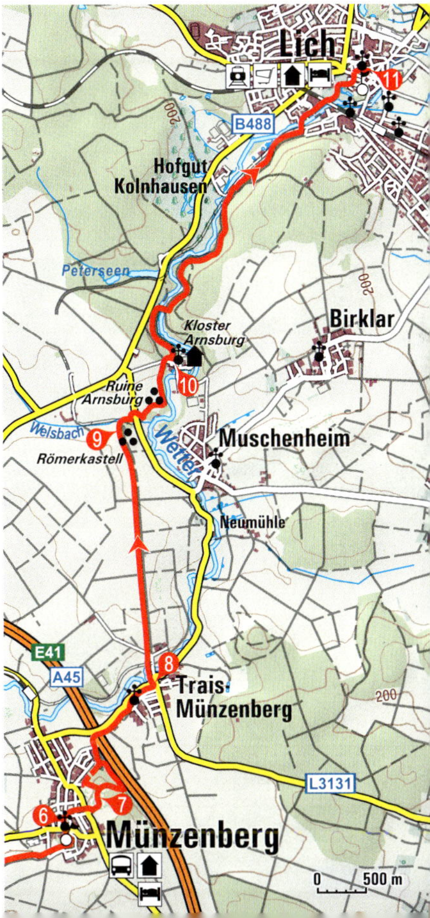

Wir wandern gut ¼ Std. weiter geradeaus und erreichen die Burgruine auf der rechten Seite, gehen durch ein Tor in einem Turm, gegen den Uhrzeigersinn um die Ruine herum und dann abwärts in die Stadt bis zu einer T-Kreuzung. Dort halten wir uns rechts, nach 40 m links und laufen dann über den Marktplatz von **Münzenberg** 6 abwärts. An seinem Ende, bei einer Bäckerei mit Stehcafé, biegen wir nach rechts und folgen der Straße Neuer Weg über die Steinbergstraße hinweg und dann hinter dem letzten Haus auf der rechten Seite nach rechts. Nach 20 m biegen wir nach links, gehen 150 m an einem Waldstück entlang und dann wieder nach links.

Der Lutherweg folgt nun der »Kleinen Schäfertour« über die Hutung Steinberge. Eine Hutung ist ein nährstoffarmes, niederwüchsiges Grünland (Magerrasen) mit Streuobstbäumen, das sich oft durch eine besondere Artenvielfalt auszeichnet. Ohne Beweidung mit Schafen und Ziegen würden nach

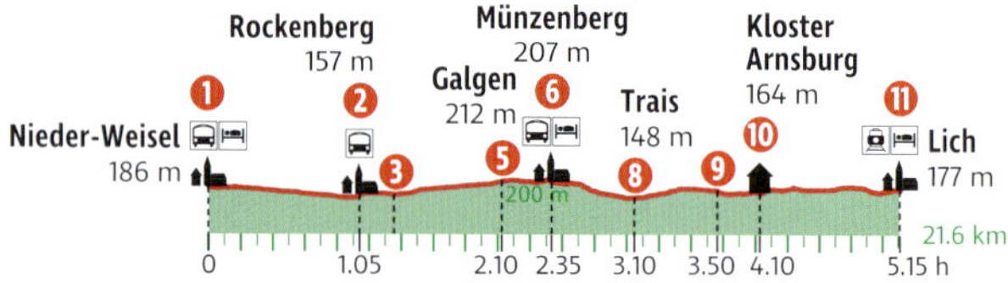

ein paar Jahren zuerst hochwüchsige Gräser und dann Gehölze die Oberhand gewinnen und es entstünde eine Steppenlandschaft.

Unsere Route verläuft am Rand des rechten Waldstückes, vollzieht eine **Rechtsbiegung** 7, führt dann in den Wald und zu einem Wildzaun vor der tieferliegenden Autobahn. Dort geht es nach links am Zaun entlang. Will man den Autobahnlärm vermeiden, kann man auf der Hutung weiter abwärts gehen und dann auf der querlaufenden Straße nach rechts (siehe Karte S. 89).

Wir wandern parallel zur Autobahn, bis wir sie auf einer Brücke überqueren, und dann geradeaus durch **Trais**-Münzenberg bis zu einer **T-Kreuzung** 8. Dort halten wir uns links und folgen dem eingeschlagenen Weg ¾ Std. lang geradeaus. Bald nach der T-Kreuzung überquert er die Wetter, steigt dann leicht an, erreicht eine Hochfläche und dann einen kleinen ummauerten **Friedhof** 9 mit einem Mausoleum.

Burgruine von Münzenberg.

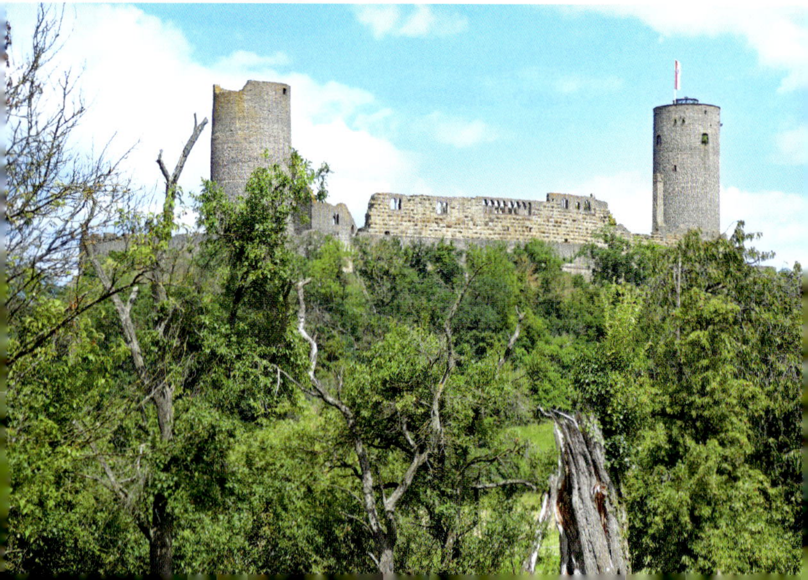

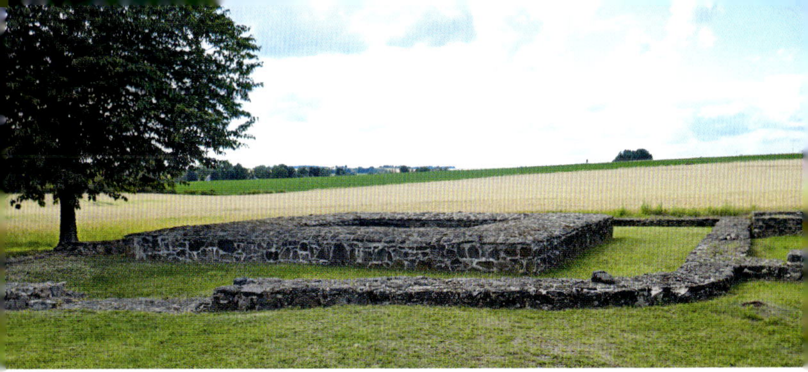

Burgwüstung Arnsberg.

*Beim **Friedhof** fällt die Hochfläche nach Norden und Osten steil ab. Diese ideale Lage für ein Kastell erkannten schon die Römer und so sicherten hier über 150 Jahre lang römische Legionäre den Obergermanisch-Raetischen Limes, der hier den nördlichsten Punkt seines Verlaufs in Hessen erreichte. In der zivilen Ansiedlung südlich des **Kastells Arnsburg** wurden mehrere Großbauten wie Bäder und Amphitheater nachgewiesen.*

Am Tor des Friedhofs vorbei steigen wir ins Wetter-Tal ab, gehen vor der Landstraße nach links und auf dem Steg über den Welsbach. Nach einigen Metern führt der Weg in einer kleinen Serpentine aufwärts zur Landstraße. Vom Parkplatz P2 auf ihrer anderen Seite leitet ein breiter Weg in den Wald, den wir nach wenigen Metern vor einer Sperre verlassen, um auf einem links abgehenden Pfad zur **Burgwüstung Arnsburg** hinauf zu steigen. Von dort folgen wir den Markierungen zum teilerhaltenen **Kloster Arnsburg** ⑩ mit dem schönen Restaurant Alte Klostermühle.

*Die frühesten Spuren der **Arnsburg** stammen aus dem 8. bis 10 Jh. Als die Burgherren im Dienst der Staufer Karriere machten, genügte diese Anlage ihren Ansprüchen nicht mehr, das Geschlecht zog in die neu erbaute Höhenburg auf dem Münzenberg und starb bald aus. Die alte Burg diente den Mönchen des neu gegründeten **Zisterzienserklosters Arnsburg** in der Flussniederung als Baumateriallieferant.*
Dieses Kloster kam im Zuge der Säkularisation an die Grafen zu Solms-Laubach, die einen Teil der Gebäude auf Abbruch verkauften. Im Klosterhof entstand 1959 ein Kriegsopferfriedhof, in dem auch Kriegsgefangene und Fremdarbeiter bestattet wurden, darunter 81 Frauen und sechs Männer aus verschiedenen Ländern, die noch Ende März 1945 von SS- und Gestapo-Leuten erschossen wurden.

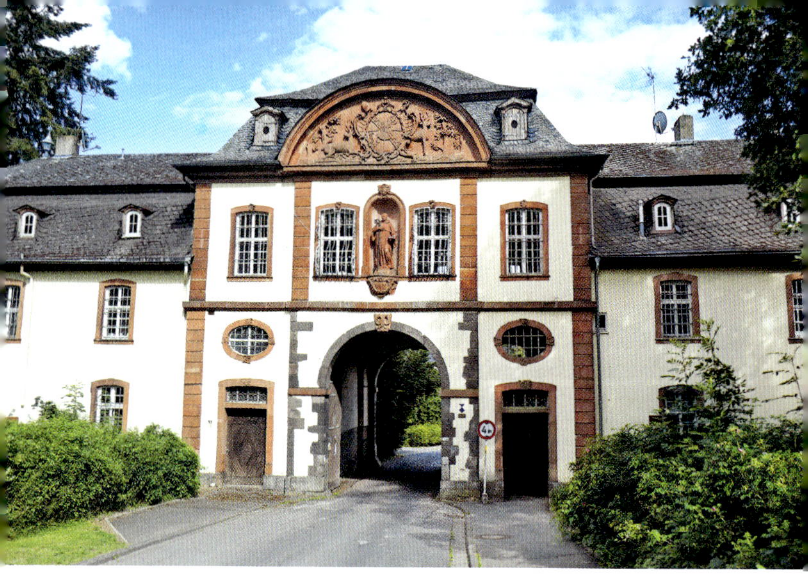

Kloster Arnsburg.

Vom Kloster führt der unbefestigte Weg nach Lich weiter an der Wetter entlang, wechselt aber nach knapp 10 Min. über die zweite Brücke auf die andere Flussseite. Wenn er am Ortsrand von Lich auf eine asphaltierte Straße trifft, biegen wir nach links, überqueren den Fluss und folgen ihm auf der anderen Seite weiter bis zur Bahnlinie. Durch eine Unterführung gelangen wir in den Schlosspark, der heute als eine der botanisch schönsten hessischen Parkanlagen gilt, gehen in einer großen Linkskurve links an einem Teich vorbei, dahinter nach rechts und neben dem Schloss durch einen Torbogen auf einen Parkplatz. Hier befindet sich auch das Restaurant Savanne mit afrikanischer Küche.

Auf der Zufahrt zum Parkplatz gelangen wir in die Schloßgasse, gehen nach links, bei der folgenden Kreuzung geradeaus und dann nach rechts zur Marienstiftskirche, die zwischen 1510 und 1537 als letzte spätgotische Hallenkirche Hessens errichtet wurde. An der Kirche vorbei erreichen wir beim Rathaus von **Lich** **11** mit dem charakteristischen Dachreiter die Straße Oberstadt.

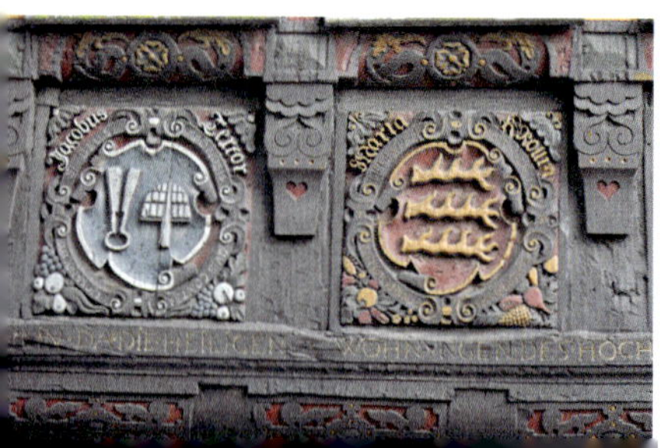

Das Ornament am Textorhaus am Kirchplatz in Lich ruft auch den Namen der Bauherrin in Erinnerung.

6.00 h	25,1 km
↗ 210 m	↘ 115 m

Lich – Mücke 10

Hessische Fachwerk-Herrlichkeit

Von Lich führt der Weg im land- und forstwirtschaftlich geprägten Tal der Wetter zum Gasthof Hessenbrückenhammer in Laubach-Wetterfeld, wo sich die West- und die Ostspange des Lutherwegs 1521 wieder vereinigen. Von dort leitet der Weg in die alte Fachwerkstadt Grünberg und dann nach Mücke mit dem Mittelpunkt Hessens.

Ausgangspunkt: Lich (177 m, 13.800 EW), Rathaus.
Endpunkt: Mücke-Flensungen (270 m, 1.900 EW), Bahnhof.
Anforderungen: Einfach, auf landwirtschaftlichen Wegen durch Felder, Wiesen und Wälder. Zeit für die Besichtigung der Fachwerkstadt Grünberg einplanen.
Einkauf: Lich, Grünberg, Mücke-Flensungen.
Einkehr: **Laubach-Wetterfeld:** Landgasthof Hessenbrückenhammer (s. Unterkunft), Mi. bis So. 11–14 Uhr und 17–22 Uhr; **Grünberg; Mücke-Flensungen:** Landhotel Gärtner (s. Unterkunft), Mo. bis Sa. 11.30–14 Uhr sowie ab 18 Uhr, So. 11.30–14 Uhr; Alte Mücke, Tel. +49 6400 950 972, www.alte-muecke.de, Di. bis Fr. u. So. 11–14 Uhr und ab 17 Uhr, Sa. ab 17 Uhr.
Unterkunft: **Laubach-Wetterfeld:** Hessenbrückenhammer, Tel. +49 6405 1484, www.hessenbrueckenhammer.de; **Grünberg:** Haus Oberscholthes, Tel. +49 6401 8069 871, www.oberscholtes.de; Hotel Garni, Tel. +49 6401 6426; Hotel Restaurant Villa Emilia, Tel. +49 6401 6447, www.hotel-villa-emilia.de; **Mücke-Flensungen:** Landhotel Gärtner, Tel. +49 6400 95990, www.landhotel-gaertner.de; Seenbach Pension, Tel. +49 6400 958 222, www.seenbach.de.
Verkehrsmittel: Regionalbahnhöfe in Lich, Grünberg und Mücke-Flensungen; Busverbindung von Ober-Bessingen und Münster Hessenbrückenhammer zu den Bahnhöfen in Lich und Grünberg.
Karte: Kompass Wanderkarte 846 Vogelsberg, Nördliche Wetterau.

In **Lich** ❶ biegen wir nahe beim Rathaus mit dem Dachreiter von der Straße Unterstadt in die Löwengasse. Wir gehen geradeaus, bis wir uns nach der Brücke über die Wetter bei einer Straßengabelung links halten. 5 Min. darauf überqueren wir auf einer Brücke den Weidgraben und folgen bald dahinter bei einer **Straßenkreuzung** ❷ dem Egelseeweg nach links. Nach einer großen Rechtskurve leitet er unter der Bundesstraße hindurch und

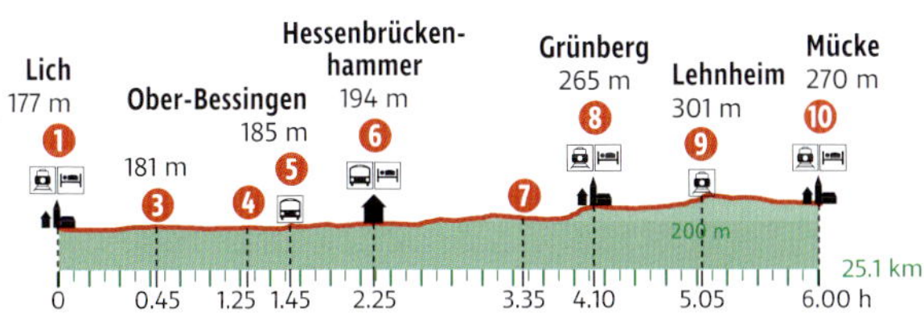

heißt danach Nonnenröther Weg. Wir wandern mit einigen Kurven immer geradeaus, bis wir nach 25 Min. vor einer rot-weißen **Schranke** ❸ am Waldrand nach links biegen und 5 Min. darauf nach rechts. Die nächsten 40 Min. wandern wir am Waldrand entlang, wenden uns vor einer grün umzäunten **Kläranlage** ❹ nach links und nach knapp 5 Min. vor der Wetter nach rechts. Immer geradeaus gehend erreichen wir knapp 10 Min. später die Straße, die nach weiteren 50 m durch die »Pforte« von **Ober-Bessingen** ❺ führt. Wir gehen links an dem Torhaus mit dem zweigeschossigen Türmchen aus dem Jahr 1782 vorbei und dann geradeaus durch das Dorf. Wenn die Ortsstraße nach links über die Wetter leitet, wandern wir weiter geradeaus. Am Waldrand, wenige Minuten nach dem letzten Haus, halten wir uns links und kurz darauf vor der Wetter rechts. Danach wandern wir knapp ½ Std. am Fluss entlang und dann kurz rechts bis zum Landgasthof **Hessenbrückenhammer** ❻ direkt an der Landstraße, wo wir auf die **Ostspange** des Lutherwegs treffen.

Hinter dem Gasthof leitet der Lutherweg nach links und in 10 Min. zu einer T-Kreuzung. Hier gehen wir nach links, überqueren die schmale Wetter und biegen bei der ersten Gelegenheit nach rechts. Der Weg schlängelt sich auf die ersten Häuser von Wetterfeld zu. Dort überqueren wir die Landstraße und wandern dann ½ Std. auf dem überwiegend unbefestigten Weg geradeaus, bis wir auf eine Kreisstraße treffen. Wir folgen dieser wenige Meter nach rechts, gehen dann auf der Wiese auf der gegenüberliegenden Seite 200 m parallel zur Straße weiter, biegen bei der ersten Gelegenheit nach links und bei der folgenden T-Kreuzung ebenfalls. Nach ca. 5 Min. erreichen wir eine **Wegkreuzung** ❼, hinter der links ein Bauernhof liegt. Hier biegen

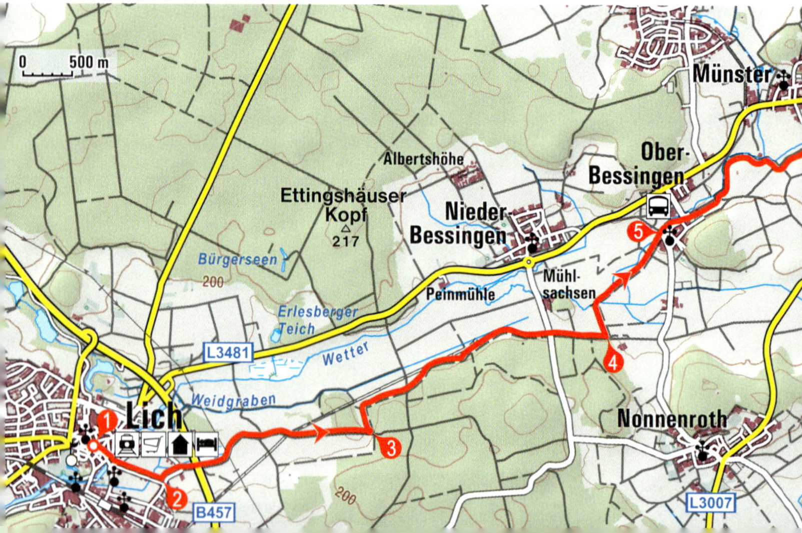

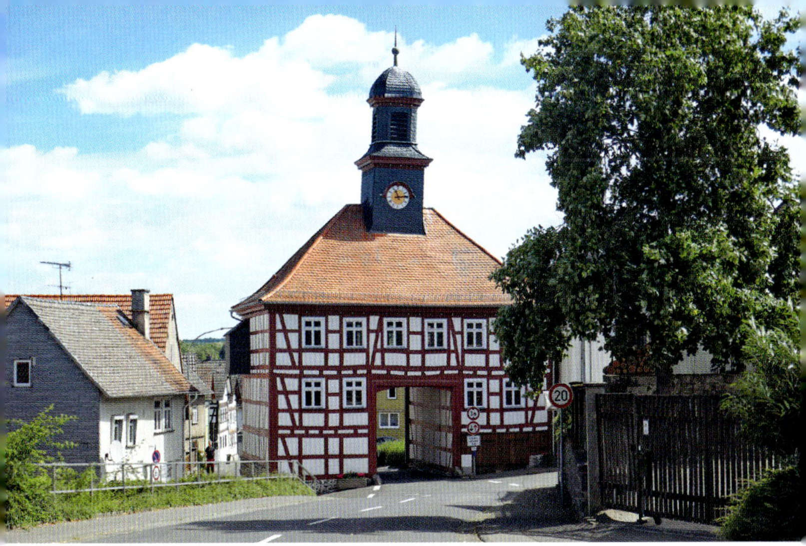

Die Pforte in Ober-Bessingen war das Torhaus des Dorfes.

wir nach rechts und laufen parallel zu einer Landstraße auf Grünberg zu. Vor Grünberg passieren wir noch das »Schwedendorf«. Nachdem wir im bisherigen Verlauf des Lutherwegs schon an vielen Neubaugebieten vorbei gekommen sind, in denen Ein- und Zweifamilienhäuser, Villen und Architektenhäuser in wilder Mischung nebeneinander standen, vermittelt diese Siedlung im skandinavischen Stil, zu der auch ein Gemeinschaftsgewächshaus gehört, einen Eindruck von Planung und Harmonie. Am Ende des Schwedendorfs biegen wir nach links in die Lauterer Straße, passieren einen Wegabzweig ins Brunnental und biegen dann in die erste rechts abgehende Straße mit dem Namen Neustadt. Diese steigt an und bringt uns ins Zentrum von Grünberg. Nach ca. 5 Min. biegt der Lutherweg bei einem grauen Fachwerkhaus rechts in die Hintergasse. Sie leitet bald am sehenswerten **Museum** im ehemaligen **Augustinerinnenkloster** vorbei.

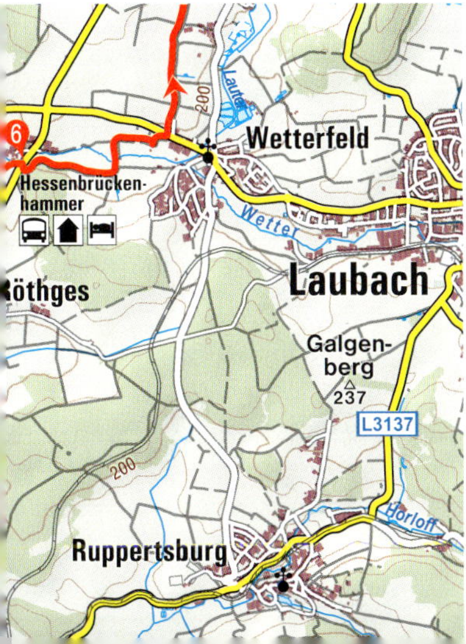

*i Im **Museum** informiert eine Ausstellung über die Geschichte **Grünbergs**, das im 12. Jh. von Landgraf Ludwig III. von Thüringen gegründet wurde, um seinen Besitz im Süden gegen die Mainzer Erzbischöfe zu schützen. Nach zwei Brandschatzungen Ende des 14. Jh. konnte die Stadt trotz der Lage an einem der großen Handelswege von Frankfurt am Main nach Mitteldeutschland ihre frühere Bedeutung nicht mehr zurückgewinnen. Die nächsten Rückschläge kamen mit dem Dreißigjährigen Krieg und einer Pestepidemie. Grünberg versank immer mehr in einen Dornröschenschlaf und wurde zur Ackerbürgerstadt. Erst im 19. Jh. gewann die Stadt wieder an Bedeutung.*

Wir folgen der Hintergasse bis zu einer T-Kreuzung, halten uns dort rechts und biegen dann bei einem Parkplatz nach links in die Judengasse. Dort liegt die Alte Schmiede mit einer vollständig eingerichteten Werkstatt und daneben das Haus der Zünfte mit zahlreichen Schätzen vergangener Tage. Wenige Meter danach biegen wir nach rechts in die Straße Brückelchen, die zur neugotischen Stadtkirche leitet. Die ursprünglich hier stehende gotische Marienkirche stürzte 1816 ein. Nun sind es nur wenige Schritte zum nahen Marktplatz, der »Gudd Stubb« von **Grünberg** 8. Die prachtvollen Fachwerkhäuser, oft aus der Renaissance, sind eine wahre Augenweide. Der Weg führt weiter durch die Marktgasse, die an der schmaleren Seite des Platzes beginnt. In der Baulücke an der Ecke Marktplatz/Marktgasse stand bis zu seinem Abriss 1891 das sogenannte Lutherhaus, ein gotisches Fachwerkhaus, in dem Luther auf seiner Rückreise in der Nacht vom 30. April zum 1. Mai 1521 übernachtet haben soll. Nach 100 m biegen wir nach rechts in die Rosengasse. Das erste Gebäude links ist das 1526 aufgelöste Antoniterkloster, das dann zum Witwensitz des hessischen Grafenhauses umgebaut wurde. Der darauf folgende Universitätsbau, auch Stammlersches Haus genannt, ist Oberhessens höchster Fachwerkbau. In diesem ehemaligen Klosterspeicher sollen während Pestzeiten zuerst die Gießener und später die Marburger Universität Zuflucht gefunden haben.

Kaum 100 m danach biegen wir unmittelbar hinter einer Tiefgarage nach

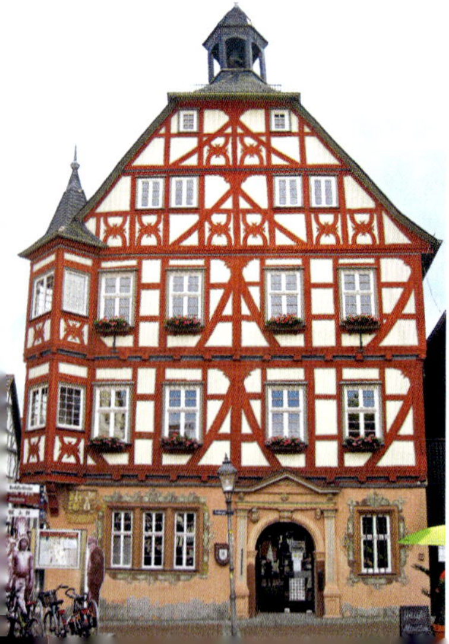

Das Rathaus von Grünberg am Marktplatz wurde 1586/87 erbaut.

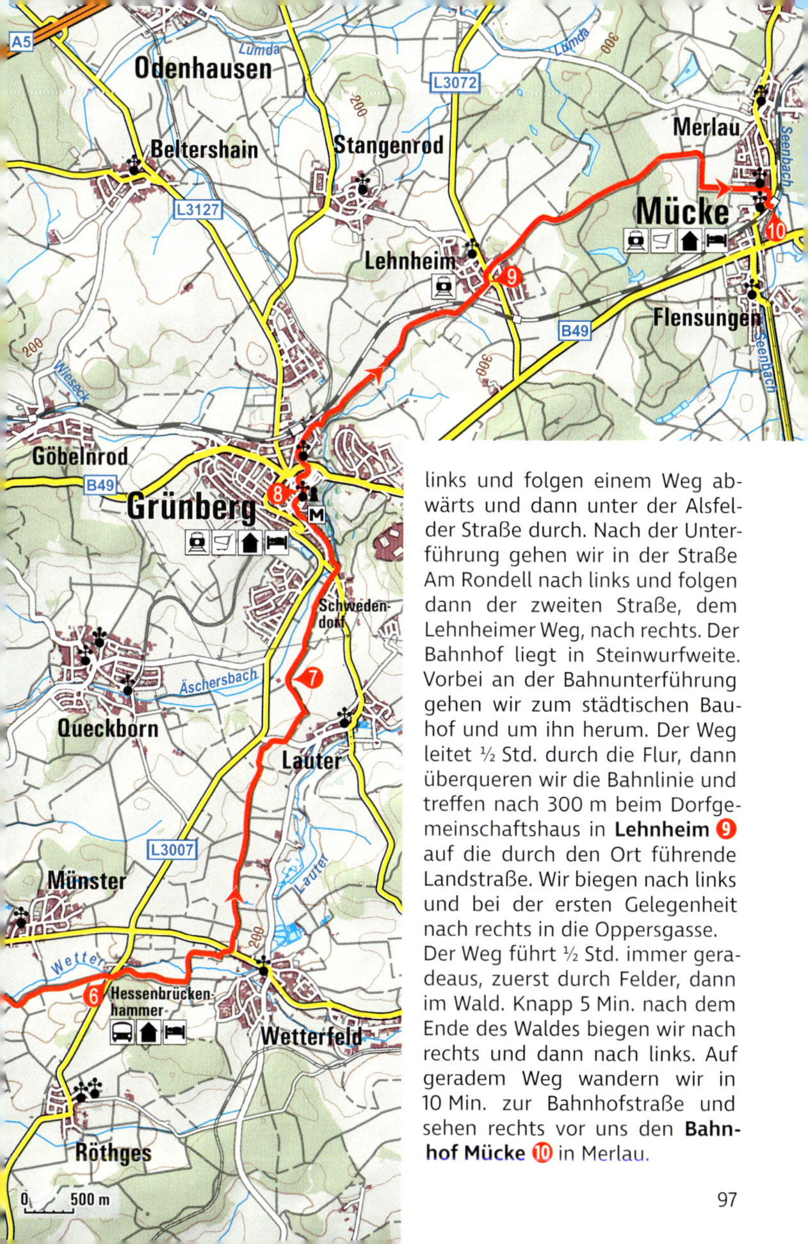

links und folgen einem Weg abwärts und dann unter der Alsfelder Straße durch. Nach der Unterführung gehen wir in der Straße Am Rondell nach links und folgen dann der zweiten Straße, dem Lehnheimer Weg, nach rechts. Der Bahnhof liegt in Steinwurfweite. Vorbei an der Bahnunterführung gehen wir zum städtischen Bauhof und um ihn herum. Der Weg leitet ½ Std. durch die Flur, dann überqueren wir die Bahnlinie und treffen nach 300 m beim Dorfgemeinschaftshaus in **Lehnheim** 9 auf die durch den Ort führende Landstraße. Wir biegen nach links und bei der ersten Gelegenheit nach rechts in die Oppersgasse.

Der Weg führt ½ Std. immer geradeaus, zuerst durch Felder, dann im Wald. Knapp 5 Min. nach dem Ende des Waldes biegen wir nach rechts und dann nach links. Auf geradem Weg wandern wir in 10 Min. zur Bahnhofstraße und sehen rechts vor uns den **Bahnhof Mücke** 10 in Merlau.

11 Friedberg (Hess.) – Wölfersheim

3.45 h	14,9 km
↗95 m	↘100 m

The King of Rock 'n' Roll in der Wetterau

Von der alten Reichsstadt Friedberg führt diese Etappe durch die »goldene Wetterau«. Wenn im Sommer goldgelb leuchtende Getreidefelder bis zum Horizont reichen, macht die Kornkammer Hessens diesem Namen alle Ehre. Bevor der Weg den Fluss Wetter erreicht, verläuft er am Ufer der Usa, eines 34 km langen Zuflusses der Wetter aus dem Taunus. Dieser Fluss hieß schon lange vor Gründung der USA so, die nach 1945 in Friedberg eine große Garnison unterhielten, in der Elvis Presley von 1958 bis 1960 als Soldat stationiert war.

Ausgangspunkt: Friedberg (Hess.) (152 m, 61.100 EW), Bahnhof.
Endpunkt: Wölfersheim (148 m, 9.800 EW), Bahnhof.
Anforderungen: Leicht, überwiegend Feld- und Wiesenwege.
Einkauf: Friedberg (Hess.), Dorheim, Wölfersheim.
Einkehr: **Friedberg-Dorheim:** Thüringer Haus (s. Unterkunft), Mo. bis Fr. 10–14 Uhr und 17–22 Uhr; Das Brunnenwärterhaus, Tel. +49 6032 8699 777, www.brunnenwaerterhaus.com, Mi. bis Sa. ab 18 Uhr, So. ab 11.30 Uhr; **Wölfersheim:** Il Cappuccino, Tel. +49 6036 3222, www.giovannis-cappuccino.de, Di. bis So. 11.30–14.30 Uhr und ab 17.30 Uhr; Jaima Döner Pizzahaus, Tel. +49 6036 989 249, Mi. bis Mo. ab 11 Uhr.
Unterkunft: **Friedberg-Dorheim:** Thüringer Haus, Tel. +49 6031 5360, www.thueringer-haus.de; Dorheimer Hof, Tel. +49 6031 73700, www.dorheimerhof.de, Fr. bis So. Ruhetag; **Wölfersheim**: Hotel Wetterau, Tel. +49 6036 983 800, www.hotelwetterau.de; Antik-Café, Tel. +49 6036 982 274, www.tischlerei-antik-cafe.de.
Verkehrsmittel: Fernbahnhof in Friedberg (Hess.), Regionalbahnhöfe in Dorheim und in Wölfersheim-Södel.
Karte: Kompass Wanderkarte 846 Vogelsberg, Nördliche Wetterau.
Hinweis: Mehr zu den Sehenswürdigkeiten, die wir am Anfang der Etappe in Friedberg passieren, ist bei Etappe 8 nachzulesen.

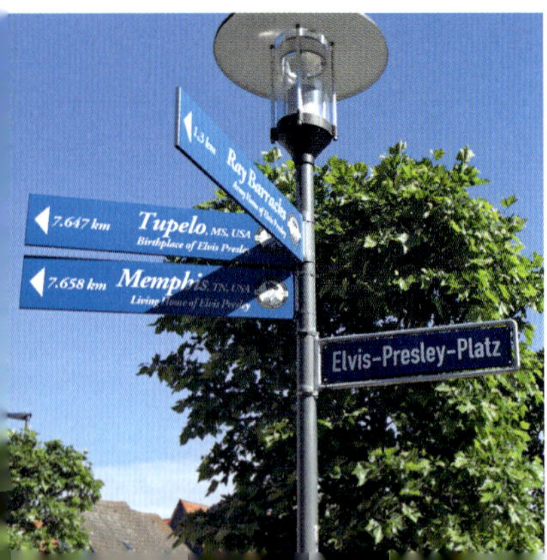

Vom **Bahnhof Friedberg (Hess.)** ❶ folgen wir etwa 10 Min. der breiten, von ihm wegführenden Saarstraße bis Mainzer-Tor-Anlage und dort der Kaiserstraße nach rechts. Nach knapp 5 Min. erreichen wir den Europaplatz, wieder 5 Min. später weitet sich die Kaiserstraße zum Elvis-Presley-Platz. Vor dem Parkplatz an seinem Ende biegen wir nach rechts in die Wolfengasse, die direkt auf

Elvis hat in Friedberg Spuren hinterlassen.

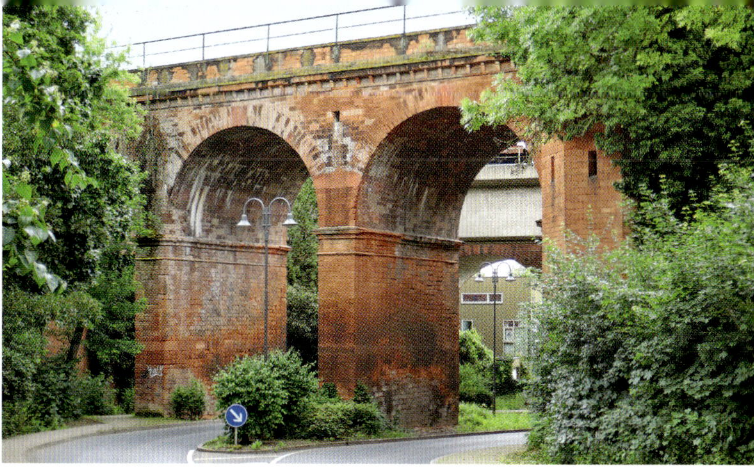

Rosentalviadukt.

die **Liebfrauenkirche** zuläuft. Rechts neben der Kirche liegt das Wetterau-Museum.

Nach einer Umrundung der Kirche folgen wir vor dem Hauptportal der Engelsgasse zum Fünf-Finger-Platz. Dort gehen wir nach halb links in die Judengasse, nach 50 m liegt rechts die **Mikwe** ❷. Bei der T-Kreuzung am Ende der Judengasse biegen wir nach links und schwenken nach knapp 40 m wieder nach rechts in die Kaiserstraße ein. Von hier sind es, vorbei an der Sandgasse, noch 100 m zum Südtor der **Friedberger Burg**.

Nach der Besichtigung gehen wir zurück, biegen nach links in die Sandgasse und an ihrem Ende nach links in die Usagasse. Vom Parkplatz am Ende dieser Sackgasse leitet ein schmaler Weg weiter geradeaus zur Alten Bahnhofstraße. Dort leitet der Mühlweg nach rechts zum **Rosentalviadukt** ❸.

*i Das um 1850 erbaute **Rosentalviadukt** ist eine 275 m lange Stein-Bogenbrücke mit aufgefüllten Bögen aus rotem Sandstein. Mit 24 Bögen – im Volksmund auch 24 Hallen genannt – überspannt das stilistisch an römische Aquädukte angelehnte Bauwerk in einer Höhe von 16 m das Usa-Tal. 1982 wurde das Viadukt durch eine parallel verlaufende, moderne Beton-Konstruktion ersetzt, ohne dass die historische Brücke abgerissen wurde. Über eine weitere Brücke mit neun Bögen aus dem Jahr 1937 führt eine Nebenstrecke nach Wölfersheim-Södel.*

Vor der modernen Betonbrücke verlassen wir den Mühlweg und folgen einem Weg nach links. Nach einem Steg über die Usa halten wir uns rechts und wandern gut ¼ Std. an ihrem Ufer entlang, bevor wir nach links biegen

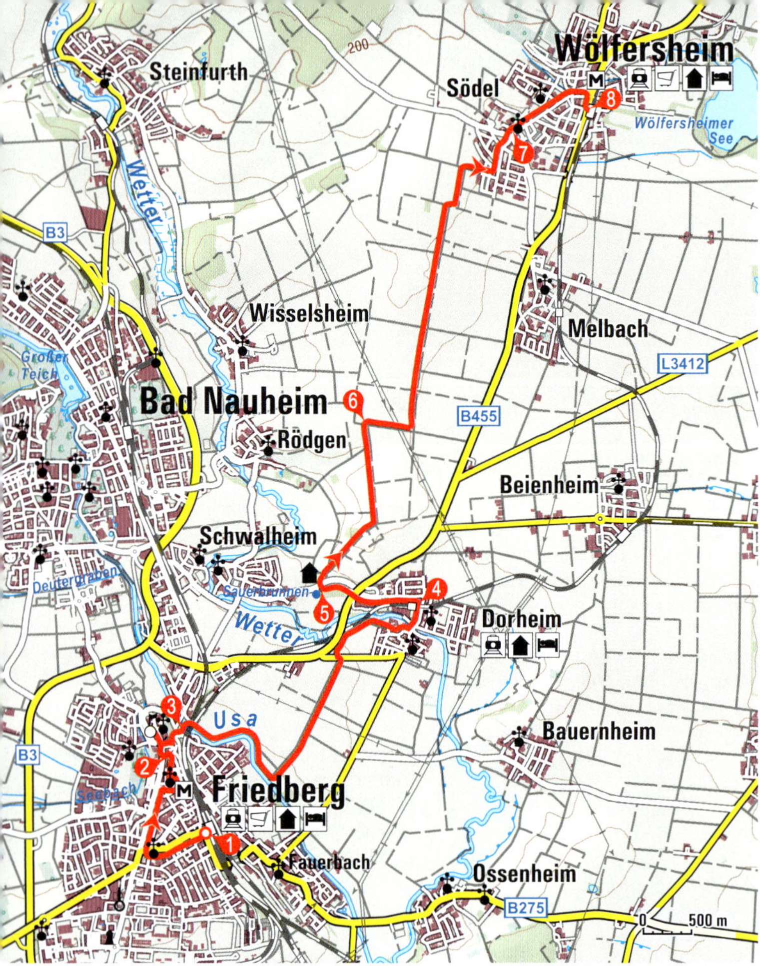

und knapp 20 Min. später die Landstraße überqueren. Etwas nach links versetzt führt der Weg geradeaus weiter und in wenigen Minuten zu einer Straßenbrücke über eine Bahnlinie. Vor ihr gehen wir nach rechts und erreichen nach gut 5 Min. und einer Rechtskurve die ersten Häuser von Dorheim, einem Ortsteil von Friedberg. Wir folgen der Straße Auf dem Biek zum Marktplatz und dann der Wetteraustraße, der Ortsdurchfahrt, nach links. Kurz nach dem Thüringer Haus überqueren wir den Fluss Wetter, kreuzen kurz nach dem Dorheimer Hof beim **Bahnhof von Dorheim** 4 die Bahnlinie und biegen dann nach links in die Schwalheimer Straße. Sie verlässt den Ort in Richtung des benachbarten Bad Nauheim.

Nach knapp ¼ Std. liegen links in einer parkartigen Anlage der schon den Römern bekannte **Schwalheimer Sauerbrunnen** und die erst 1903 erschlossene **Löwenquelle** 5, beides staatlich anerkannte Heilquellen. Das Brunnenwärterhäuschen an der Quellenfassung im Stil der Reformarchitektur ist ein beliebtes Ausflugsziel.

Gegenüber vom Park verlässt der Lutherweg die Kreisstraße und folgt einem Landwirtschaftsweg. Bei der Gabelung nach 100 m halten wir uns rechts und bei der nächsten ca. 10 Min. später links. Wir wandern ¼ Std. geradeaus, dann bei einer **T-Kreuzung** 6 rechts, unterqueren eine Hochspannungsleitung und biegen bei der Kreuzung dahinter nach links. Wenn unser Weg nach über ½ Std. mit einer T-Kreuzung endet, halten wir uns rechts und gleich wieder links. 5 Min. später leitet die Straße Greilingsbaum nach rechts in den Ort. In Södel, einem Ortsteil von Wölfersheim, kreuzen wir zwei Straßen, gehen bei der folgenden T-Kreuzung nach links und in 5 Min. geradeaus zum **Kirchplatz in Södel** 7. Dort laufen wir nach rechts um die Martinskirche herum und folgen gut 5 Min. lang der Södeler-, der Haupt- und der Bahnhofsstraße geradeaus nach **Wölfersheim**. Bei einem Kreisverkehr halten wir uns rechts und erreichen nach 50 m den **Bahnhof Wölfersheim-Södel** 8.

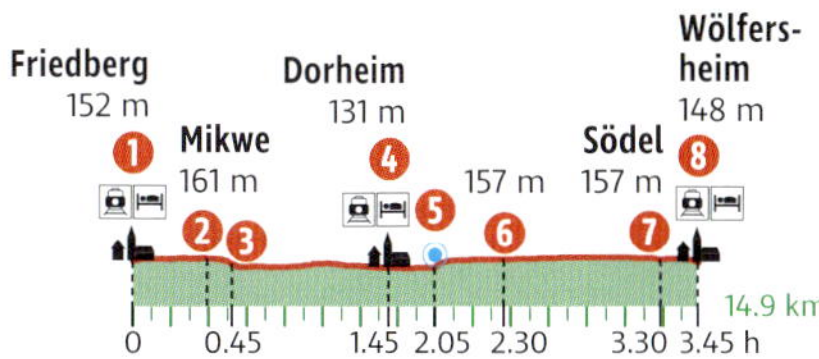

Unübersehbare Wegmarkierung vor Södel.

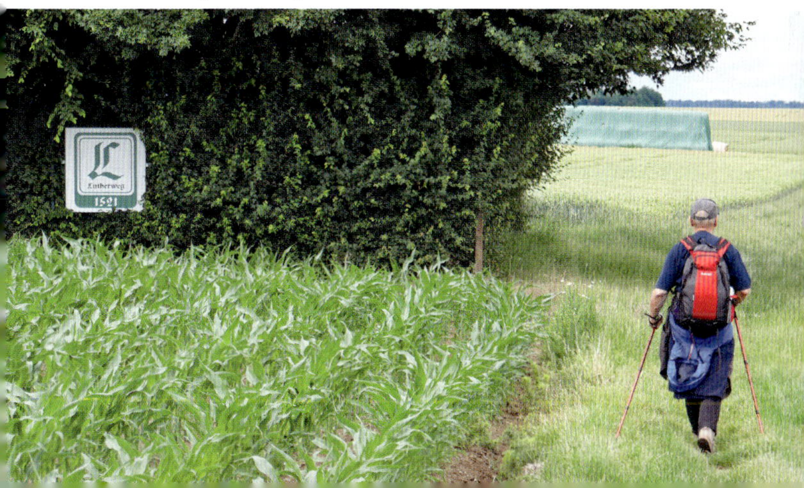

12 Wölfersheim – Hungen

4.15 h | 18,0 km
↗70 m | ↘70 m

Das hessische Ruhrgebiet

Wer Wölfersheim verlässt und vorbei an idyllischen Seen durch die Felder und Wiesen der Wetterau wandert, ahnt vermutlich nicht, dass sich hier bis vor wenigen Jahrzehnten ein kleines Ruhrgebiet, das Wetterauer Revier, befand. Es wurde Braunkohle abgebaut, zuerst im Untertage-, später im Tagebau. Die Seenlandschaft entstand, als sich die Gruben mit Grundwasser füllten. Im nahen Vogelsberg wurde bis in die 1960er-Jahre Eisenerz gewonnen. Hungen hingegen ist als Schäferstadt bekannt. Alle zwei Jahre wird dort das hessische Schäferfest gefeiert. Zudem wird ein Stadtschäfer beschäftigt, der mit seiner Herde zur Landschaftspflege durch die Gemarkung zieht.

Ausgangspunkt: Wölfersheim (148 m, 9.800 EW), Bahnhof.
Endpunkt: Hungen (146 m, 12.600 EW), Bahnhof.
Anforderungen: Leicht, Wege durch Felder und Wiesen und entlang von Seen.
Einkauf: Wölfersheim, Hungen.
Einkehr: **Wölfersheim-Berstadt:** Landgasthaus Berstädter Hof, Tel. +49 1523 3508 237, www.berstaedterhof.jimdo.com, Di. bis So. ab 17 Uhr, So. und Feiertag auch 11–14 Uhr; **Inheidener See** (drei Kioske); **Hungen:** Gasthaus zur Reichskrone (s. Unterkunft); Speisegaststätte Deutsches Haus, Tel. +49 6402 9193, www.deutsches-haus-hungen.de, 11–14 Uhr sowie ab 17 Uhr, Sa. nur ab 17 Uhr, Mi. Ruhetag; Käsescheune, Tel. +49 6402 5188 572, www.kaesescheune.de, Di. ab 17.30 Uhr, Mi. bis So. ab 10 Uhr, So. nur bis 15.30 Uhr.
Unterkunft: **Hungen:** Hotel Am Markt, Tel. +49 6402 8044 963, www.hotel-hungen.de; Gasthaus zur Reichskrone und Metzgerei Bender, Tel. +49 6402 7204, www.metzgerei-bender.com.
Verkehrsmittel: Regionalbahnhöfe in Wölfersheim-Södel, Trais-Horloff und Hungen; Busverbindung von Berstadt und Utphe nach Wölfershein-Södel und Hungen.
Karte: Kompass Wanderkarte 846 Vogelsberg, Nördliche Wetterau.
Tipp: **Freibad** am Inheidenersee.

Bis zu 400 Loren Braunkohle wurden im Wetterauer Revier täglich gefördert.

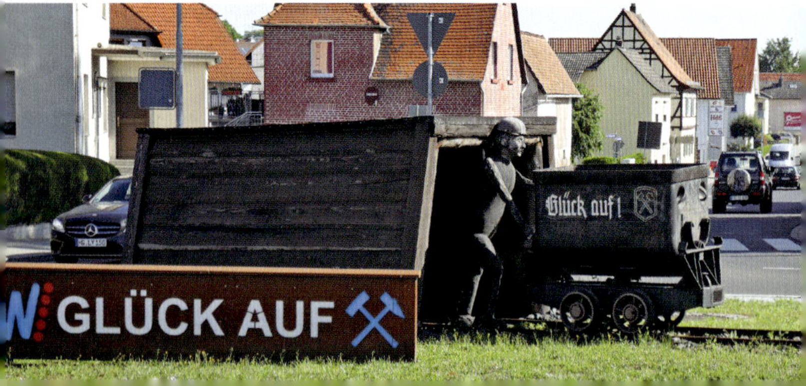

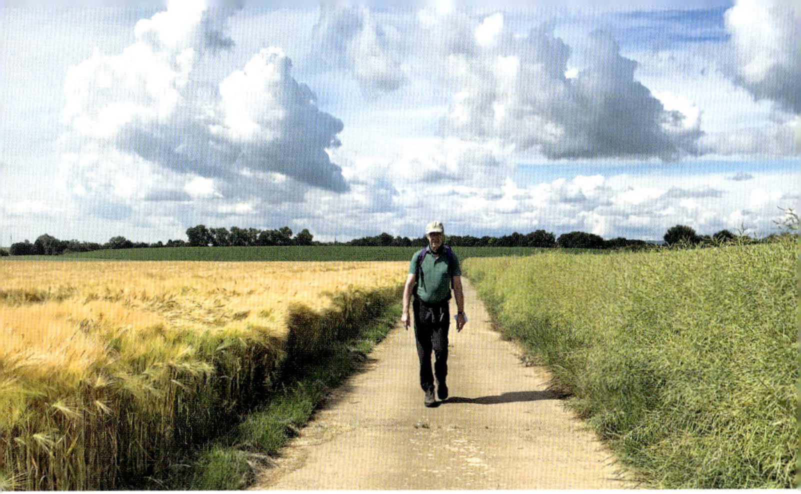

Die Wetterau ist fruchtbar.

Vom Bahnhof in **Wölfersheim-Södel** ❶ gehen wir nach Norden zum nahen Kreisverkehr und dort nach rechts in den Heyenheimer Weg. Direkt nach dem Kreisverkehr befindet sich links im ehemaligen Umspannwerk des Braunkohlekraftwerks Wölfersheim (1913–1991) ein Energiemuseum, rechts stehen unter freiem Himmel zwei Lokomotiven der Werksbahn mit angehängten Loren. Wir wandern geradeaus in Richtung des Wölfersheimer Sees, ein Ergebnis des Braunkohleabbaus. Später wurde der See als Abkühlbecken des Kraftwerks genutzt, einige Reste der Kühlwasser-Verregnungsanlage im See erinnern noch daran.
Bei einer grünen Metallschranke unmittelbar vor dem See halten wir uns links und biegen gut 5 Min. später nach rechts zum **Wölfersheimer See** ❷. Nach weiteren 5 Min. zwischen Fußballgolfplatz und See mündet der Pfad in den Seerundweg, hier gehen wir nach links! Im Sommer 2020 war die Markierung nicht eindeutig. Wir gehen am Hochseilgarten entlang zur T-Kreuzung an der Geisenheimer Straße und biegen dort nach rechts. Von der Geisenheimer Straße zweigen wir nach ca. 10 Min. links auf einen mit Betonplatten belegten Weg ab (eventuell kein Wegzeichen). 20 Min. ge-

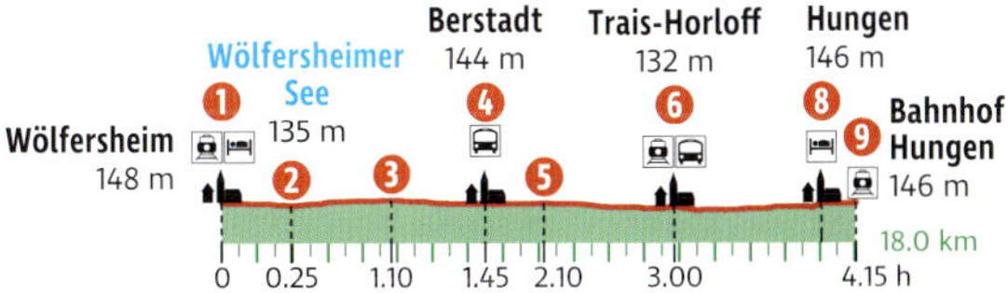

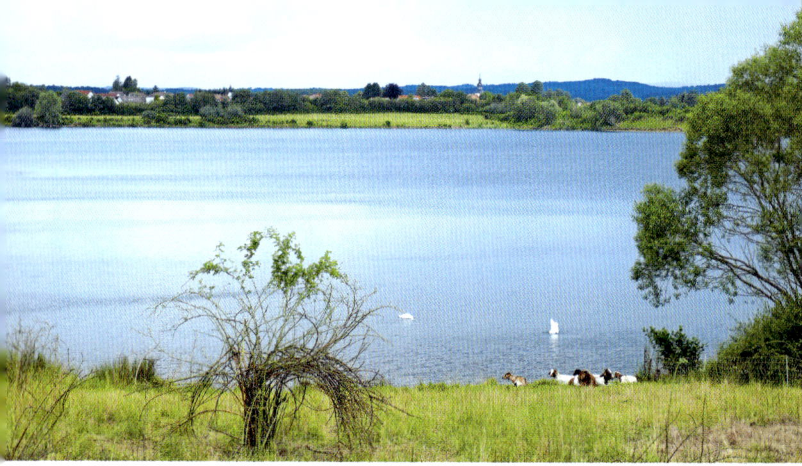

Der Obere Knappensee.

hen wir geradeaus, überqueren die Kreisstraße und wenden uns bei der **T-Kreuzung** ❸ danach nach links. Nach wenigen Minuten wandern wir bei einer Kreuzung geradeaus (bzw. nach halb rechts), überqueren die A 45 und gehen dann nach rechts an ihr entlang. Nach etwa 5 Min. sehen wir links in einiger Entfernung Hallen und folgen dem Betonplattenweg, der rechts an ihnen vorbei und auf einer Brücke über die B 455 nach Berstadt führt. Bei einer T-Kreuzung im Ort, unweit des Landgasthauses Berstädter Hof, folgen wir der Untergasse nach links bis zur nächsten rechts abgehenden Straße, der Licher Straße. Mit ihr geht es zum nahen Tanzhof, einem schönen Platz mit Brunnen in der Dorfmitte von **Berstadt** ❹. Von dort sehen wir schon den mächtigen Turmhelm der im 11. Jh. erbauten Kirche. Eine Legende besagt, dass der schon gebannte Luther auf seiner Rückreise am 29. April 1521 von der Treppe des nahen Wirtshauses gepredigt hat. Wir folgen der an der Vorderseite der Kirche vorbeiführenden Straße Oberpforte nach rechts und gehen dann, vorbei an der Mehrzweckhalle am Ortsaus-

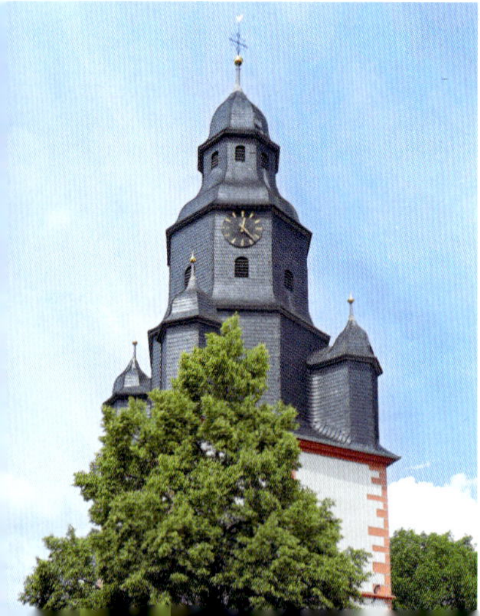

Kirchturm in Berstadt mit Turmhelm aus dem 17. Jahrhundert.

gang, auf einem Betonplattenweg 20 Min. geradeaus. Schon in Sichtweite des Dorfes **Utphe** biegen wir bei einer **Abzweigung** ❺ nach rechts ab, nach seinen ersten Häusern dann nach links und gleich wieder nach rechts. Wir überqueren die Hauptstraße, gehen etwas nach rechts versetzt in der Weedstraße weiter geradeaus, fast am Ortsende – nach der Blumenscheune – nach links und dann zuerst an der West- und später an der Nordseite des **Oberen Knappensees** entlang. Dort wenden wir uns nach links, durch-

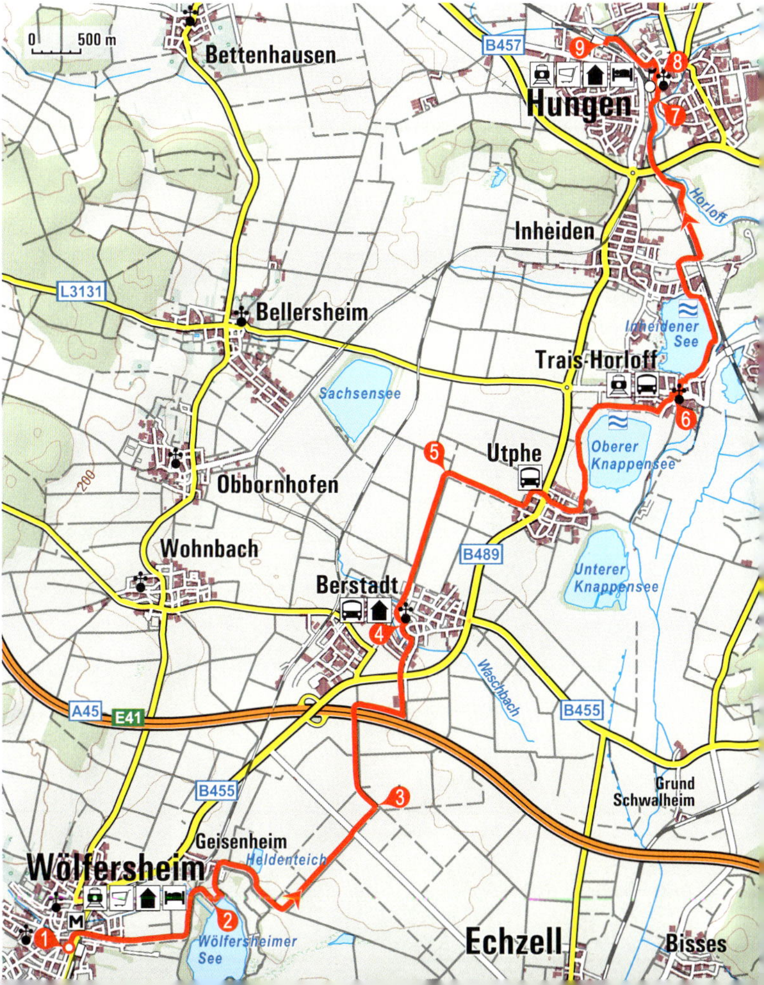

queren, vorbei an der Kirche von **Trais-Horloff** 6, das Dorf und kommen zum **Inheidener See** (auch **Trais-Horloffer See**). Der Lutherweg leitet an seiner Ostseite entlang, gleich zu Beginn lädt in der Saison ab 16 Uhr (außer So.) der Kiosk zum Seeteufel (mit Toilette) zur Rast ein. Etwas komfortabler und schöner gelegen ist am nördlichen Ende des Sees der Imbiss Seeblick Inheiden und gleich daneben ein Kiosk im Freibad. Wir gehen am Freibad vorbei und folgen nach kaum 100 m dem Karl-Schütz-Weg nach rechts, kreuzen eine Straße und biegen bei der folgenden T-Kreuzung erneut nach rechts. Nach dem Bahnübergang wandern wir nach links. Der Weg verläuft zwischen der Bahnlinie und dem Flüsschen Horloff bis an den Ortsrand von Hungen, den wir nach gut 20 Min. erreichen.
Kurz bevor die Horloff nach rechts biegt, gehen wir an einem Steg vorbei, 150 m dahinter auf dem nächsten über den Fluss und dann nach links in die **Schubertstraße** 7. Diese verlassen wir aber schon nach 30 m wieder, folgen einem links abgehenden Weg wieder über die Horloff hinweg und biegen vor der Kirche (ab 13. Jh.) nach links in die Straße Liebfrauenberg. Diese wendet sich nach 50 m vor dem Schloss nach rechts und führt zum Marktplatz von **Hungen** 8 mit dem Hotel am Markt. Wir wandern geradeaus über den Platz und auf seiner gegenüberliegenden Seite in die Brauhofstraße, die nach einer Namensänderung an einer T-Kreuzung vor der Feuerwache endet. Dort biegen wir nach links in die Lindenallee und dann am zweiten Abzweig in einen Weg nach rechts. Gut 5 Min. später leitet ein Weg nach links direkt zum **Bahnhof Hungen** 9.

Stadtkirche mit Treppenturm in Hungen.

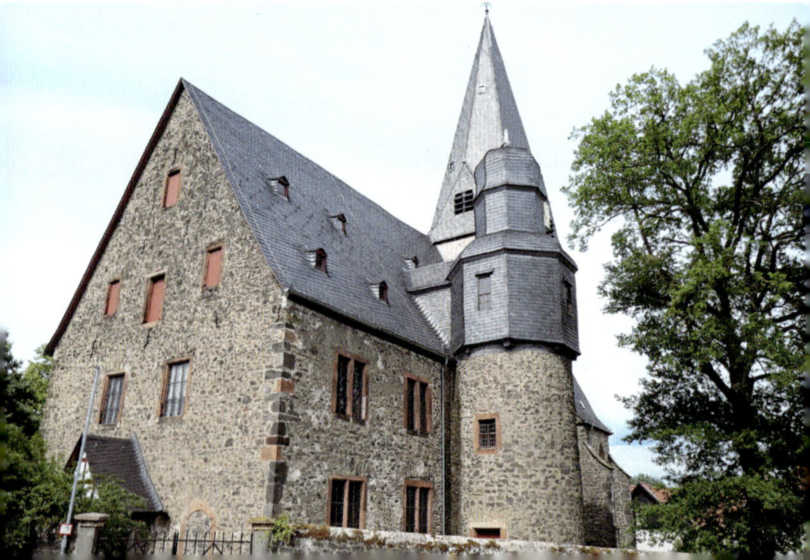

6.30 h	26,8 km
↗ 310 m	↘ 185 m

Hungen – Mücke 13

Von der Schäferstadt zu Hessens Mittelpunkt

Diese Etappe führt von der Wetterau zum Vogelsberg. Der »Berg« ist in Wahrheit ein Mittelgebirge, genau genommen ein Vulkanfeld mit 60 km Durchmesser. Immer wieder ergossen sich hier vor 15 bis 18 Millionen Jahren Lavamassen aus Schloten und Spalten über die Erde. Viele Schichten sind bereits verwittert. Erosion und Wasser formten das Mittelgebirge, auf dem sich die Natur breit machen konnte. Der waldreiche Hohe Vogelsberg mit über 700 m hohen Gipfeln ist umgeben von einer parkartigen Landschaft mit Hecken, Lesesteinwällen, Weiden und Seen, sodass auf den Wanderwegen immer wieder Weitsichten begeistern. Die Route verläuft also durch eine abwechslungsreiche Landschaft mit offenen Weiten, artenreichen Wäldern, schmalen Wiesentälchen und der alten Stadt Grünberg.

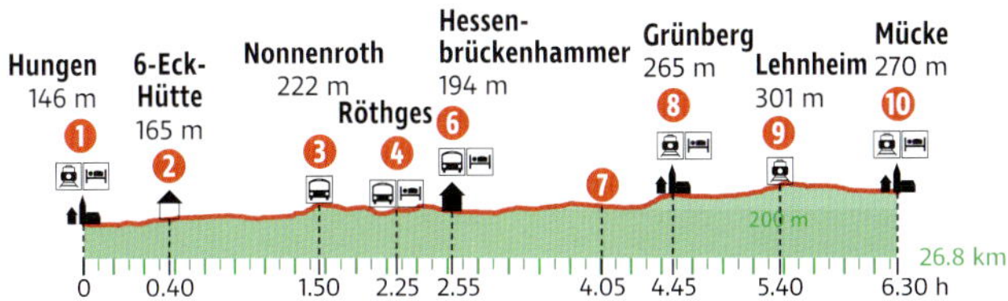

Ausgangspunkt: Hungen (146 m, 12.600 EW), Bahnhof.
Endpunkt: Mücke-Flensungen (270 m, 1.900 EW), Bahnhof.
Anforderungen: Leicht, die Wanderung führt überwiegend durch Felder, Wiesen und Wälder, Zeit für die Besichtigung der Fachwerkstadt Grünberg einplanen.
Einkauf: Hungen, Grünberg, Mücke-Flensungen.
Einkehr: **Laubach-Wetterfeld:** Landgasthof Hessenbrückenhammer (s. Unterkunft), Mi. bis So. 11–14 Uhr und 17–22 Uhr; **Grünberg; Mücke-Flensungen:** Landhotel Gärtner (s. Unterkunft), Mo. bis Sa. 11.30–14 Uhr und ab 18 Uhr, So 11.30–14 Uhr; Alte Mücke, Tel. +49 6400 950 972, www.alte-muecke.de, Di. bis Fr. u. So. 11–14 Uhr und ab 17 Uhr, Sa. nur ab 17 Uhr.
Unterkunft: **Hungen-Nonnenroth:** Landhotel Nonnenroth, Tel. +49 6402 809 790, www.landhotel-nonnenroth.de; Zeitraumwohnung bei Esther, Tel. +49 163 5000 211, www.bei-esther.de; **Laubach-Röthges:** Haus Herrenhof Gästezimmer und Ferienwohnungen, Tel. +49 6405 500 160, www.haus-herrenhof.de; **Laubach-Wetterfeld:** Landgasthof Hessenbrückenhammer, Tel. +49 6405 1484, www.hessenbrueckenhammer.de; **Grünberg:** Haus Oberscholthes, Tel. +49 6401 8069 871, www.oberscholtes.de; Hotel Garni, Tel. +49 6401 6426; Hotel Restaurant Villa Emilia, Tel. +49 6401 6447, www.hotel-villa-emilia.de; **Mücke-Flensungen:** Landhotel Gärtner, Tel. +49 6400 95990, www.landhotel-gaertner.de; Seenbach Pension, Tel. +49 6400 958 222, www.seenbach.de.
Verkehrsmittel: Regionalbahnhöfe in Hungen, Grünberg und Mücke-Flensun-

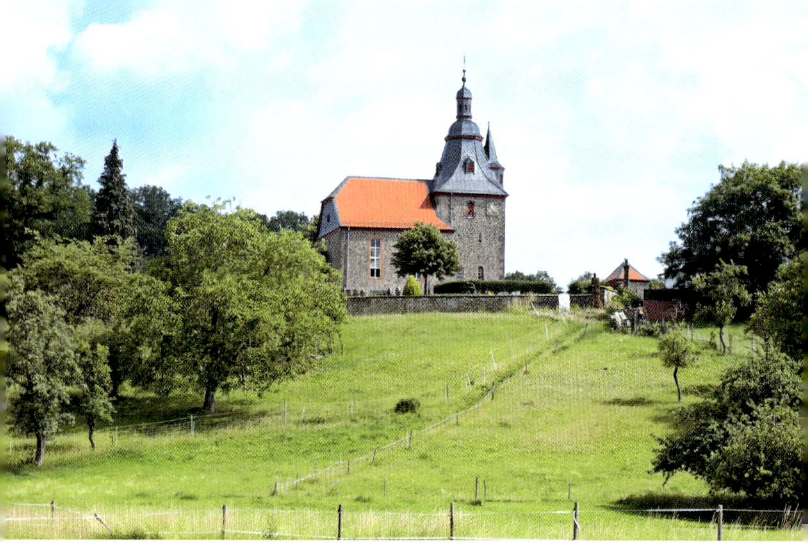

Wehrkirche in Nonnenroth.

gen; Busverbindung von Münster Hessenbrückenhammer zu den Bahnhöfen in Lich und Grünberg.
Karte: Kompass Wanderkarte 846 Vogelsberg, Nördliche Wetterau.

Hinweis: Ab Hessenbrückenhammer verläuft diese Etappe auf gleicher Route wie Tour 10; weitere Bilder und Informationen (bspw. zum Museum im Augustinerinnenkloster) finden Sie dort.

Aus dem **Bahnhof in Hungen** ❶ kommend unterqueren wir die an ihm vorbeiführende Straße Am Bahndamm und folgen nach 40 m einem parallel zu ihr verlaufenden Weg nach rechts, der nach gut 5 Min. an der Lindenallee endet. Hier biegen wir nach links und nach 200 m vor dem Fußballstadion nochmals. Ab hier leiten uns die Markierungen des Lutherwegs. Der Weg endet an der Liebigstraße, ihr folgen wir wenige Meter nach rechts und biegen dann nach links in die Albert-Schweitzer-Straße. Bei einer Gabelung nach 60 m halten wir uns rechts. Wenn die Friedensstraße nach wenigen Minuten den Ortsrand erreicht, wandern wir weiter geradeaus, bis wir nach gut 5 Min. bei einer Gabelung am Waldrand rechts gehen und den Markierungen zu den »Drei Teichen« folgen. Hubbachweiher, Gleichenweiher und Stachelsee sind sogenannte Himmelsteiche, das heißt, sie haben keinen nennenswerten Zufluss und werden im Wesentlichen von Niederschlag gespeist. Früher dienten sie den Grafen von Solms zur Karpfenzucht. Bevor wir die Teiche erreichen, halten wir uns bei einer T-Kreuzung mit **6-Eck-Hütte** ❷ links und bei einer Gabelung kurz darauf rechts. Der Weg führt auf der Ostseite der Teiche entlang und biegt nach dem letzten kurz vor einem Parkplatz nach links.

Knapp 10 Min. später wandern wir bei einer Kreuzung rechts, bei einer T-Kreuzung nach 5 Min. nochmals und kurz darauf links. Der Weg leitet nach Nonnenroth, die Kirche auf dem Hügel ist schon weithin sichtbar. Am Fuß des Hügels führt ein Wiesenweg hinauf zu der alten **Wehrkirche** inmitten des Friedhofs, der Lutherweg seltsamerweise geradeaus. Wir lassen uns nicht davon abhalten, trotzdem zur Kirche auf der Hügelkuppe zu gehen. Vor der umgebenden Mauer begrüßt uns eine 3,5 m hohe Holzstatue Luthers, mit dem Davidstern auf der Brust spielt der weißrussische Künstler Mikalai Hryshakou auf Luthers problematisches Verhältnis zum Judentum an. Auf einer Bank können wir den Ausblick genießen.

Wir verlassen die Kirche auf der Zufahrt Kirchberg. Bei der Einmündung in die Hauptstraße steht die Holzstatue von Johannes Calvin. Die Rolex am Armgelenk verweist auf den Einfluss des Calvinismus bei der Entstehung des Kapitalismus. Hier folgen wir dem Lutherweg und der Hauptstraße nach rechts und nach wenigen Metern einer Straße nach links bis zum Feuerwehrhaus. Eigentlich führt der Weg gerade-

Erkennen Sie die Rolex am linken Armgelenk Calvins?

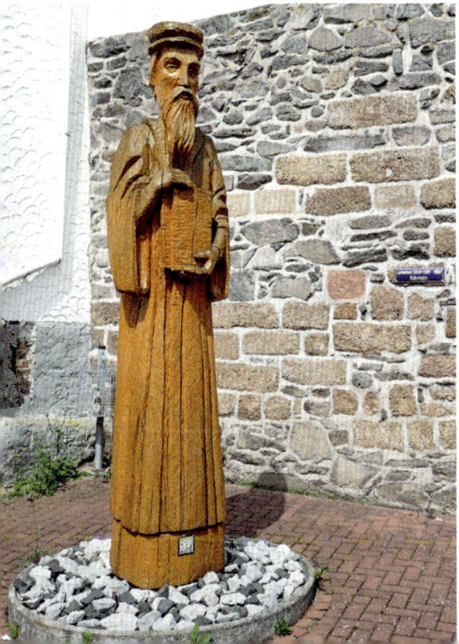

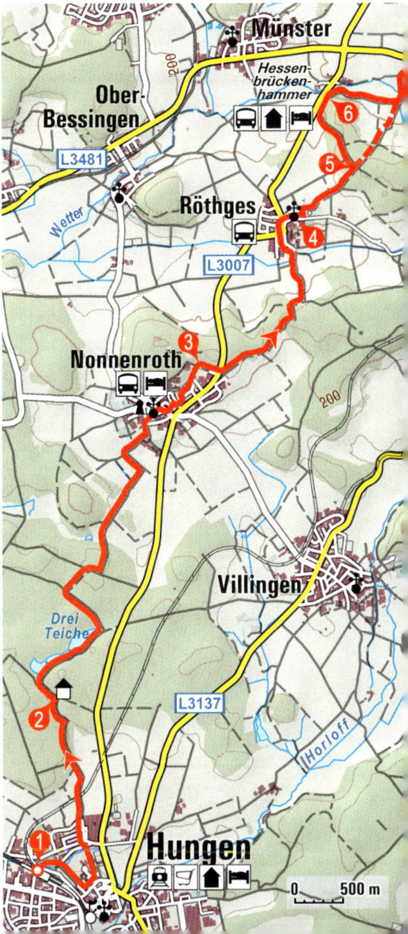

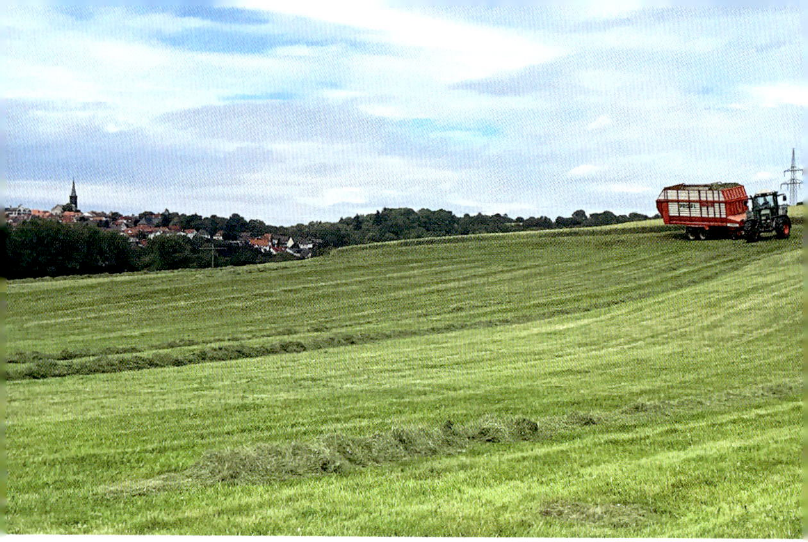

Grünberg ist nicht mehr weit.

aus weiter, da ihn aber der Garten eines Hauses versperrt, müssen wir das Grundstück rechts umgehen. Danach wandern wir immer geradeaus bis zu einer T-Kreuzung am Ortsrand von **Nonnenroth** 3. Dort gehen wir vor dem Wald nach rechts, bald über die Landstraße und kurz danach halb links. Der Weg führt zuerst am Waldrand entlang und schließlich in den Wald hinein. Knapp 5 Min. darauf biegen wir bei einer T-Kreuzung nach rechts und nach 130 m wieder nach links. Dann schlängelt sich der Weg geradeaus zur Untergasse, die uns ins Dorf **Röthges** 4 führt. Auf der an der Kirche vorbeiführenden Burgstraße gehen wir nach rechts. Bald nach der Kirche endet die Bebauung, hier gehen wir nach links, dann nach 70 m nach rechts und am Friedhof entlang. Nach wenigen Minuten wandern wir bei einer Gabelung am Waldrand

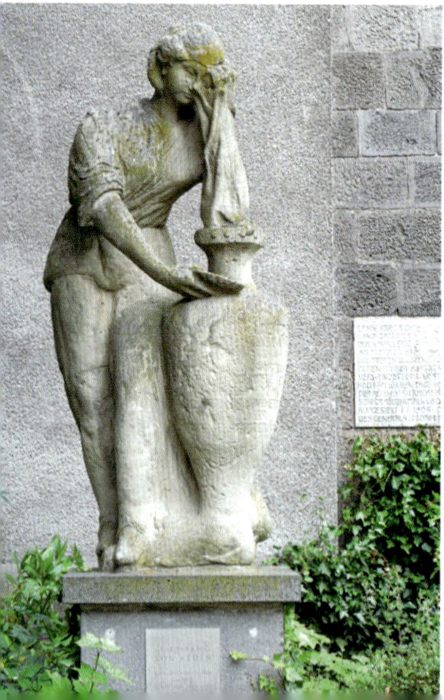

Das »Tränenweibchen« an der Südseite der Stadtkirche von Grünberg.

halb links in den Wald hinein. Nach ca. 3 Min. biegt der Lutherweg bei einer **Wegkreuzung 5** im 90-Grad-Winkel nach links. (Bei der Wanderung im Sommer 2020 war das Wegzeichen schlecht erkennbar. Wer nicht abbiegt und geradeaus geht, verpasst nur die Einkehr im Landgasthof Hessenbrückenhammer.) 5 Min. später halten wir uns bei einer Gabelung links, erreichen nach weiteren 5 Min. die Landstraße L 3007 und folgen ihr gut 100 m

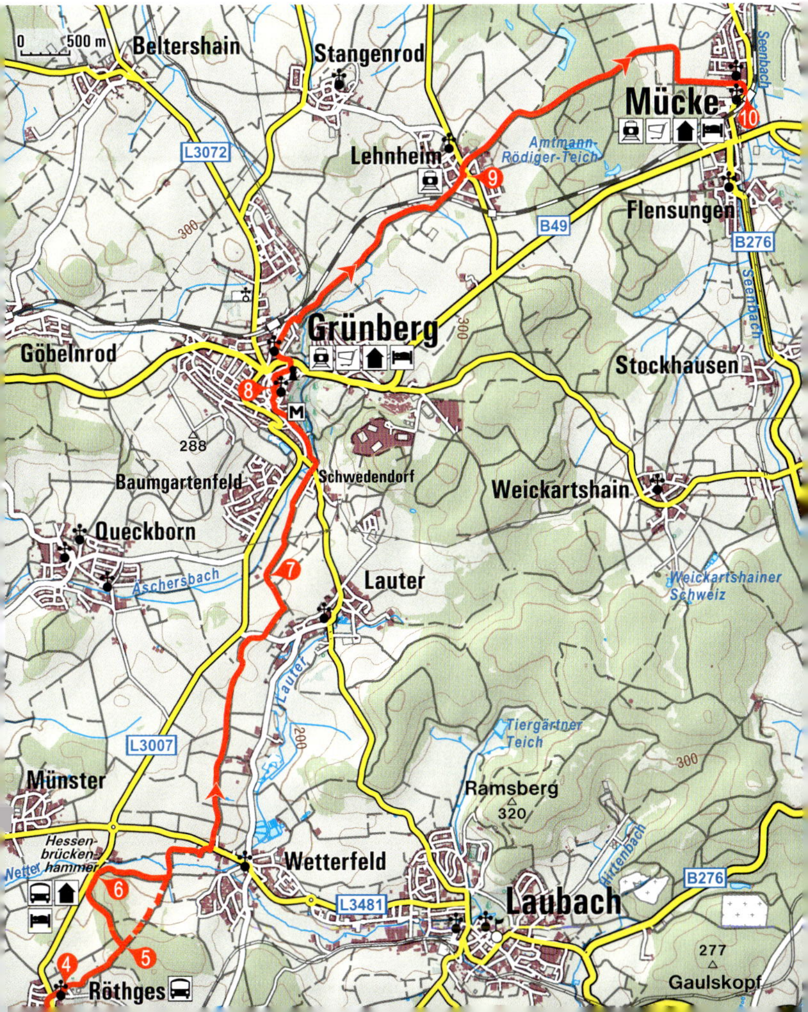

nach rechts zum **Landgasthof Hessenbrückenhammer** 6. Hier treffen Ost- und Westspange des Lutherweges wieder zusammen.
Vor dem Gasthof leitet der Lutherweg nach rechts und in 10 Min. zu einer T-Kreuzung. Hier gehen wir nach links, überqueren den schmalen Fluss Wetter und biegen bei der ersten Gelegenheit nach rechts. Der Weg schlängelt sich auf die ersten Häuser von **Wetterfeld** zu. Dort überqueren wir leicht rechts versetzt die Landstraße und wandern ½ Std. auf dem überwiegend unbefestigten Weg geradeaus, bis wir auf eine Kreisstraße treffen. Wir folgen dieser wenige Meter nach rechts, gehen dann auf der Wiese auf der gegenüberliegenden Seite 200 m parallel zur Straße weiter, biegen bei der ersten Gelegenheit nach links und bei der folgenden T-Kreuzung ebenfalls. Nach ca. 5 Min. erreichen wir eine **Wegkreuzung** 7, hinter der links ein Bauernhof liegt. Hier biegen wir nach rechts und laufen parallel zu einer Landstraße auf Grünberg zu. Vor Grünberg passieren wir noch eine im skandinavischen Stil gebaute Siedlung.
Danach biegen wir nach links in die Lauterer Straße, gehen am Abzweig eines Wegs ins Brunnental vorbei und dann in die rechts abgehende Straße Neustadt. Sie leitet ansteigend ins Zentrum von Grünberg. Nach ca. 5 Min. biegt der Lutherweg bei einem grauen Fachwerkhaus in die Hintergasse, die fünfte rechts abgehende Straße. Bald gehen wir am Museum im ehemaligen Augustinerinnenkloster (siehe S. 96) und an der Hospitalkirche vorbei. Wir folgen der Hintergasse bis zu einer T-Kreuzung, halten uns dort rechts und biegen dann bei einem Parkplatz nach links in die Judengasse. Dort

Die Hospitalkirche von Grünberg.

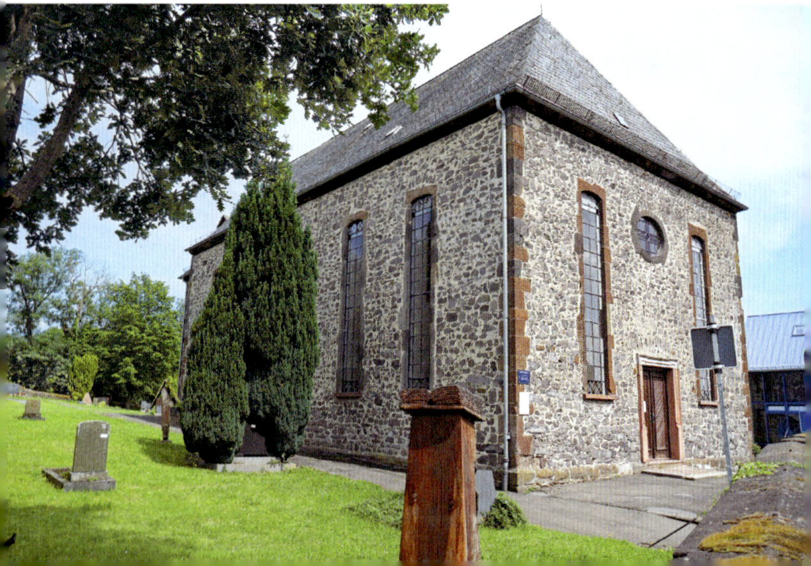

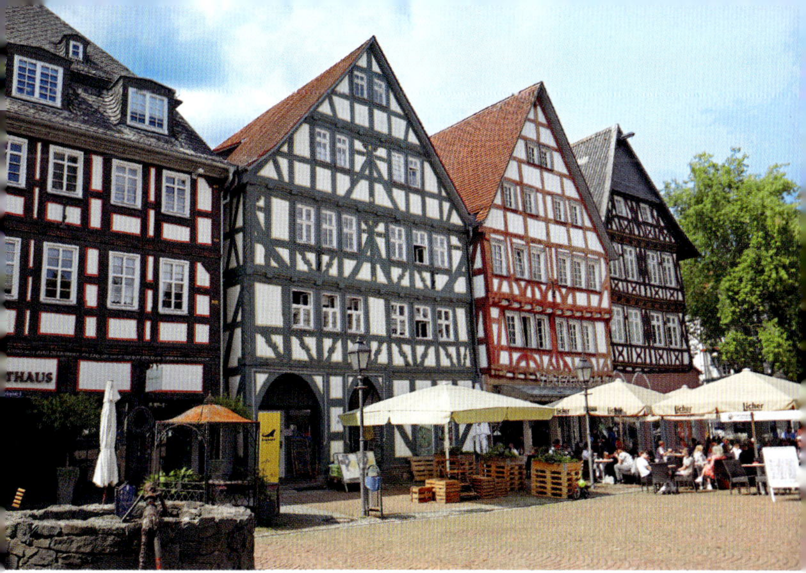

Der Marktplatz von Grünberg.

liegen die Alte Schmiede und daneben das Haus der Zünfte. Wenige Meter danach biegen wir nach rechts in die Straße Brückelchen, die zur neugotischen Stadtkirche leitet. Von dort sind es nur wenige Schritte zum **Marktplatz von Grünberg** ❽. Der Weg führt weiter durch die Marktgasse, die an der schmaleren Seite des Platzes beginnt. In der Baulücke an der Ecke Marktplatz/Marktgasse stand bis zu seinem Abriss 1891 das sogenannte Lutherhaus. Nach 100 m biegen wir nach rechts in die Rosengasse. Das erste Gebäude links ist das ehemalige Antoniterkloster, der darauffolgende Universitätsbau ist Oberhessens höchster Fachwerkbau.

Kaum 100 m danach biegen wir unmittelbar hinter einer Tiefgarage nach links, folgen einem Weg abwärts und dann unter der Alsfelder Straße durch. Nach der Unterführung gehen wir in der Straße Am Rondell nach links und dann in der zweiten Straße, dem Lehnheimer Weg, nach rechts. Der Bahnhof liegt in Steinwurfweite. Vorbei an der Bahnunterführung wandern wir zum städtischen Bauhof und um ihn herum. Der Weg leitet ½ Std. durch die Flur, dann überqueren wir die Bahnlinie und treffen nach 300 m in **Lehnheim** ❾ auf die durch den Ort führende Landstraße. Wir biegen nach links und bei der ersten Gelegenheit nach 60 m nach rechts in die Oppersgasse. Der Weg führt ½ Std. immer geradeaus, zuerst durch Felder, dann im Wald. Knapp 5 Min. jenseits des Waldes biegen wir nach rechts und dann nach links. Wir wandern 10 Min. geradeaus zur Bahnhofsstraße und sehen rechts vor uns den **Bahnhof Mücke** ❿ in Merlau.

14 Mücke – Groß-Felda

5.45 h	21,9 km
↗ 360 m	↘ 320 m

Im Vogelsberg

Diese Etappe beginnt am geografischen Mittelpunkt Hessens in Mücke-Flensungen und leitet durch den dünn besiedelten Vogelsberg. In mäßigem Aufstieg führt sie über den Grauen Berg ins Felda-Tal. Dieser Randberg des Vogelsberges, einer der höchsten Punkte zwischen Worms und dem Thüringer Wald, bietet einen weiten Rundblick über die parkähnliche Landschaft. Fachwerkkirchen in den Dörfern setzen besondere Akzente.

Ausgangspunkt: Mücke-Flensungen (270 m, 1.900 EW), Bahnhof.
Endpunkt: Feldatal–Groß-Felda (310 m, 900 EW), Landhotel Zur Oase.
Anforderungen: Leicht, Weg durch Wiesen und Felder in dünnbesiedelter Gegend. Da der Lutherweg an Groß-Felda vorbei leitet, muss man ihn verlassen, um zum Endpunkt der Etappe zu gelangen.
Einkauf: Mücke-Flensungen, Ober-Ohmen, Feldatal–Groß-Felda.
Einkehr: **Feldatal-Ermenrod:** Froschkönig's Bauernstube, Tel. +49 6637 9184 064, www.froschkoenigs-bauernstube.de, Mi. bis So. 11.30–14 Uhr und ab 17 Uhr; **Feldatal–Groß-Felda:** Landhotel Zur Oase (s. Unterkunft); Feldaer Hof (s. Unterkunft), Mi. bis So. ab 17 Uhr, Fr. bis So. auch 12–14 Uhr.
Unterkunft: **Feldatal–Groß-Felda:** Landhotel Zur Oase, Tel. +49 6637 460, www.landhotel-zuroase.de, keine Kartenzahlung; Feldaer Hof, Tel. +49 6637 4869 969, Mo. u. Di. Ruhetag.
Verkehrsmittel: Regionalbahnhof in Mücke-Flensungen, von allen anderen Orten am Lutherweg wochentags spärlicher Busverkehr und Anruf-Linien-Taxi, am Wochenende keine Verbindung.
Karte: Kompass Wanderkarte 846 Vogelsberg, Nördliche Wetterau.
Varianten: **1.** Bei der Kreuzung nach Wegpunkt 3 können wir abkürzen und im Tal der Ohm auf dem asphaltierten Sternenweg (Wegzeichen weißes Andreas-Kreuz auf schwarzem Grund) nach rechts wandern. In Ober-Ohmen 5 treffen wir dann wieder auf den Lutherweg. (1 km kürzer, 25 m An- und Abstieg weniger).
2. Um am Ende der langen Etappe einen Auf- und Abstieg zu vermeiden, wandern wir in Schellnhausen bei der Kreuzung 9 geradeaus und im Felda-Tal nach Groß-Felda 11.
Tipp: **Greifvogelwarte Feldatal**, Grünberger Str. 25, 36325 Feldatal-Ermenrod, Tel. +49 6637 9183 436, www.falknerei-online.de.

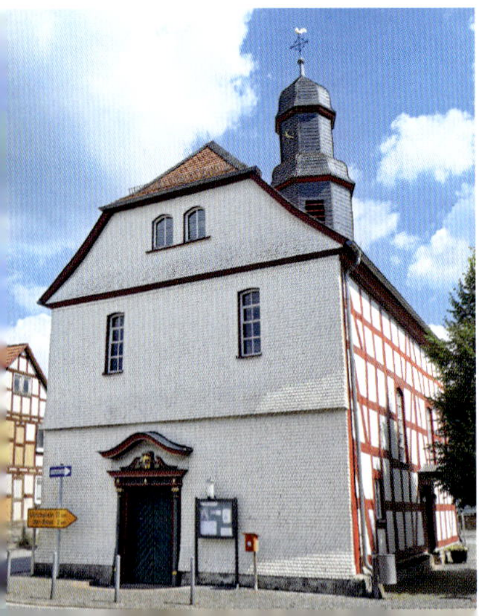

Kirche von Ruppertenrod.

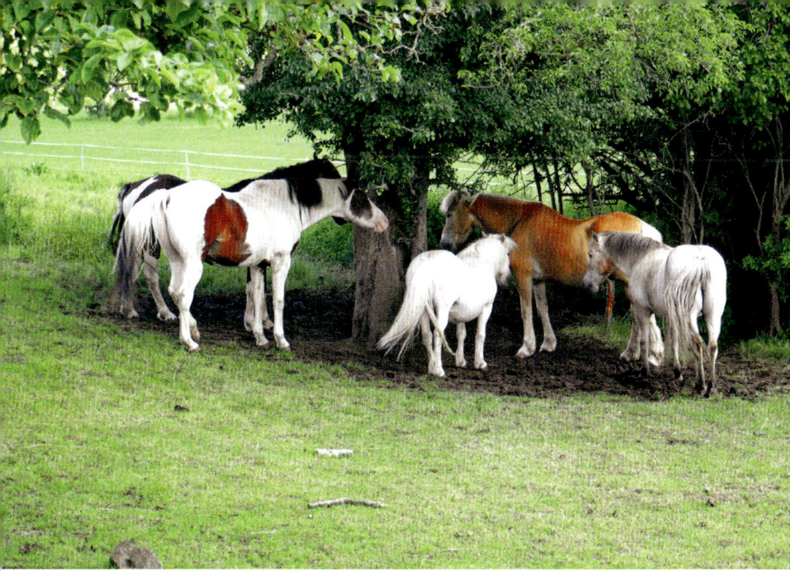

Auch die Pferde suchen auf dem Aufstieg zum Grauen Berg den Schatten.

Wir verlassen den Bahnhof in **Mücke** ① und folgen der Zufahrtsstraße Bahnhofstraße nach rechts zur Landstraße Bahnhofstraße und halten uns dort links. 5 Min. später mündet die Bahnhofstraße in die Bundesstraße, wir biegen nach links und wenige Meter nach der Tankstelle nach rechts. Der kurzen Stichstraße und dem anschließenden Weg folgen wir 10 Min. geradeaus bis zur Straße In der Au. Bis 1958 war das die Trasse der Seental-Eisenbahn nach Laubach.
Bei der Einmündung der Straße In der Au in die Bundesstraße markiert wenige Schritte rechts von uns ein Felsblock mit Plakette den **Mittelpunkt Hessens**. Der Weiterweg jedoch führt nach links und in gut ¼ Std. zum Dorf **Ilsdorf**, das erst 1939 nach 600-jähriger Teilung wiedervereinigt wurde. Der erste Teil, den wir durchwandern, gehörte den Grafen von Solms, einem sehr fruchtbaren Adelsgeschlecht, das in mehreren Linien bis 1806 in der Region herrschte. Im Ort biegen wir nach links und gehen in der Klein-Eichener Straße zum landgräflich-hessischen Teil.

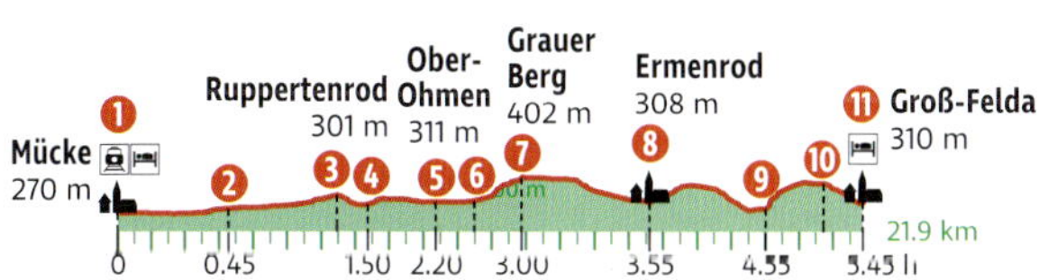

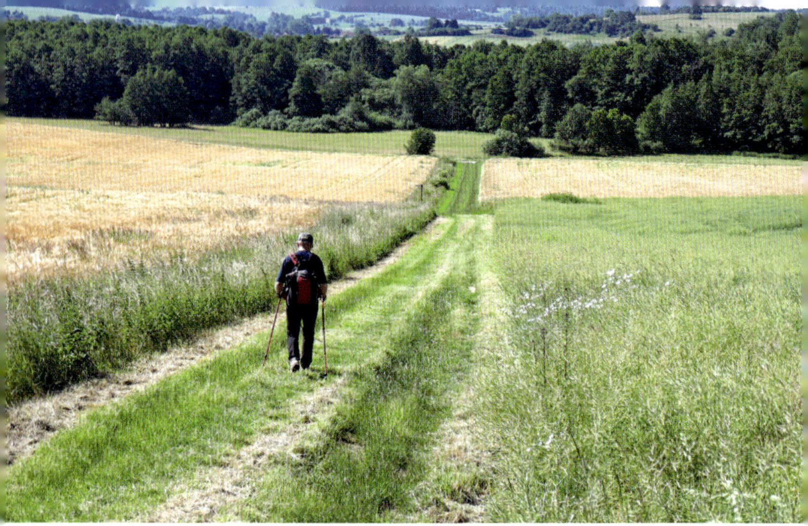

Bald lädt die Bank an einer Kreuzung zur Rast.

Nach einer Brücke über den Ilsbach folgen wir der Hadergasse, der zweiten rechts abgehenden Straße, zur nahen Landstraße L 3325, überqueren sie und gehen, etwas nach rechts versetzt, weiter geradeaus. Nach knapp 10 Min. biegen wir nach rechts in einen **Wiesenweg** ❷ und bei einer T-Kreuzung nach 5 Min. nach links in einen Asphaltweg. Wir folgen den Markierungen des Lutherwegs, der im Zick-Zack durch die fruchtbare Landschaft leitet, überqueren dann eine Straße und erreichen eine **Kreuzung mit Bank** ❸ oberhalb von Ruppertenrod. In einer S-Kurve gehen wir abwärts zum Ort und kreuzen, schon in Sichtweite der Brücke über die Ohm, einen asphaltierten Weg. Hier können wir abkürzen und im Tal der Ohm auf dem Sternenweg nach Ober-Ohmen wandern (Variante 1). Der einzige Verlust ist die meist geschlossene Kirche in Ruppertenrod.

Der Lutherweg führt an der Kreuzung geradeaus, unmittelbar vor der Brücke über die Ohm nach links und am Fluss entlang, über einen Steg und dann nach links. Direkt hinter der 1710 geweihten Fachwerkkirche in **Ruppertenrod** ❹ folgen wir der Lindengasse und dann einem Weg zwischen den Häusern zur Straße In der Ecke. Dort halten wir uns rechts und gehen, auch nach Verlassen des Dorfes, immer

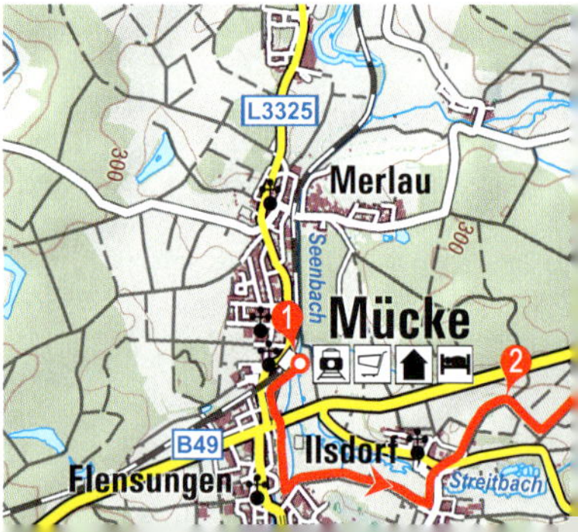

*Das Schiff der Kirche in **Ober-Ohmen** wurde Ende des 18. Jh. erneuert, nur der wuchtige spätromanische/frühgotische Chorturm mit beeindruckenden Resten gotischer Wandmalereien blieb als getrennter Glockenturm stehen.*
Im Ort selbst findet man viele renovierte Fachwerkhäuser vor. Das ist kein Zufall, sondern das Werk eines Augenarztes und eines Zimmermanns, die schon acht Häuser gekauft, saniert und zu einem günstigen Preis vermietet haben. Auch das Gasthaus am Römer (Do. u. Fr. ab 19 Uhr) nahe des Kirchturms verdankt der Ort ihrer Initiative.

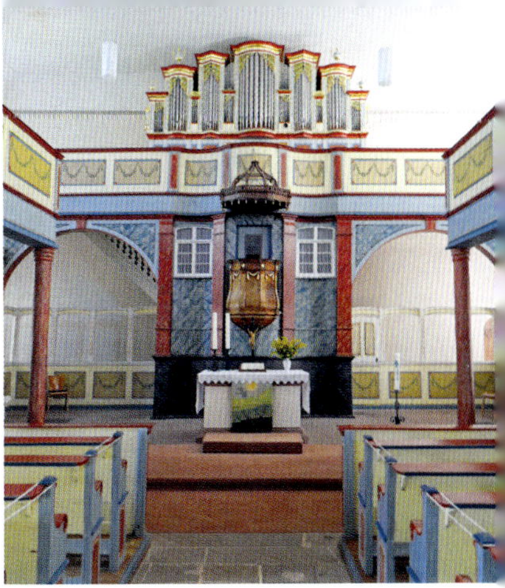

Das klassizistische Innere der Saalkirche von Ober-Ohmen.

geradeaus, bis der Weg an einem Querweg endet, der vor einem großen Basanit-Steinbruch vom Hainerberg zur Landstraße rechts von uns führt. Wir überqueren die Landstraße, machen mit dem Weg eine Linkskurve, gehen bei einer Gabelung rechts in Richtung Ober-Ohmen. Nach der Brücke über die Ohm am Ortsanfang von **Ober-Ohmen** 5 treffen wir wieder auf den Sternenweg und wandern nach links zur **Kirche**.

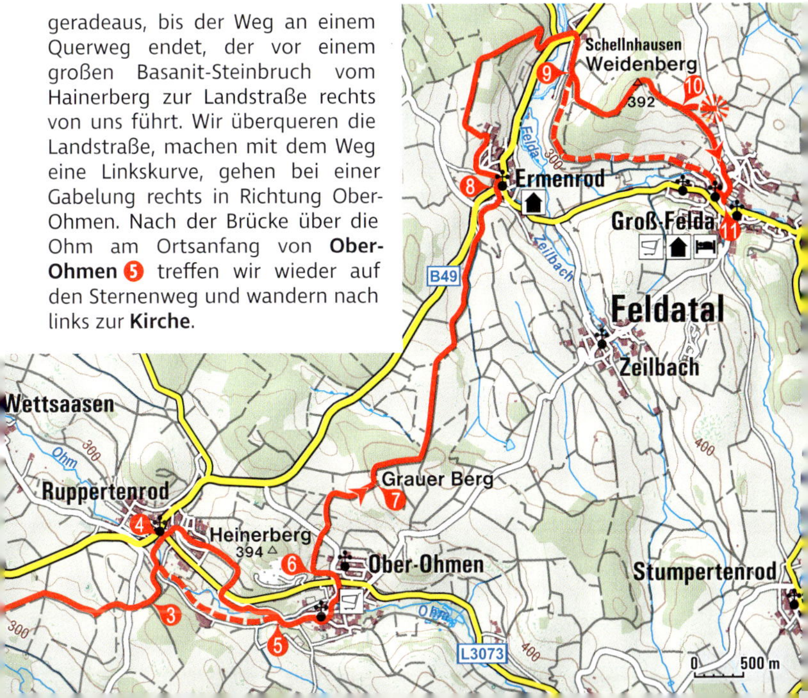

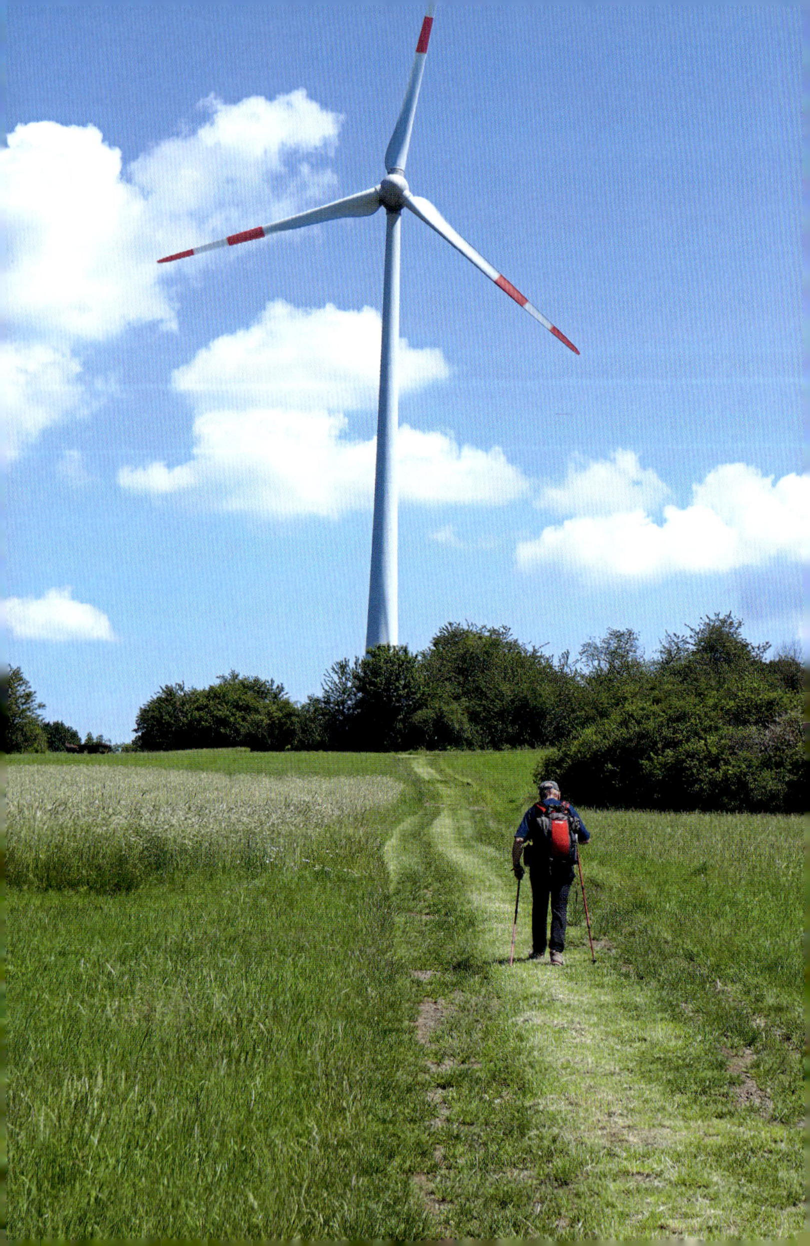

Vom Turm der Kirche gehen wir über die Friedensstraße, dann durch die Goethestraße zurück zur Ohm und bei einer Gabelung knapp 100 m nach der Brücke links. Wir überqueren die Landstraße und wandern weiter geradeaus. Nach 50 m biegen wir hinter einem Bauernhof nach links in einen Wiesenweg, der nach 200 m an einem von der Landstraße kommenden **Feldweg** 6 endet. Diesem folgen wir nach rechts aufwärts und überqueren die Kreisstraße. 5 Min. später wird der Wiesenweg zum asphaltierten Weg. Bei der folgenden T-Kreuzung halten wir uns rechts und haben dann bald die Kuppe des **Grauen Bergs** 7 erreicht.

Wir gehen weiter zum nahen Waldrand und dort nach rechts. Gut 5 Min. später biegen wir bei einer Wegkreuzung nach links und wandern dann in gut ½ Std. abwärts nach Ermenrod. Schon in Sichtweite des Dorfes führt der Lutherweg nach rechts über eine Brücke (Wegzeichen schlecht). Planen Sie, die **Greifvogelwarte Feldatal** zu besuchen oder in Froschkönig's Bauernstube einzukehren, ist es sinnvoller, nicht den Bach zu überqueren, sondern geradeaus zur Ortsdurchfahrt zu gehen. Bleiben Sie dagegen auf dem Lutherweg, wandern Sie rechts vom Bach, halten sich im Zweifelsfall links und erreichen dann an der Alsfelder Straße rechts die Martin-Luther-Fachwerkkirche im Ortszentrum von **Ermenrod** 8. Wir folgen der Straße noch ein Stück und biegen bei der ersten Gelegenheit nach links in die Straße »In der Hohl«. Sie führt aufwärts und heißt nach einer Rechtskurve Steinluckweg. Knapp 5 Min. nach der Kurve folgen wir einem ansteigenden Wiesenweg nach links. Bei einer Wegspinne biegen wir in den zweiten Weg nach rechts. Bei der folgenden T-Kreuzung halten wir uns ebenfalls rechts und steigen mit zwei Serpentinen wieder hinunter zur Bundesstraße.

Wir folgen ihr in Richtung Romrod. Hinter der Brücke über den Hammergraben biegen wir nach rechts und nach dem letzten Haus von **Schellnhausen** nach links. Bei einer **Kreuzung** 9 nach weiteren 50 m führt der Lutherweg geradeaus auf den Weidenberg. Oben angekommen verlassen wir nach wenigen Minuten bei einer **Gabelung** 10 den Lutherweg und steigen nach **Groß-Felda** 11 ab, um dort zu übernachten.

Wanderer, die nicht in Groß-Felda übernachten wollen, gehen bei der **Gabelung** 10 geradeaus bis zu einem **Aussichtspunkt** an der Kreisstraße und dort weiter mit Etappe 15.

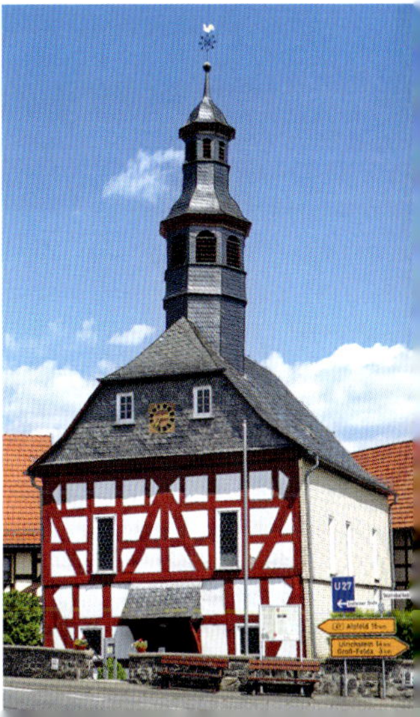

Links: Die Kuppe des Grauen Bergs liegt vor uns.

Rechts: Die Fachwerkkirche in Ermenrod.

15 Groß-Felda – Alsfeld

5.30 h	21,0 km
↗ 275 m	↘ 305 m

Die Stadt der vierhundert Fachwerkhäuser

Auf dieser waldreichen Etappe liegen nur zwei Städte, das kleine Romrod mit seinem großen Schloss und Alsfeld. Alsfeld erhielt 1975 als eine von europaweit fünf Städten die Auszeichnung »Europäische Modellstadt für Denkmalschutz«. Der mittelalterliche Stadtkern mit vielen Fachwerkhäusern, schlichten Bürgerbauten und städtischen Monumentalgebäuden an engen und winkligen Gassen, an kleinen und größeren Plätzen bestimmt das Bild Alsfelds, das zu den einprägsamsten und charaktervollsten Städten Hessens zählt. Für die Besichtigung sollte man Zeit einplanen.

Ausgangspunkt: Feldatal–Groß-Felda (310 m, 900 EW), Landhotel Zur Oase.
Endpunkt: Alsfeld (282 m, 16.100 EW), Bahnhof.
Anforderungen: Leicht, der Lutherweg führt durch Wiesen, Felder und Wälder.
Einkauf: Feldatal–Groß-Felda, Romrod, Alsfeld.
Einkehr: **Romrod:** Al Castello da Piero, Tel. +49 6636 9189 299, www.al-castello-da-piero.de, Do. bis Di. 11.30–14.30 Uhr und ab 17.30 Uhr; **Alsfeld**.
Unterkunft: **Romrod:** Gasthof Garni zur Post, Tel. +49 6636 314; Hotel Schloss Romrod, Tel. +49 6636 9181 700, www.schloss-romrod.com; **Romrod-Zell:** Landpension Garni zur Hainbuche, Tel. +49 6636 1452, www.landpension-hainbuche.de; **Alsfeld:** Pension-Gaststätte Mainzer Tor, Tel. +49 6631 2809, www.mainzertor.de, Mo. u. Di. Ruhetag; Märchenhaftes Bed and Breakfast, Tel. +49 6631 7308 322, www.bed-and-breakfast-alsfeld.de; Pension Eichelberger, Tel. +49 6631 708 572, www.pension-alsfeld.de; Hotel Klingelhöffer, Tel. +49 6631 911 840, www.hotel-klingelhoeffer.de.
Verkehrsmittel: Regionalbahnhöfe in Romrod-Zell (ca. 2,2 km vom Lutherweg) und Alsfeld, von und nach Feldatal–Groß-Felda wochentags spärlicher Busverkehr und Anruf-Linien-Taxi, am Wochenende keine Verbindung.
Karte: Kompass Wanderkarte 846 Vogelsberg, Nördliche Wetterau.

Der Dautzenröder Teich liegt in einem Naturschutzgebiet.

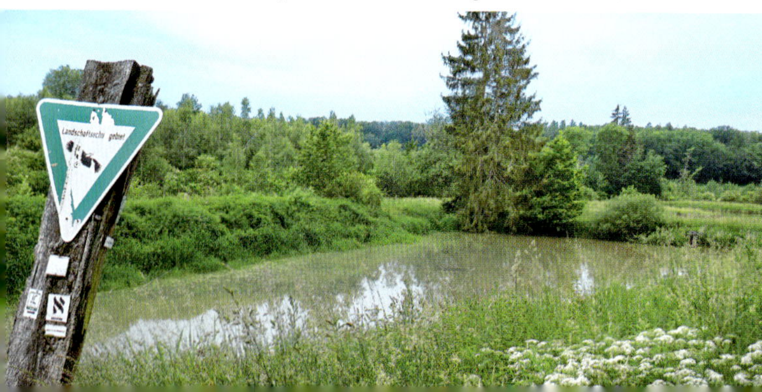

In **Groß-Felda** ❶ folgen wir der Kreisstraße Richtung Romrod zu einem großen Bauernhof links von der Straße, knapp 5 Min. nach dem Friedhof. Nach weiteren gut 100 m liegt links ein **Aussichtspunkt** ❷. Hier kreuzt der Lutherweg die Kreisstraße, wir folgen ihm nach rechts. Wir gehen geradeaus und halten uns nach knapp ¼ Std. bei einer Gabelung vor dem **Dautzenröder Teich** rechts, biegen bald nach links, wandern am Teich entlang und dann weiter geradeaus. Gut 5 Min. nach dem Ende des Teiches gehen wir an einer **Abbiegung** ❸ nach links und gleich wieder nach rechts. ½ Std. später biegen wir bei einer **T-Kreuzung** ❹ nach links und kommen dann am **Buchhölzer Teich** vorbei. Etwa 5 Min. nach seinem Ende biegen wir nach rechts und wandern dann etwa 25 Min. geradeaus bis zur Landstraße am Ortsanfang von Romrod.

Wir folgen ihr 20 m nach links und biegen dann in einen links abgehenden Weg, der an einem Teich vorbei zu einem Bach führt, den wir

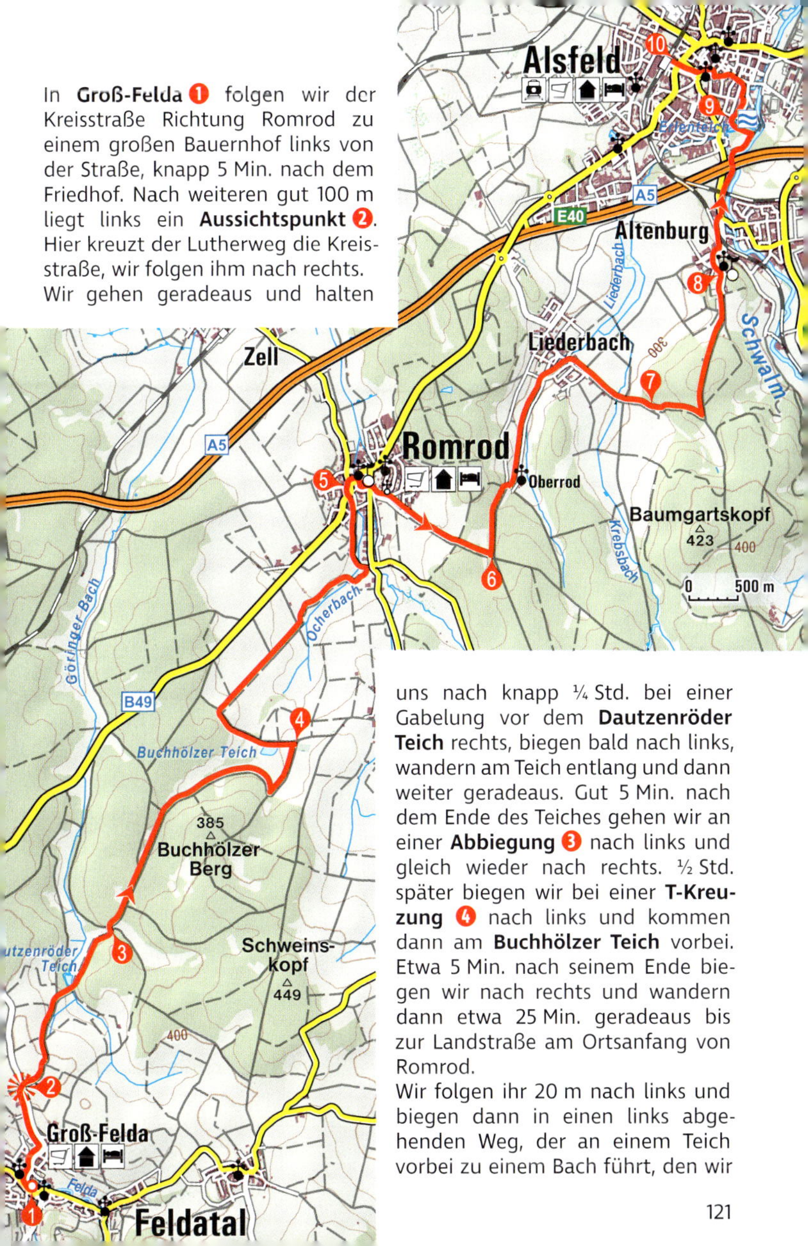

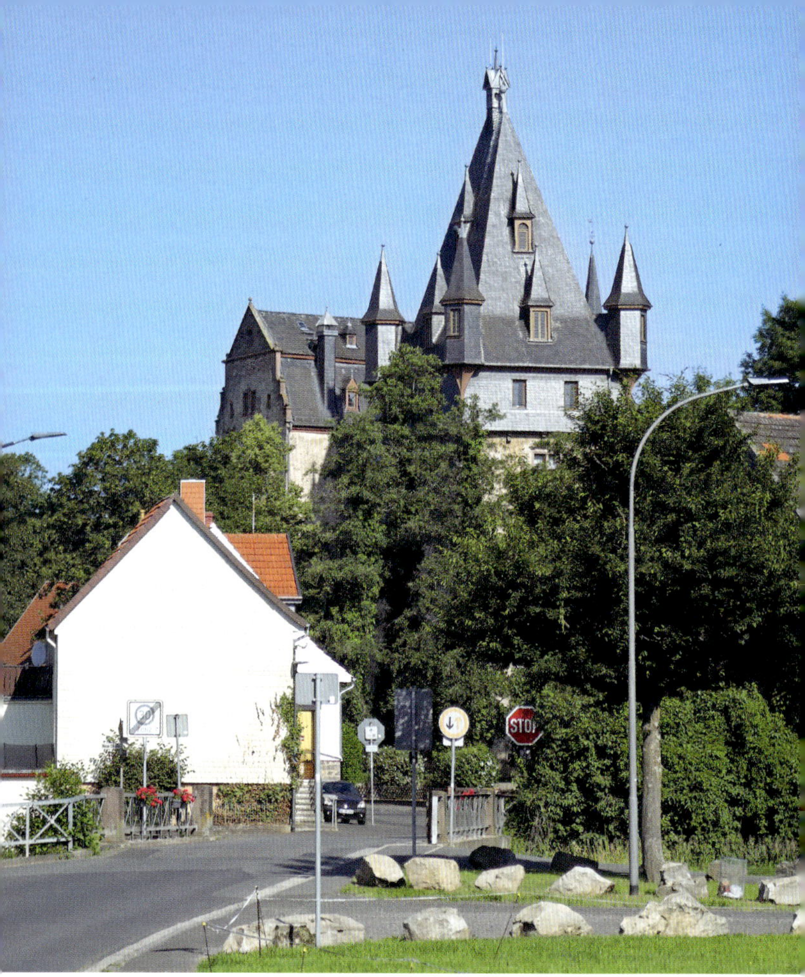

Das mächtige Schloss in Romrod überragt das Städtchen.

gut 5 Min. bis zur Bundesstraße durch Romrod begleiten. Wir verlassen die Straße gleich wieder, gehen nach rechts über einen Steg und weiter am Bach entlang zur durch den Ort führenden Bundesstraße. Am Weg liegen das Museum von **Romrod** 5 mit der Geschäftsstelle des Lutherwegvereins und daneben die ehemalige **Synagoge** von Romrod. Auf der Bundesstraße wenige Meter nach rechts gehend erreichen wir **Schloss Romrod**.

i Die jüdische Gemeinde in Romrod baute 1837 ein Bauernhaus zu einer ***Synagoge*** *mit Schulraum, Lehrerwohnung und Mikwe um. Da Anfang des 20. Jh. die Zahl der Gemeindemitglieder so stark zurückging, dass kein Gottesdienst mehr gehalten werden konnte, verkauften die letzten vier Mitglieder der Gemeinde das Gebäude an einen Landwirt, der die ehemalige Synagoge als Scheune und Lager nutzte. So entging sie der Zerstörung durch die Nationalsozialisten. Ende des 20. Jh. erwarb die Stadt das Gebäude, sanierte es und nutzt es seither für kulturelle Veranstaltungen.*
Das ***Schloss*** *entstand im 16. Jh. in der Nachfolge einer Burg aus dem 12. Jh. Seine große Zeit begann 1878, als Großherzog Ludwig IV. von Hessen-Darmstadt das Gebäude umbaute und zur Sommerresidenz seiner Familie machte. Da die hessische Fürstenfamilie mit den britischen und russischen Herrscherhäusern eng verwandt war, ging damals Europas Hochadel hier ein und aus. 1938 fiel das Schloss an den Staat, dann frönten NS-Größen hier dem Jagdvergnügen, aber in den Unterhalt des Schlosses wurde nicht mehr investiert. Nach 1945 zogen Flüchtlingsfamilien in das Gebäude ein, später diente es der katholischen Kirchengemeinde. 1970 wurde es geräumt und verfiel zusehends, bis es gegen Ende des Jahrtausends von der Deutschen Stiftung Denkmalschutz aufwendig restauriert wurde. Heute beherbergt die Anlage ein Hotel.*

Vor dem Schloss biegen wir nach rechts in die Schloßallee, gehen um das Schloss herum, überqueren die Neue Straße und wandern dann 20 Min. geradeaus. Gut 5 Min. nach Beginn des Waldes biegen wir bei einer **Kreuzung** 6 nach links und knapp 10 Min. später bei der nächsten nach rechts. Nach wenigen Meter halten wir uns links und wandern an der einsamen **Kirche Oberrod** vorbei nach **Liederbach**. Am Dorfanfang folgen wir der Raabgasse nach rechts ins Dorf bis zu einer T-Kreuzung. Dort halten wir uns rechts und verlassen auf der Merschroder Straße den Ort. Gut 100 m nach Beginn des Waldes geht es an einem **Abzweig** 7 nach links. Das verwitterte Wegzeichen ist leicht zu übersehen!
Der Weg führt nochmals 100 m am Waldrand entlang und dann in den Wald. Nach der S-Kurve am Waldrand gehen wir gut 5 Min. geradeaus, bis wir bei einer T-Kreuzung nach links biegen und ¼ Std. später die ersten Häuser von Altenburg erreichen. Wir kommen am **Schloss Altenburg** 8

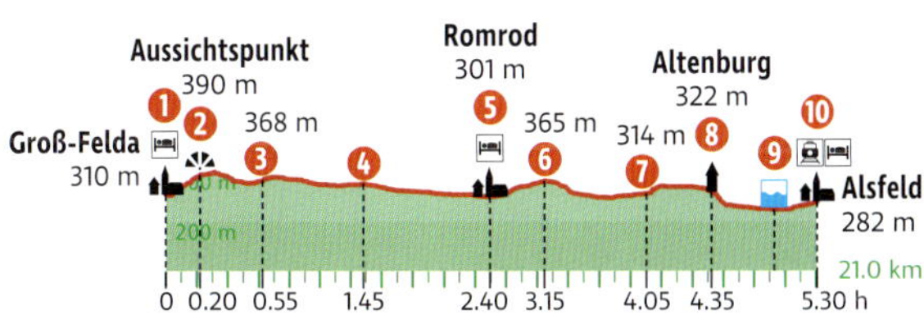

der Freiherrn Riedesel mit der Kirche vorbei, gehen dann rechts die Straße Kirchpfad abwärts und biegen kurz vor ihrem Ende nach rechts in einen schmalen Weg, der in die Straße Am Schloßberg mündet. Wir folgen ihr nach rechts und nach einer Linkskurve geradeaus, überqueren eine Bahnlinie und erreichen die Schloßbergstraße.

Auf der gegenüberliegenden Straßenseite beginnt hinter einer Bushaltestelle ein Wegabschnitt, der in einem Grünstreifen entlang des Flusses Schwalm verläuft und eine weitere Bahnlinie und dann die Autobahn unterquert. 5 Min. nach der Autobahn biegen wir nach links und hinter dem **Freibad** 9 nach rechts in die Zufahrtsstraße. Nach wenigen Minuten verlassen wir sie links auf einem schmalen Weg. Bei der T-Kreuzung an dessen Ende gehen wir rechts und bei der nächsten Möglichkeit links bis zur Stadtmauer um Alsfeld.

Wir wandern nach links an ihr entlang bis zur nächsten Fahrstraße in die Altstadt. Dieser folgen wir zur **Dreifaltigkeitskirche**, der ehemaligen Kirche des Augustinerordens. Vom 1527 aufgehobenen Kloster der Eremiten ist noch eine Mauerwand erhalten, die die Anordnung der Mönchszellen erkennen lässt. Wir gehen rechts an ihr vorbei und durch die Straße Am Lieden zum Bahnhof von **Alsfeld** 10.

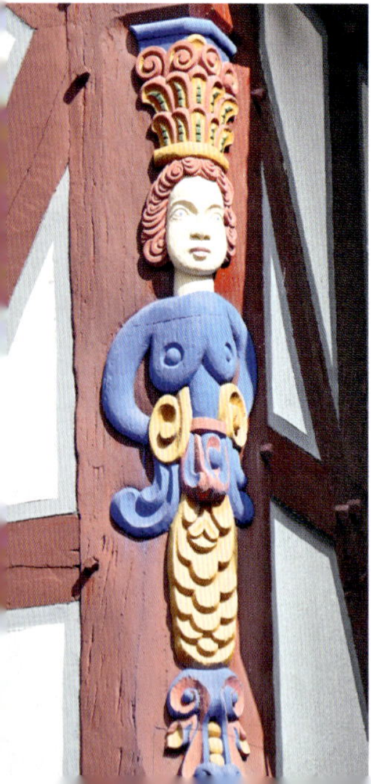

Bezaubernde Fachwerkhäuser in Alsfeld.

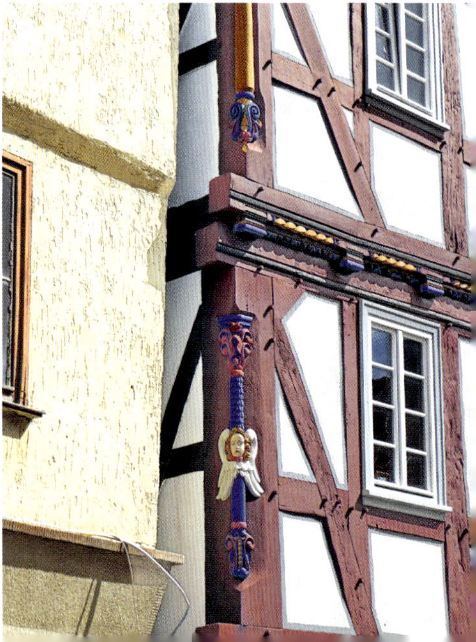

5.15 h	20,8 km
↗240 m	↘250 m

Alsfeld – Grebenau

Entlang der Gründchenbahn durchs Schlitzer Land

Gründchen wird die Wiesen- und Waldlandschaft im östlichen Vogelsbergkreis genannt, in der die Kleinstadt Grebenau liegt. Der Name ist eine Anspielung auf die Kleinteiligkeit der Landschaft. Diese Etappe folgt dem Verlauf der historischen Gründchenbahn. Der Abschnitt zwischen Alsfeld und Grebenau wurde 1915 eröffnet und 1974 stillgelegt. Immer wieder trifft man unterwegs auf Brücken und sonstige Relikte dieser Bahnlinie.

Ausgangspunkt: Alsfeld (282 m, 16.100 EW), Bahnhof.
Endpunkt: Grebenau (270 m, 2.400 EW), Bushaltestelle Kreissparkasse, Alsfelder Warte 14.
Anforderungen: Leichte, waldreiche Wanderung mit einem aussichtsreichen Kammweg am Ende.
Einkauf: Alsfeld, Grebenau.
Einkehr: **Alsfeld-Eifa:** Gasthaus Zur Hardtmühle (s. Unterkunft), Di., Mi., Fr. u. Sa. ab 15 Uhr, So. ab 10 Uhr; **Grebenau-Schwarz:** Gastwirtschaft Jöckel, Tel. +49 6646 258, www.gastwirtschaft-joeckel.de, tgl. geöffnet, Mittagstisch; **Grebenau:** Imbiss und Fleischerei Ziesche, Grebenau, Tel. +49 6646 8224, www.fleischerei-ziesche.de, Mo. bis Sa. 7–13 Uhr und Di. bis Fr. 14.30–18 Uhr.
Unterkunft: **Alsfeld-Eifa:** Pension Lippert, Tel. +49 6631 4361, https://pensionlippert.de.tl; Gasthaus Zur Hardtmühle, Tel. +49 6631 4362, www.hardtmuehle.eu, Mo. u. Do. Ruhetag; **Grebenau:** Pilgerherberge Heidrun und Hans Werner Krug, Tel. +49 6646 1345; weitere FeWo unter »Tourismus« auf der Website der Stadt Grebenau: www.grebenau.org.
Verkehrsmittel: Regionalbahnhof in Alsfeld, Buslinie X33 zwischen den Bahnhöfen in Alsfeld und Bad Hersfeld mit Halt in Grebenau.
Karte: Kompass Wanderkarte 846 Vogelsberg, Nördliche Wetterau.
Hinweis: Im Bahnhof Alsfeld gibt es keine Toiletten, dafür aber im benachbarten Baumarkt Herkules.

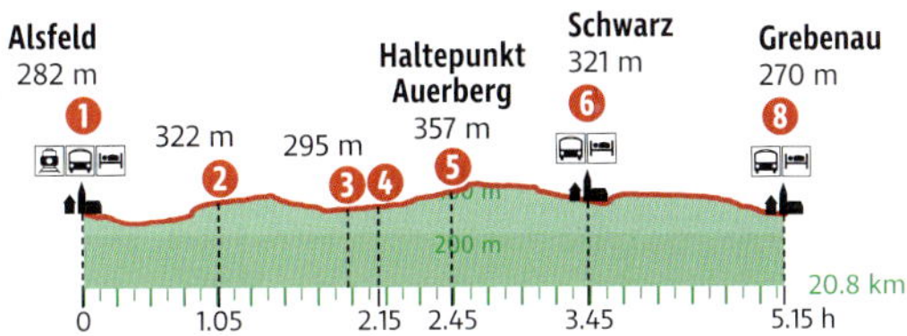

Am Bahnhof in **Alsfeld** ❶ gehen wir am Busbahnhof vorbei und folgen dann der ins Stadtzentrum führenden Straße Am Lieden bis zur ersten Kreuzung, dort biegen wir nach links und kommen nach wenigen Metern in die Altstadt. Bei einer Gabelung bei der Dreifaltigkeitskirche halten wir uns links. Die Straße mit den wunderschönen alten Häusern lädt zum Bummeln, Schauen und Fotografieren ein. Den Marktplatz überqueren wir und

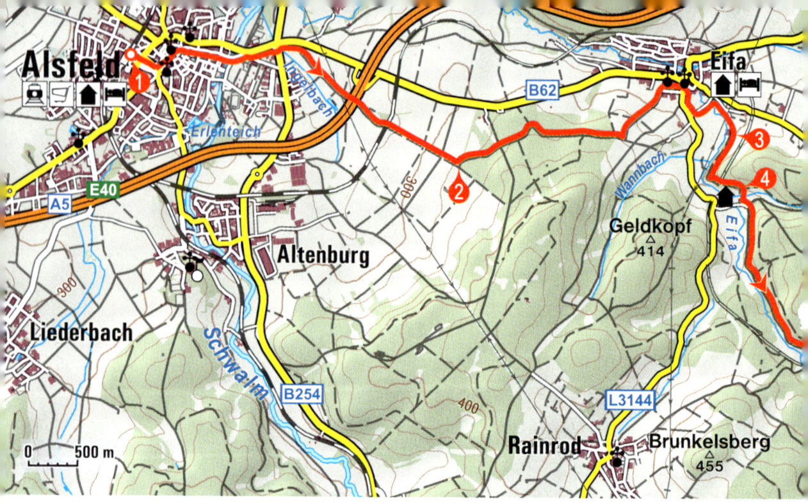

gehen links neben dem spätgotischen Rathaus mit den steinernen Arkaden in die Gasse Kirchplatz. Die Walpurgiskirche auf der anderen Gassenseite ist zugänglich und eine Besichtigung wert. Bei einer Gabelung nach 60 m wählen wir rechts die Hersfelder Straße, die uns in gut 10 Min. aus der Stadt heraus zur Bundesstraße B 62 führt.

Auf dem parallel verlaufenden Nebenweg wandern wir weiter geradeaus an einem kleinen Gewerbegebiet vorbei. An einer Ampelkreuzung überqueren wir die B 254, 100 m dahinter führt der Nebenweg über einen kleinen Bach. Hier biegen wir nach rechts in einen landwirtschaftlichen Weg, unterqueren nach gut 10 Min. die Autobahn und halten uns bei der Gabelung unmittelbar danach rechts. Der anfangs asphaltierte Weg führt immer geradeaus bald durch eine Bahnunterführung und dann auf den **Waldrand** ❷ zu. Dort gehen wir nach links und dann nach halb rechts, zuerst am Waldrand entlang, dann in den Wald. Aus dem nahen Schützenhaus kommt vielleicht der Lärm von Schüssen. Bei der ersten T-Kreuzung im Wald biegen wir nach rechts, wandern dann noch gut 10 Min. geradeaus durch den Wald und biegen etwa 125 m nach dem Waldrand nach links.

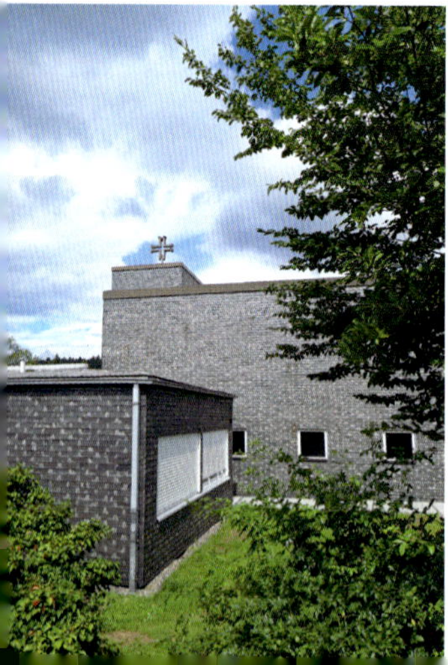

Die moderne Kirche von Eifa.

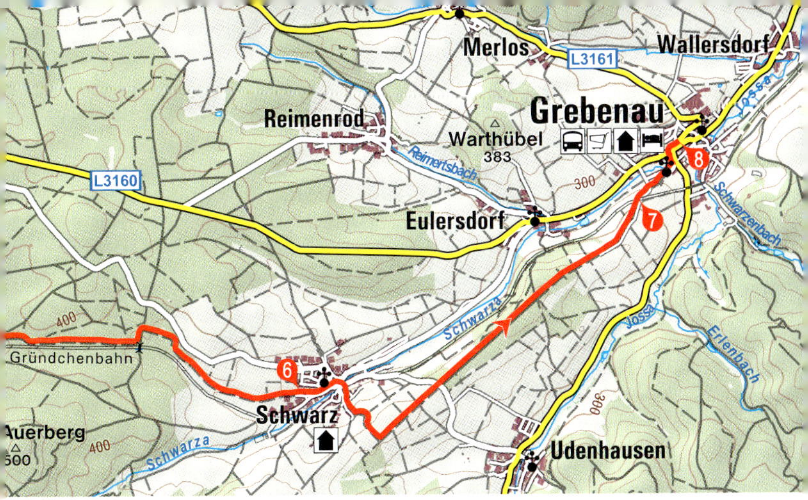

Knapp 10 Min. später folgen wir am Ortsrand von **Eifa** nach einem Haus mit blauen Dachziegeln und vor der modernen Kirche der Straße Am Kirchberg nach rechts und bei der T-Kreuzung an ihrem Ende der Rainröder Straße nach rechts. Nach einem Anstieg biegen wir vor dem letzten Bauernhof auf der rechten Seite nach links in einen asphaltieren Weg. Nach der Brücke über den Bach Eifa folgen wir bei einer T-Kreuzung unmittelbar vor der Landstraße dem Fahrweg In der Höhlebach nach rechts. Zwischen Friedhof und Bach wandern wir knapp 200 m geradeaus. Bei einer Gabelung am

Der Haltepunkt Auerberg mit der Trasse der Gründchenbahn.

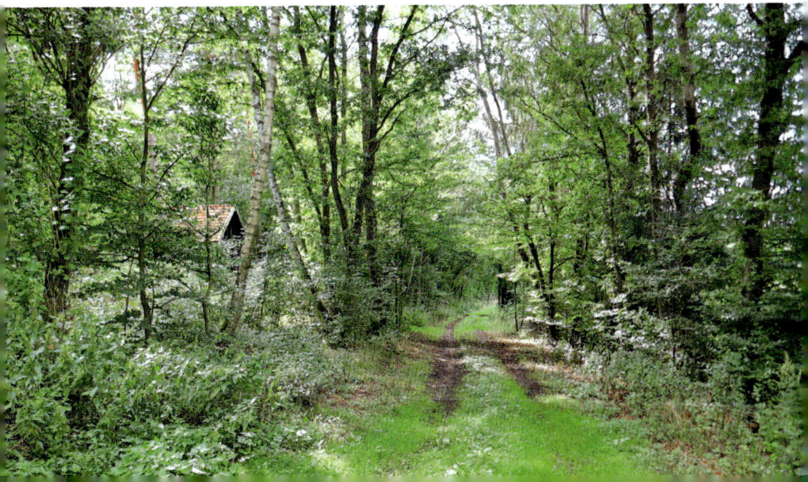

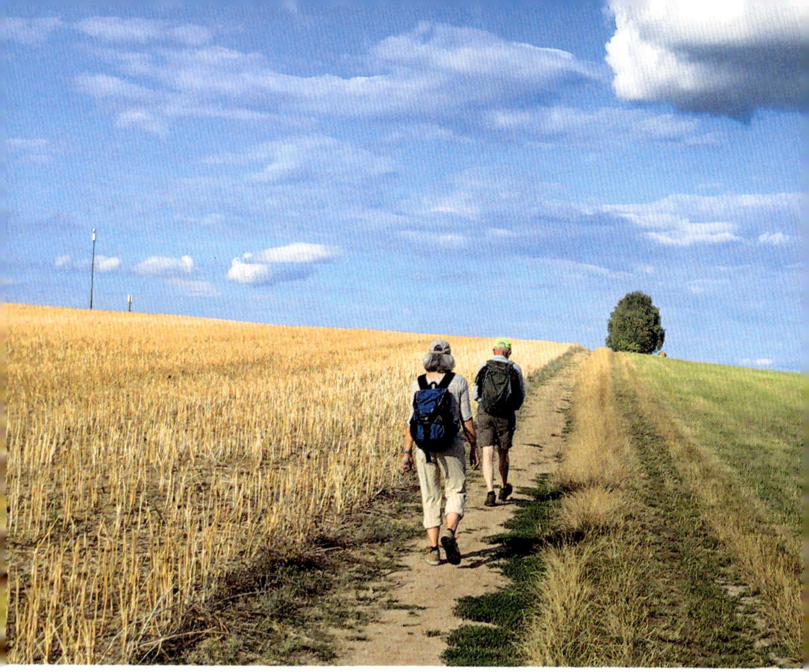

Ende des Friedhofs halten wir uns rechts. Knapp 5 Min. später biegt bei einer weiteren **Gabelung** ❸ der deutlichere Weg nach links; hier halten wir uns wiederum rechts und bleiben am Bach. Nach einer knappen Viertelstunde biegt der Lutherweg an einem **Abzweig** ❹ rechts von unserem bisherigen Pfad ab, führt abwärts, dann über die schmale Eifa und erreicht einen Fahrweg, rechts liegt 2 Min. entfernt der **Gasthof Zur Hardtmühle**. Der Lutherweg biegt an dieser T-Kreuzung nach links und nach wenigen Minuten bei einer Gabelung im Anstieg nach rechts. Wir wandern am östlichen Rand des Eifa-Tals immer geradeaus, links der steil ansteigende Waldrand des Köllenbergs, rechts eine Kastanienreihe, dahinter die Eifawiesen, gelegentlich unterbrochen von sumpfigem Erlenwald. Nach einer halben Stunde liegt rechts jenseits des Bachs ein verfallenes Holzhäuschen, der **Haltepunkt Auerberg** ❺ der ehemaligen Gründchenbahn. Bei der T-Kreuzung dort verlassen wir die Eifa und biegen nach links.
Bei einer Gabelung nach knapp 5 Min. halten wir uns rechts, nach wenigen Metern nochmals und 4 Min. später bei einer Wiese links zum dritten Mal. Gut ¼ Std. nach der letzten Gabelung erreichen wir eine T-Kreuzung, rechts davon überquert der Weg auf einer großen Bogenbrücke einen Einschnitt, in dem die Gründchenbahn verlief. Wir aber biegen hier nach links und

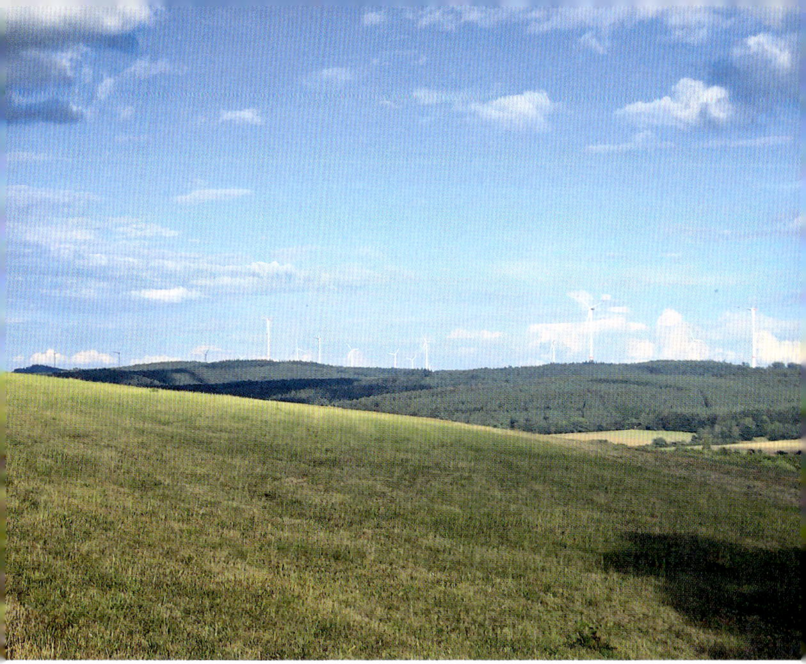

Auf dem Höhenzug Windhain verläuft der Weg kerzengerade nach Grebenau.

dann bei der ersten Gelegenheit nach rechts. Immer geradeaus gehend erreichen wir nach einer halben Stunde die ersten Häuser von **Schwarz** ❻ und nach weiteren 5 Min., vorbei an der Kirche beim Gasthaus Jöckel, die Alsfelder Straße, die durch den Ort führende Hauptstraße. Auf ihr laufen wir nur wenige Meter geradeaus, biegen bei der ersten Gelegenheit nach rechts, überqueren die Schwarza und folgen der Sängerbergstraße bergauf. Links am Straßenrand sehen wir noch eine hohe Rampe aus Natursteinen, Rest einer Brücke der Gründchenbahn.

Nach den letzten Häusern von Schwarz biegen wir in einen links abgehenden Landwirtschaftsweg, halten uns nach wenigen Minuten bei der ersten Gabelung rechts und bei der folgenden T-Kreuzung knapp 5 Min. später links. Immer geradeaus leitet uns nun die unbefestigte Alte Frankfurter Straße auf dem Kamm des Höhenzugs Windhain in etwa 1 Std. nach Grebenau. Vor dem Ort fällt der Weg, bei einer **Gabelung** ❼ halten wir uns links und wenn der Weg in die Fahrstraße mündet, nochmals. Die Lautenbacher Straße überquert die Schwarza und kreuzt dann die Alsfelder Warte, die Hauptstraße der Stadt **Grebenau** ❽. Nach rechts gehend erreichen wir die **Bushaltestelle Kreissparkasse**.

17 Grebenau – Niederaula

5.15 h | 20,4 km
↗ 290 m | ↘ 350 m

Rotkäppchen lässt grüßen

Diese Etappe streift den Teil Waldhessens, den der Tourismusverband als Rotkäppchenland vermarktet. Der schönste Teil der Wanderung sind Auf- und Abstieg zur Burg Herzberg auf dem Hirschberg in den südlichen Ausläufern des Knüllgebirges. Oben markiert ein großes Pilgerkreuz den höchsten Punkt des Lutherwegs. Ab Breitenbach am Herzberg verläuft der Weg im dicht besiedelten Jossa-Tal, oft in der Nähe des Flusses.

Ausgangspunkt: Grebenau (270 m, 2.400 EW), Bushaltestelle Kreissparkasse, Alsfelder Warte 14.
Endpunkt: Niederaula (210 m, 5.300 EW), Bushaltestelle Altstadt, Ecke Hauptstr./Straße Altstadt.
Anforderungen: Leichte Wanderung mit einem Aufstieg (ca. 200 Hm) zur Burg Herzberg. Ab Niederjossa verläuft der Weg zum Teil in Gewerbegebieten.
Einkauf: Grebenau, Breitenbach a. H., Niederaula.
Einkehr: **Burg Herzberg:** Burgschänke, Tel. +49 6675 918 880, 11–21 Uhr, Di. nur bis 15 Uhr, Mi. Ruhetag; **Breitenbach a. H.:** Imbiss und Fleischerei Ziesche, Tel. +49 6675 368, www.fleischerei-ziesche.de, Mo. u. Sa. 6.30–13 Uhr, Di. bis Fr. 6.30–18 Uhr; Theater-Treff, Di. bis So. ab 17 Uhr, So. auch 11–14 Uhr; **Niederaula:** Hotel und Restaurant Zur Aulabrücke (s. Unterkunft); Restaurant Zum Alten Forsthaus, Tel. +49 6625 1717, www.forsthaus-niederaula.de, Di. bis So. 11–14 Uhr und ab 17.30 Uhr.
Unterkunft: **Niederaula-Niederjossa:** Gasthaus Zum Schwan, Tel. +49 6625 460, www.zum-schwan-niederjossa.de, Di. Ruhetag; **Niederaula:** Hotel und Restaurant Zur Aulabrücke, Tel. +49 6625 344 490, www.zuraulabrücke.de.
Verkehrsmittel: Buslinie X33 zwischen den Bahnhöfen in Alsfeld und Bad Hersfeld mit Halt in Grebenau, Breitenbach a. H. und Niederaula.
Karte: Kompass Wanderkarte 460 Rhön.

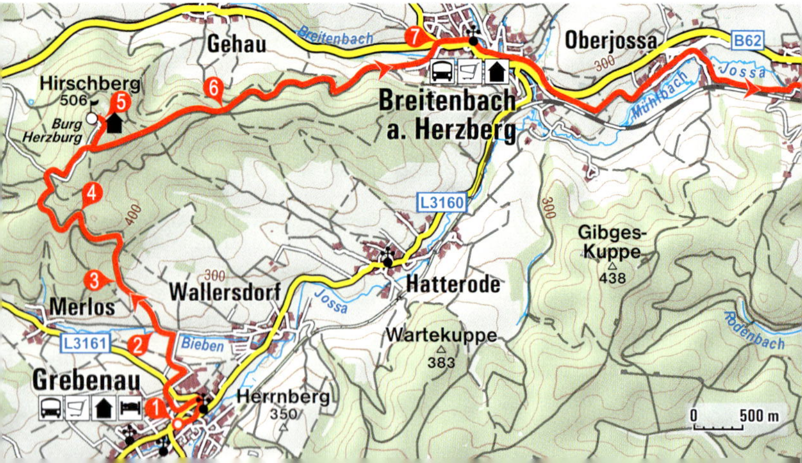

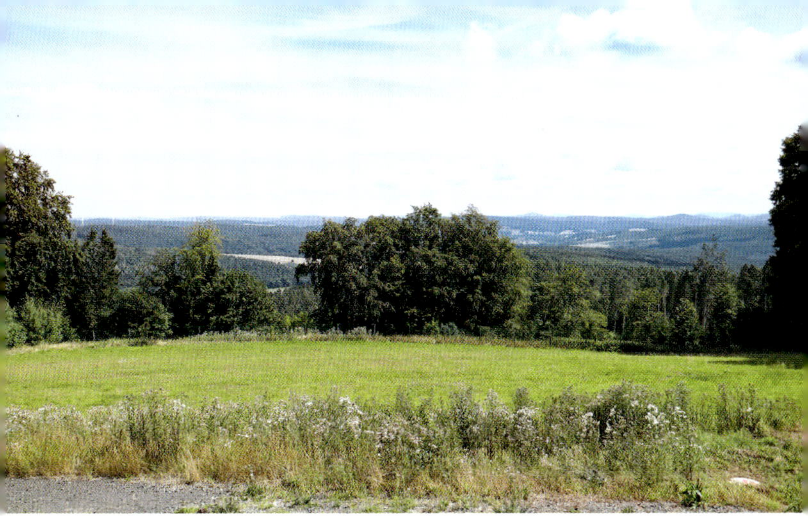

Von der Burg Herzberg reicht der Blick bis ins Felda-Tal.

Von der Bushaltestelle in **Grebenau** ❶ laufen wir 200 m entlang der Hauptstraße Alsfelder Warte Richtung Bad Hersfeld und biegen dann nach links in die Pfarrgasse, die an der Kirche vorbeiführt. Die ansteigende Straße macht eine große Linkskurve und mündet vor der Halle einer Metallbaufirma in die Straße Am Berg. Ihr folgen wir 80 m nach links und biegen dann vor dem Friedhof nach rechts in einen an der Stirnseite des Gewerbebetriebs entlangführenden Weg. Bei einer T-Kreuzung halten wir uns rechts, überqueren die Straße Am Berg und gehen weiter geradeaus bis zur Einfahrt der Pulverbeschichtungsfirma PBS. Hier wenden wir uns scharf nach links und laufen abwärts ins Tal. Bei der zwei Silos des nahen Schweinemastbetriebs wandern wir nach rechts (von hier bis zur Burg Herzfeld ist der Lutherweg mit dem Brüder-Grimm-Weg/Hessen-Weg 11 identisch), überqueren den Bach Bieben und gehen nach wenigen Metern bei einer Kreuzung nach links.

Beim nächsten **Abzweig** ❷ biegen wir nach rechts, wandern in einer leichten Linkskurve auf den Waldrand zu und bei der **Kreuzung** ❸ dort nach halb rechts in den Nadelwald hinein. Auf dem weichen Waldboden beginnen wir den Anstieg zur Burg Herzberg. Nach 10 Min. überqueren wir einen breiten Forstweg, gehen halb links und halten uns knapp 5 Min. später bei der nächsten Kreuzung links. Nach weiteren 10 Min. folgen wir bei einer **T-Kreuzung** ❹ einem breiten Forstweg nach links. Er schlängelt sich bergan durch den Wald, im Zweifelsfall halten wir uns rechts, kommen ¼ Std. später zu einer gelb-roten Schranke und wandern auf der asphaltierten Fahrstraße dahinter nach rechts.

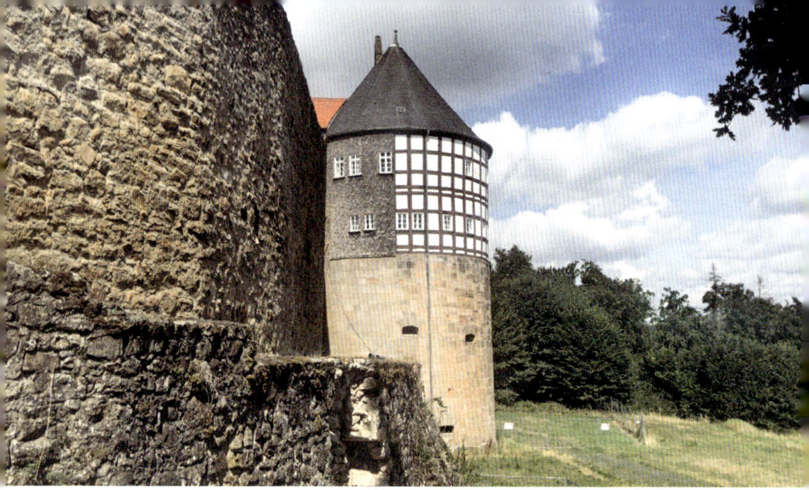

Das Freiluft-Hippie-Festival auf der Burg Herzberg gilt als das größte Europas.

Nach einer weiteren Viertelstunde erreichen wir die **Burg Herzberg** 5, den höchsten Punkt des Lutherwegs. Auf einer Wiese davor steht ein großes Pilgerkreuz (siehe S. 19).

i *Die 1298 vollendete **Burg Herzberg** steht auf einem Vulkanschlot des Vogelsbergs und ist die größte Höhenburg Hessens. Sie wurde manches Mal belagert, aber nie erobert. 1463 erhielt der hessische Landhofmeister Hans von Dörnberg die Burg als Lehen, seither ist sie im Besitz dieser Familie. Die Dörnbergs müssen recht erfolgreich gewirtschaftet haben, denn als der Kaiser in Geldnöte geriet, waren sie Mitglied eines Kreditkonsortiums, das ihm ein Darlehen gewährte. Der burgundische Reichsschatz, der heute in der Schatzkammer in der Wiener Hofburg ausgestellt ist, wurde jahrzehntelang in der Burg Herzberg gehütet. Weil die Burg später keinen militärischen Wert mehr hatte, wurde die hessische Garnison 1786 abgezogen und die Anlage verfiel. Im 20. Jh. begannen bis heute andauernde Instandsetzungs- und Sanierungsarbeiten der teilweise als Ruine verbliebenen Anlage. Überregional bekannt ist die Burg Herzberg durch ein alljährlich dort stattfindendes Musik- und Literaturfestival.*

Wir gehen auf der Zufahrtsstraße zurück, biegen 150 m nach dem Pilgerkreuz nach links ab und folgen dem breiten Forstweg auf weichem Waldboden 20 Min. stetig absteigend zu einer **Wegspinne** 6, wandern dort nach halb links und 25 Min. weiter geradeaus bergab bis zu einer gelb-roten Schranke, eine ideale Meditationsstrecke für Pilger. Vorbei an einer Schreinerei für Menschen mit Behinderungen erreichen wir knapp 20 Min. später in **Breitenbach am Herzberg** 7 die Hauptstraße, der wir eine Viertelstunde nach rechts durch den Ort folgen. Kurz vor dem Ortsende biegen wir vor der Burg-Apotheke nach rechts in den Rosenweg. Bei einer Kreuzung (rechts Brücke über Bahnlinie) wandern wir auf einem unbefestigten Weg geradeaus an einem großen Solarfeld vorbei. Danach biegt der Weg nach links und 5 Min. später bei einem Schuppen nach rechts. Hier lädt eine Bank zur Rast ein. Wir erreichen den von der Jossa abgeleiteten Mühlbach und wandern in der Talstraße an ihm entlang nach **Oberjossa**. Fast am anderen Ortsrand halten wir uns bei einer T-Kreuzung rechts, überqueren den hier unterirdisch verlaufen Mühlbach und kurz darauf die Jossa. Wir gehen geradeaus auf die Bahnlinie zu, biegen aber noch vor ihr, ca. 150 m nach der Jossa-Brücke, nach links und wandern an der Trasse entlang, bis wir auf einen Fahrweg treffen, der sie überquert. Ihm folgen wir nach links über die Jossa hinweg und wandern dann rechts an ihr entlang. Bei der nächsten Brücke über die Jossa ist der Ortsrand von **Niederjossa** 8 erreicht. Der Lutherweg leitet hier nach links in den Ort und dort an der verkehrsreichen Hauptstraße entlang. Der einzige Grund dürfte die verschlossene Kirche des Ortes sein, die aber auch aus der Ferne schön aussieht. Bleiben Sie besser am Fluss und gehen Sie weiter geradeaus.

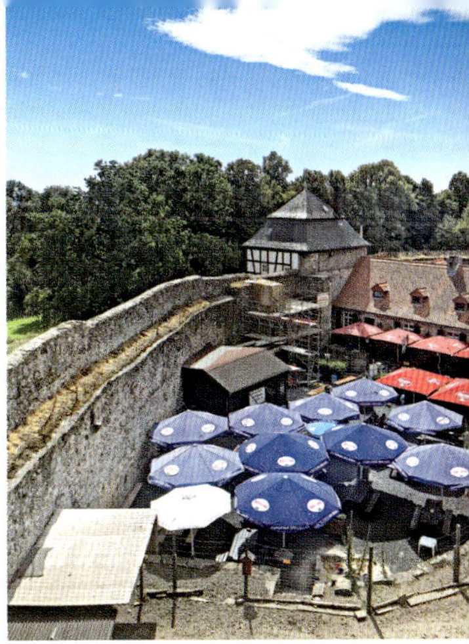

Die Burgschänke.

Bei der folgenden Brücke halten Sie sich links und gleich darauf rechts. Der Weg mündet bei der Spedition Marschall in Landstraße L 3140. Der nächste Abschnitt ist unschön, man wird aber bei einem Blick auf eine Karte zugeben müssen, dass zwei Flüsse, zwei Bahnlinien, zwei Bundesstraßen und eine Autobahn keine andere Wegführung zulassen. Wir laufen am Rand der Landstraße 150 m nach rechts, unterqueren die Bahnlinie und biegen nach

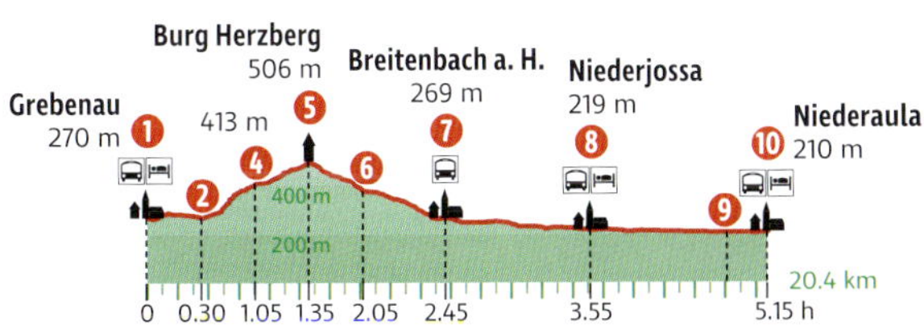

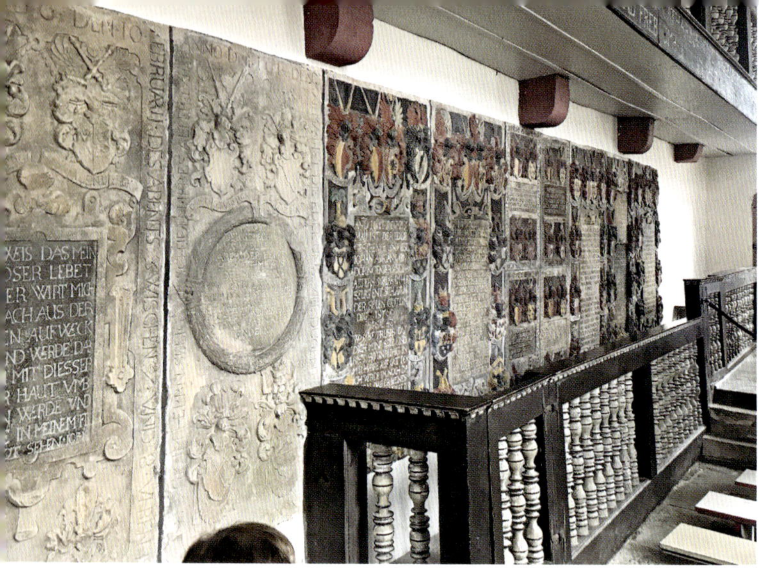

Die romanische Burgkapelle gehört zum ältesten Teil der Burg Herzberg.

wenigen Metern zwischen zwei Lagerplätzen nach links. Die Straße führt entlang der Bahnlinie unter der A 7 durch und ist ab da für den Autoverkehr gesperrt. Der Lutherweg biegt nach dem Hartmann Fleet Center, ca. 100 m nach dem hohen Viadukt der ICE-Strecke, im Gewerbegebiet von Niederaula nach rechts (Wegzeichen ungünstig angebracht) und dann nach links. Der Lutherweg leitet am Rand des Gewerbegebiets entlang, kreuzt nach der letzten Halle einen Querweg und biegt dann bei einer **Gabelung 9** nach rechts. Der Wiesenweg geht in Asphalt über und mündet dann in eine Fahrstraße, die uns links über die Bahnlinie und die Aula bringt, bevor wir nach wenigen Minuten vor einem größeren Parkplatz die Bahnhofstraße nach rechts verlassen und durch die Quer-, später Ritterstraße zur Hauptstraße von **Niederaula 10** gehen. Die **Bushaltestelle Altstadt** liegt 170 m weiter rechts.

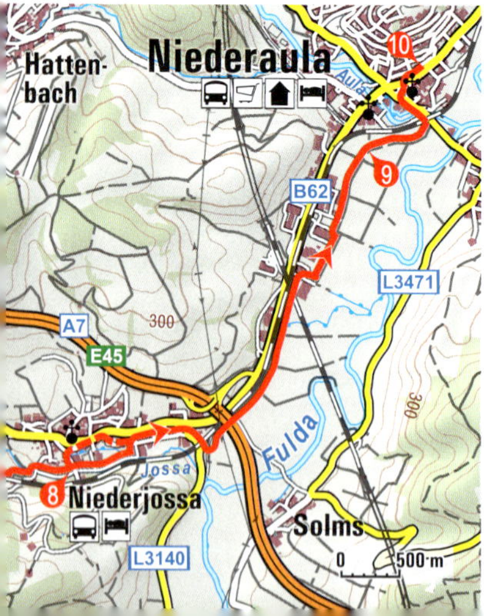

4.15 h	16,2 km
↗ 215 m	↘ 220 m

Niederaula – Bad Hersfeld

Im Knüllgebirge zum »Salzburg des Nordens«

Von Niederaula führt der Lutherweg in die Wälder und auf die Ausläufer des Knüllgebirges mit schönem Blick in die Täler von Fulda, Jossa und Aula. Von den Höhen geht es in mäßigem Abstieg hinunter ins Fulda-Tal und dann am Fluss entlang und durch die Felder des hessischen Staatsgutes im Schloss Eichhof in die Festspielstadt Bad Hersfeld. In dem Schloss traf Luther den Abt des Hersfelder Klosters.

Ausgangspunkt: Niederaula (210 m, 5.300 EW), Bushaltestelle Altstadt, Ecke Hauptstr./Straße Altstadt.
Endpunkt: Bad Hersfeld (205 m, 30.000 EW), Bahnhof.
Anforderungen: Anfangs leichter Anstieg im Wald auf den Hungerberg, dann auf einem Kamm im Knüllgebirge und Abstieg nach Beiershausen. Vor dort entlang der Fulda nach Bad Hersfeld.
Einkauf: Niederaula, Asbach, Bad Hersfeld.
Einkehr: **Bad Hersfeld-Asbach:** eventuell Imbiss-Stand am Weg; **Bad Hersfeld**.
Unterkunft: **Bad Hersfeld-Asbach:** Gasthof Herzog, Tel. +49 6621 15691, www.landgasthof-herzog.de, Mo. u. Do. Ruhetag; **Bad Hersfeld:** Hotel am Kurpark, Tel. +49 6621 1640, www.hotelamkurpark.net; Hotel sleep&go, Tel. +49 6621 918 140, www.sleep-and-go.de; B&F Hotel am Neumarkt, Tel. +49 6621 7092 930, www.bfhotel-hersfeld.de; Jugendherberge Bad Hersfeld, Tel. +49 6621 407 750; www.bad-hersfeld.jugendherberge.de.
Verkehrsmittel: Buslinie X33 zwischen den Bahnhöfen in Alsfeld und Bad Hersfeld sowie Buslinie 380 mit Halt in Niederaula, Beiershausen, Asbach und Eichmühle.
Karten: Topographische Karten (TK25) Hessen 5123 (Niederaula) und 5124 (Bad Hersfeld).

Nach dem Bahnübergang in Asbach verläuft der Weg an der Bahnlinie.

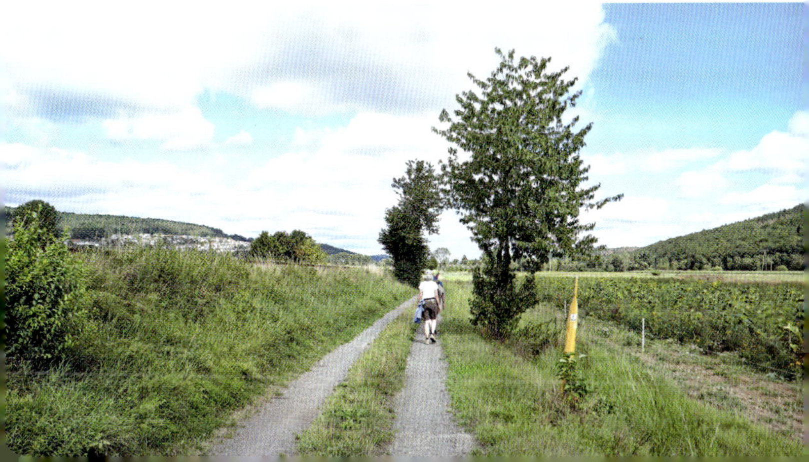

Von der Bushaltestelle Altstadt in **Niederaula** ❶ wandern wir in der Hauptstraße nach Westen, Richtung Alsfeld. Gegenüber einer Spielhalle leitet ein breiter Fußgängerweg zwischen den Häusern aufwärts. Bei der T-Kreuzung an seinem Ende halten wir uns rechts, gleich darauf links und bei der T-Kreuzung kurz darauf nochmals. Wir folgen der Straße Am Hungerberg aufwärts, bis wir nach wenigen Minuten bei einer Kreuzung vor einem Wasserhochbehälter nach links biegen. Bei der nächsten Kreuzung gehen wir in

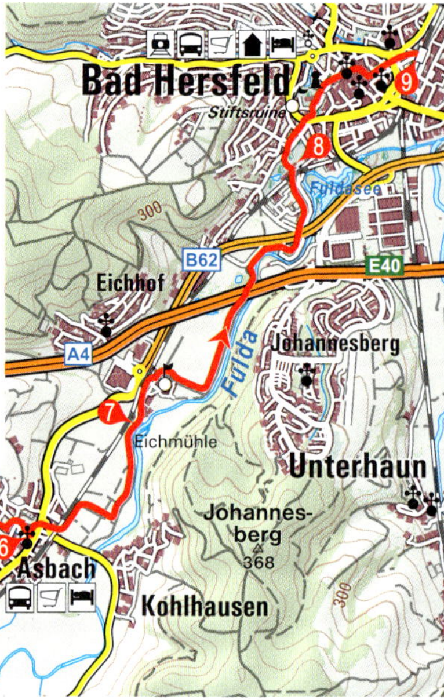

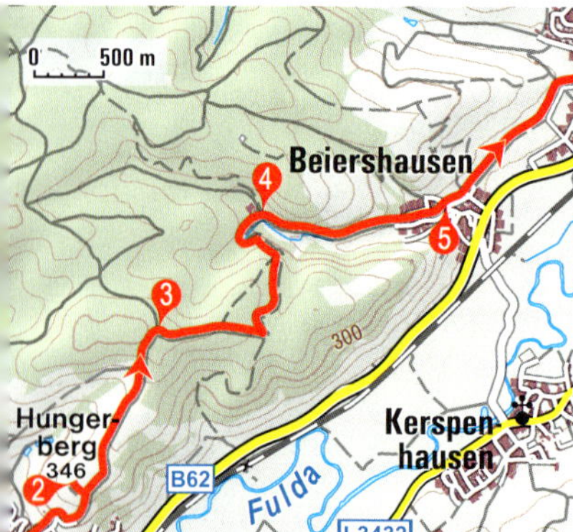

der ansteigenden Bergstraße nach rechts und bei der T-Kreuzung an ihrem Ende nochmals. Der Asphaltweg führt oberhalb des Ortes über dem Fulda-Tal nach Osten.

Knapp 5 Min. nach dem Wasserwerk Niederaula leitet bei der Ernst-Eiche, die an einen im Ersten Weltkrieg gefallenen Soldaten erinnert, ein kurzer Abstecher zum 3-Täler-Blick (Fulda, Aula, Jossa) mit Bank auf dem **Hungerberg** ❷. Zurück auf dem Hauptweg gehen wir 20 Min. geradeaus, halten uns dann bei einem **Wegdreieck** ❸ rechts und bei einer Wegkreuzung gut 10 Min später links. Der breite, fallende Weg schlängelt sich durch Wald und stößt nach einer Viertelstunde bei einem Haus links auf einen **Fahrweg** ❹.

Diesem folgen wir nach rechts und erreichen bald die ersten Häuser einer Ortschaft. Bei einer Wegspinne nahe einem schön renovierten Fachwerk-Bauernhof in **Beiershausen** ❺ gehen wir zuerst nach links und gleich darauf

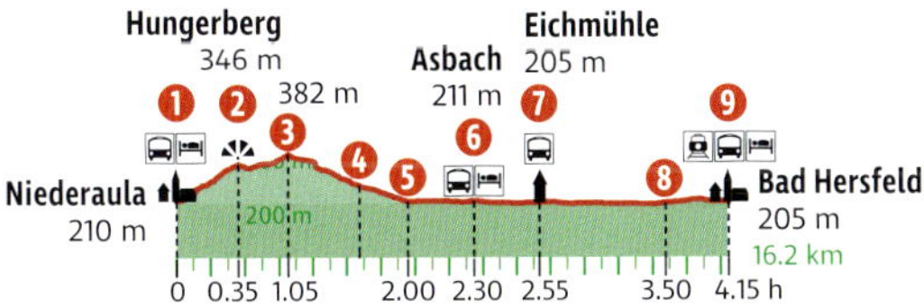

nach rechts. Die Schützenstraße leitet am Fußballplatz vorbei, geradeaus über eine Kreuzung und dann durch Felder und Wiesen. Bei der nächsten Kreuzung wandern wir geradeaus und dann abwärts nach Asbach. Bei der T-Kreuzung im Ort halten wir uns links, folgen zunächst der Schulstraße und dann rechts der Mühlestraße zur durch **Asbach** 6 verlaufenden Bundesstraße. Dort befindet sich eventuell ein Imbissstand.
An der Bundesstraße gehen wir nach links und zweigen bald auf die rechts abgehende Köhlergasse ab. Unmittelbar nach dem Bahnübergang biegen wir nach links (Wegzeichen schlecht) und wandern an der Bahnlinie entlang, bis wir dem zweiten rechts abgehenden Weg folgen. Bei einer T-Kreuzung kurz vor der Fulda biegen wir nach links und wandern dann gut 10 Min. geradeaus zur **Eichmühle** 7 kurz vor dem **Schloss Eichhof**.

i *Die im 17. Jh. als Mahl- und Schlagmühle (Öl) gebaute* ***Eichmühle*** *ist ein Musterbeispiel für Wandel und Anpassung. 1880 wurde in den Gebäuden eine Bäckerei eingerichtet und 1906 zusätzlich eine Schneidemühle (Holz). 1915 wurden die Anlagen stillgelegt und eine Stacheldrahtproduktion eröffnet. 1924 wurde die Mühle an die heutige Besitzerfamilie verkauft, die darin Pappen aus Holzschliff (zerfasertem Holz) herstellte. Um 1970 wurde die Produktion eingestellt und die Wasserkraftanlage umgebaut, um elektrischen Strom zu erzeugen. Heute produzieren die drei Turbinen jährlich ca. 1 Mio. kWh, das entspricht etwa dem Jahresbedarf von 250 Vier-Personen-Haushalten. In den letzten Jahren wurde zusätzlich eine große Photovoltaikanlage installiert, die weitere 20 Vier-Personen-Haushalte versorgen kann. Das Wohngebäude wurde saniert und in Wohnungen umgewandelt.*
Das benachbarte ***Schloss Eichhof*** *(Bild siehe S. 27) war ursprünglich eine Wasserburg, die von den Äbten des Klosters Hersfeld als Trutzfeste gegen die Stadt errichtet wurde. Hier wurde Luther von Abt Crato auf der Rückreise von Worms empfangen, noch heute gibt es im Schloss ein Lutherzimmer. 60 Jahre später ließ es der drittletzte Abt zum Jagdschloss umbauen. Heute befindet sich im Schloss eine hessische Bildungs- und Beratungseinrichtung für Landwirtschaft und Gartenbau. Ein großes Gewicht liegt auf der Entwicklung von Zukunftskonzepten, wie sich anhand der vielen Informationstafeln an den Feldern feststellen lässt.*

Bei einer T-Kreuzung direkt an der Bahnlinie gehen wir nach rechts zum Schloss Eichhof, im Uhrzeigersinn halb darum herum und wieder zur Fulda, an der wir auf einem Betonplattenweg links entlangwandern. Der Weg führt zuerst unter der Autobahn und dann unter der Bundesstraße hindurch. Vor der Unterführung durch die Bahnlinie verlassen wir die Fulda, gehen geradeaus und dann zum **Kurhaus** 8 im Kurpark Bad Hersfeld. Diesen durchqueren wir halb rechts gehend diagonal, folgen der Straße Am Kurpark weiter nach rechts und betreten dann die Grünanlage rund um die **Stiftsruine**, die ein Vermächtnis des einstigen **Klosters Hersfeld** ist.

*i Als es dem Mainzer Bischof nicht gelang, das Kloster Fulda in sein Bistum einzugliedern, gründete er 769 als Konkurrenz dazu das Benediktiner-**Kloster Hersfeld**. Als Zentrum der Missionierung von Thüringen und Sachsen gewann die Reichsabtei Macht und Einfluss. Anfang des 13. Jh. erhielt sie landeshoheitliche Rechte und der Abt wurde zum Fürstabt des geistlichen Fürstentums Hersfeld. Die Siedlung um das Kloster gewann durch ihre Lage an wichtigen Handelsstraßen an Bedeutung und wurde um 1250 Reichsstadt. Kloster und Stadt jedoch schwächten sich durch Kämpfe gegenseitig und konnten daher dem wachsenden Druck der Landgrafen von Hessen-Kassel nicht standhalten, die das Fürstentum nach dem Dreißigjährigen Krieg übernahmen. Im Siebenjährigen Krieg besetzten französische Truppen Hersfeld und benutzten die Räumlichkeiten der nicht mehr genutzten Klostergebäude und der romanischen **Stiftskirche** als Vorratslager. Bei ihrem Rückzug 1761 setzten sie diese in Brand.*

In der Stiftsruine finden jedes Jahr Festspiele statt.

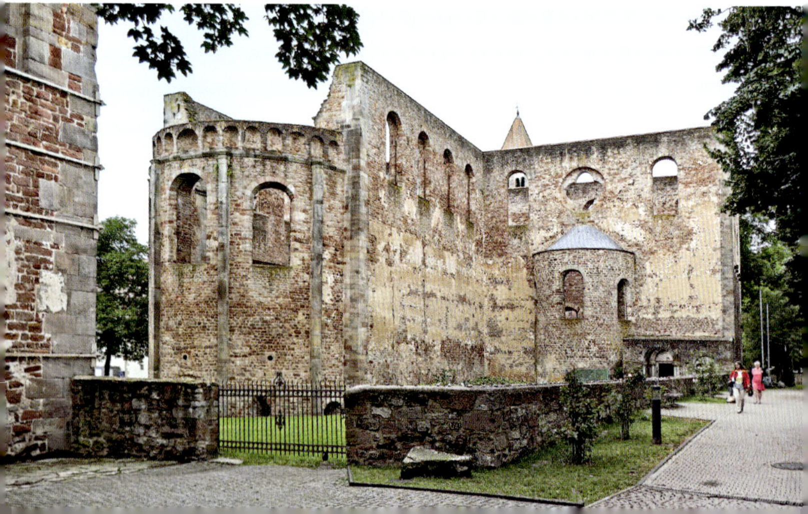

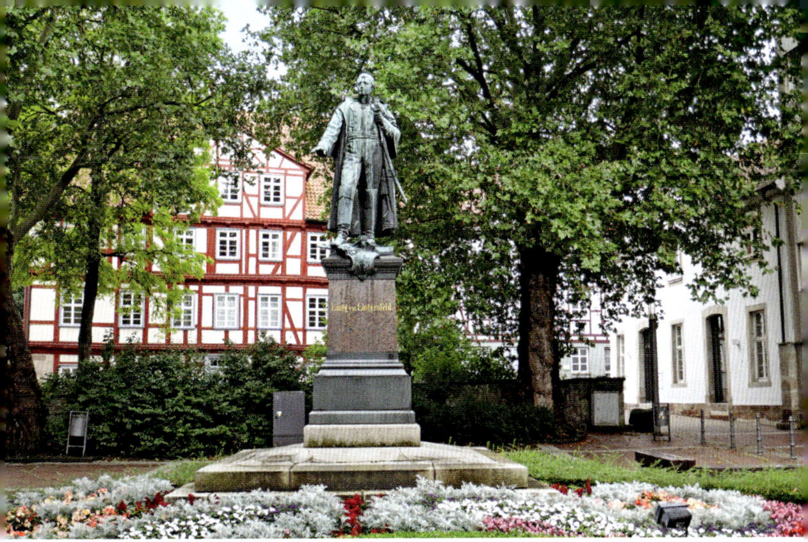

Johann Lingg, von Zeitgenossen »Der Mann von Hersfeld« genannt.

An der Chorseite der Ruine bei den Statuen **Konrad Duden** und **Konrad Zuse** verlassen wir die Anlage und gehen vorbei am **Lingg-Denkmal** über den Linggplatz und dann geradeaus in die Weinstraße mit dem Rathaus. Nach dem Rathaus biegen wir in die zweite rechts abgehende Straße ein, die Breitenstraße. Wir gelangen zur Dudenstraße, der zweiten links abgehenden Straße, und kommen vorbei am Busbahnhof zum Bahnhof von **Bad Hersfeld** 9.

i ***Johann Lingg*** *(1765–1842) war ein Offizier des mit Frankreich verbündeten Großherzogtums Baden. Nach einem Aufruhr Ende 1806 erhielt er den Befehl, Hersfeld von seinen Soldaten plündern zu lassen und an vier Ecken anzuzünden. Das Plündern verhinderte er durch eine Ansprache an seine Truppen und das Anzünden führte er wortwörtlich aus, indem er vier isoliert stehende Gebäude in Brand setzte, die ohne Schaden für Hersfeld niederbrannten. Geschadet hat ihm seine Zivilcourage nicht, er wurde hoch dekoriert, geadelt und bis zum Generalleutnant befördert.*
Konrad Duden *(1829–1911), der Papst der deutschen Rechtschreibung, war Ende des 19. Jh. Direktor des Gymnasiums in Hersfeld.*
Konrad Zuse *(1910–1995) war ein deutscher Computerpionier, der 1941 den ersten funktionstüchtigen Computer der Welt baute. Der Firmensitz seiner nach dem Zweiten Weltkrieg gegründeten Zuse KG wurde 1957 nach Bad Hersfeld verlegt.*

19 Bad Hersfeld – Friedewald

4.30 h | 16,9 km
↗ 375 m | ↘ 195 m

Durch den Seulingswald zur Kuppenrhön

Ein großer Teil dieser Etappe führt durch den Seulingswald, ein Mittelgebirge mit einem der größten zusammenhängenden Waldgebiete Hessens. Der Anstieg am Ende der Etappe bringt uns zum Toten Mann, dem höchsten natürlichen Berg des Gebirges.

Ausgangspunkt: Bad Hersfeld (205 m, 30.000 EW), Bahnhof.
Endpunkt: Friedewald (385 m, 2.500 EW), Wasserburg.
Anforderungen: Leichte Wanderung mit mäßigem Anstieg am Ende. Der Weg aus Bad Hersfeld heraus führt relativ lange durch Gewerbegebiete.
Einkauf: Bad Hersfeld, Kathus (Metzgerei), Friedewald.
Einkehr: **Friedewald:** Göbel's Hotel zum Löwen (s. Unterkunft), Di. bis So. 11.30–14 Uhr und ab 17.30 Uhr; Göbel's Schlosshotel (s. Unterkunft), tgl. ab Mittag; Hotel und Gasthaus am Dreienberg (s. Unterkunft), Mi. bis Mo. ab 16.30 Uhr; Ristorante Casa Di Ali, Mi. Ruhetag.
Unterkunft: **Bad Hersfeld-Kathus:** boardingHOUSE Herbart, Tel. +49 6629 2160 228 und +49 171 8697 593, www.boardinghouse-herbart.com; **Friedewald:** Göbel's Hotel zum Löwen, Tel. +49 6674 92220, www.goebels-hotel-zum-loewen.de; Göbel's Schlosshotel, Tel. +49 6674 92240, www.goebels-schlosshotel.de; Hotel und Gasthaus am Dreienberg, Tel. +49 6674 92270, www.am-dreienberg.de.
Verkehrsmittel: Buslinie 300 zwischen dem Bahnhof Bad Hersfeld und Friedewald.
Karte: Topographische Karten (TK25) Hessen 5124 (Bad Hersfeld) und 5125 (Friedewald).

Alter Wegweiser in der zweiten Unterführung.

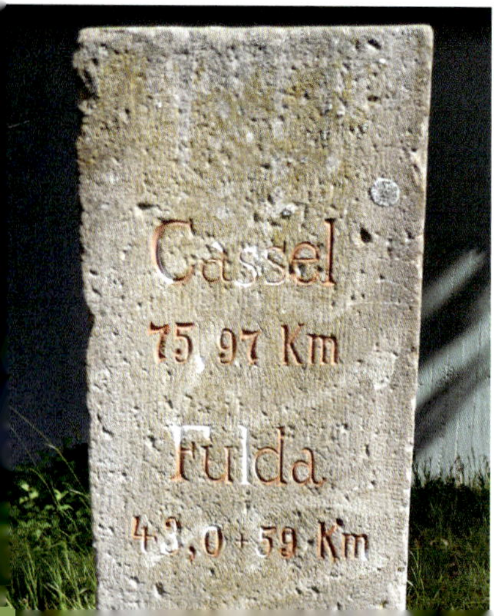

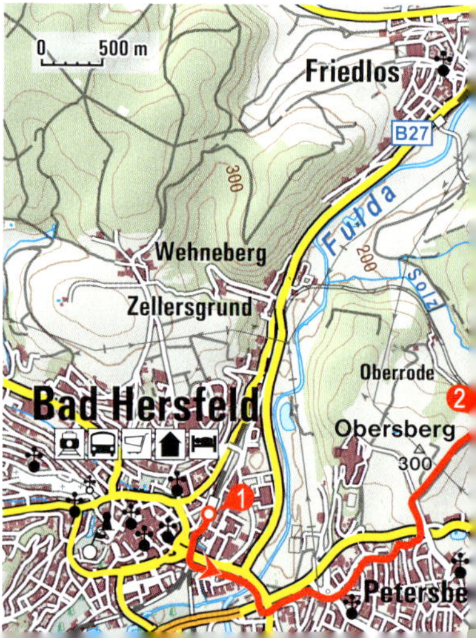

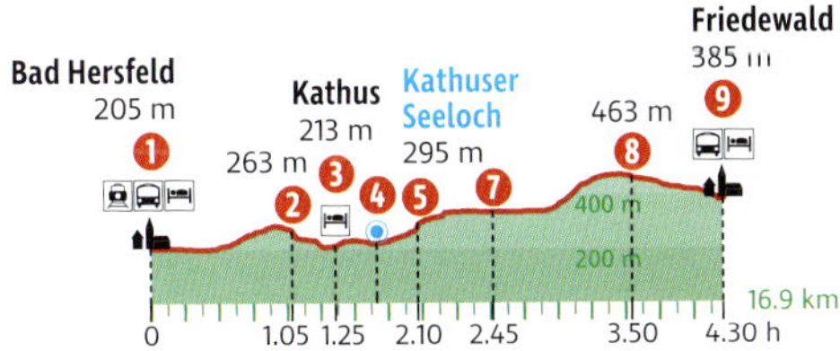

Vom Bahnhof in **Bad Hersfeld** 1 laufen wir nach links, durch den Busbahnhof und weiter geradeaus in die Bismarckstraße. Sie endet an einem Straßenbauwerk, das besser zu New York als zu einer hessischen Kleinstadt passen würde. Dort gehen wir halb links an einem Bürogebäude vorbei und finden dann eine Unterführung, die uns auf die andere Straßenseite bringt. Wir biegen nach links und folgen auf einem Nebenweg der breiten **Frankfurter Straße** stadtauswärts. In dem Gewerbegebiet rechts entdecken wir zwei freikirchliche christliche Gemeinden. Danach überqueren wir die Fulda und unterqueren die kreuzende Bundesstraße B 62. Am Ende der Unterführung, noch bevor wir die Treppe hinaufsteigen, biegen wir nach links und unterqueren die Fortsetzung der Frankfurter Straße.
Dann folgen wir der kreuzenden B 62, bis wir bei der ersten Gelegenheit nach rechts in die Hermann-Kirchner-, nach einem Kreisverkehr dann Friedewalder Straße abbiegen. Sie leitet zuerst geradeaus, schlängelt sich dann aufwärts und erreicht nach einer guten Viertelstunde endlich eine T-Kreuzung am Ortsrand von Bad Hersfeld (Ortsteil Petersberg). Passenderweise heißt die Straße, der wir nach links über eine Brücke folgen, Am

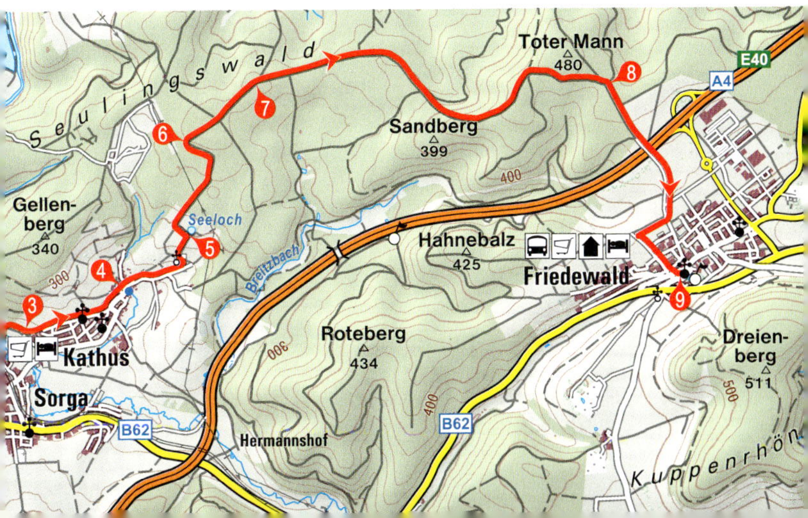

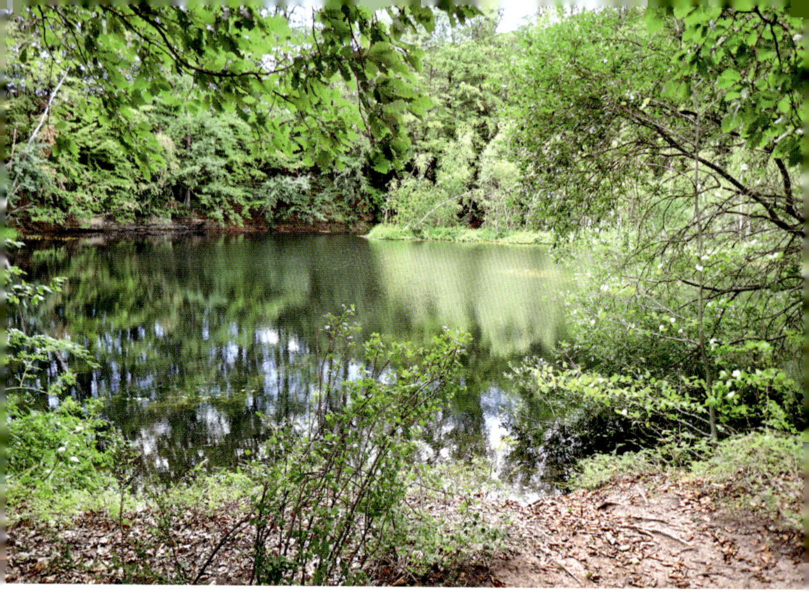

Das Kathuser Seeloch.

Waldrand. Nach rund 300 m wenden wir uns nach rechts und wandern auf einem unbefestigten Weg gut 10 Min. geradeaus, im letzten Abschnitt gibt es zwei parallele Spuren. Wenn sie wieder zusammenkommen und der Weg abwärts führt, sind bei einer **Gabelung** ❷ beide Wege möglich, denn sie fließen kurz darauf wieder zusammen. Nach einer Rechtskurve geht es in einer Linksserpentine ins Solz-Tal. Dort überqueren wir den **Solztalradweg** auf der Trasse der ehemaligen Hersfelder Kreisbahn und folgen wenige Meter dahinter einem breiten Weg ein kurzes Stück nach rechts.

Vor den ersten Gebäuden von **Sorga** biegen wir nach links. Der Pfad verläuft zwischen Feldern und Wiesen und überquert dann die Solz. Bei der folgenden T-Kreuzung halten wir uns rechts. Nach 300 m, bei den ersten Häusern von **Kathus** ❸, biegen wir nach links in einen unbefestigten Weg, der am nördlichen Ortsrand verläuft. Nach knapp 5 Min. bekommt er einen Asphaltbelag und heißt dann Alte Straße, in Erinnerung an die alte Handelsstraße Kurze Hessen. Nach einer knappen Viertelstunde biegen wir nach links in die Straße Am Rehgarten und können kurz darauf auf einer Bank am **Lindenplatz** ❹ neben Baum und Brunnen eine Rast einlegen.

Wir verlassen den Platz in östlicher Richtung und gehen etwas nach links versetzt in der Forsthausstraße weiter geradeaus. Nach 10 Min. biegen wir am Ende des Friedhofes nach links und gleich darauf nach rechts und kommen zum **Kathuser Seeloch** ❺.

i *Das **Kathuser Seeloch** (Durchmesser 80 m, Tiefe 16 m) entstand vor 120.000 Jahren als trichterförmiger Erdfall und füllte sich mit Wasser. Ein Erdfall ist eine Senke an der Erdoberfläche, die durch das Einbrechen von Deckschichten über einem natürlichen Hohlraum im Untergrund entsteht. Im Fall des Seelochs bildete sich der Hohlraum durch einen Prozess der Salzauslaugung, der bis heute nicht abgeschlossen ist. Der letzte Einbruch fand vom 13. auf den 14. Februar 1969 statt. Besonders interessant ist die auf dem See schwimmende Insel. Das Geflecht aus Schilf, Wurzeln und anderen Pflanzen ist so stabil, dass sogar Bäume darauf wachsen.*

Vor dem Seeloch biegen wir nach links und dann bei der ersten Möglichkeit nach rechts. Auf der Forststraße wandern wir nach ¼ Std. bei einer **T-Kreuzung** 6 nach rechts, 5 Min. später bei einer Kreuzung mit einem 3 m hohen Holzkreuz geradeaus und nach weiteren gut 5 Min. bei einer **Gabelung** 7 nach rechts. Im Zweifelsfall geradeaus gehend erreichen wir im Auf und Ab nach einer Stunde nahe beim **Toten Mann** eine **T-Kreuzung** 8 und folgen dort dem unbefestigten Fahrweg nach rechts. Jenseits des Waldes führt er nahe an mehreren Windrädern vorbei und auf einer Brücke über die A 4. Gut 5 Min. dahinter steht ein Gebäude links am Weg, das nicht nur aussieht wie eine Sternwarte, sondern auch eine war. Kurz darauf biegen wir nach rechts und dann bei der ersten Gelegenheit nach links. Diese Straße leitet in knapp 10 Min. abwärts zur Hersfelder Straße, der Hauptstraße des Ortes. 50 m links von unserer Einmündung liegt die **Bushaltestelle Kirche**. In der nächsten Parallelstraße links gehend, kommen wir zur Ruine der Wasserburg von **Friedewald** 9.

i ***Friedewald** lag am Kreuzungspunkt der Straße »durch die Kurzen Hessen« und einer Handelsstraße von Bremen nach Nürnberg. Wahrscheinlich gab es an dieser Stelle schon im 11. Jh. eine Burg, die Anfang des 14. Jh. mit dem einträglichen Geleitrecht an die hessischen Landgrafen kam. 1762 wurde im Siebenjährigen Krieg die von ihnen erneuerte Wasserburg von französischen Truppen zerstört.*

Rechts: Auf dem Weg in den Seulingswald.

Nachfolgende Doppelseite: Die Wasserburg in Friedewald.

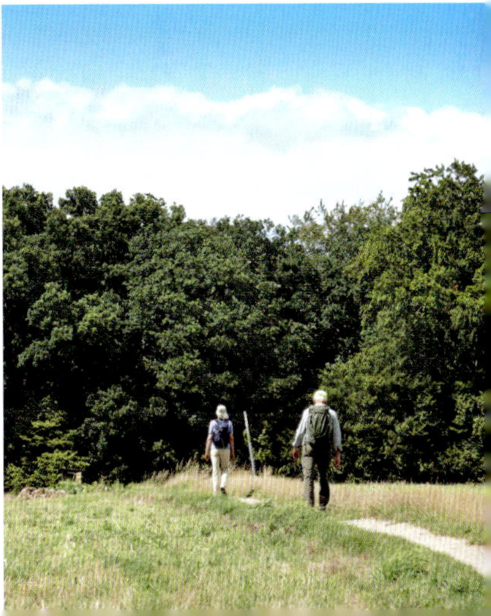

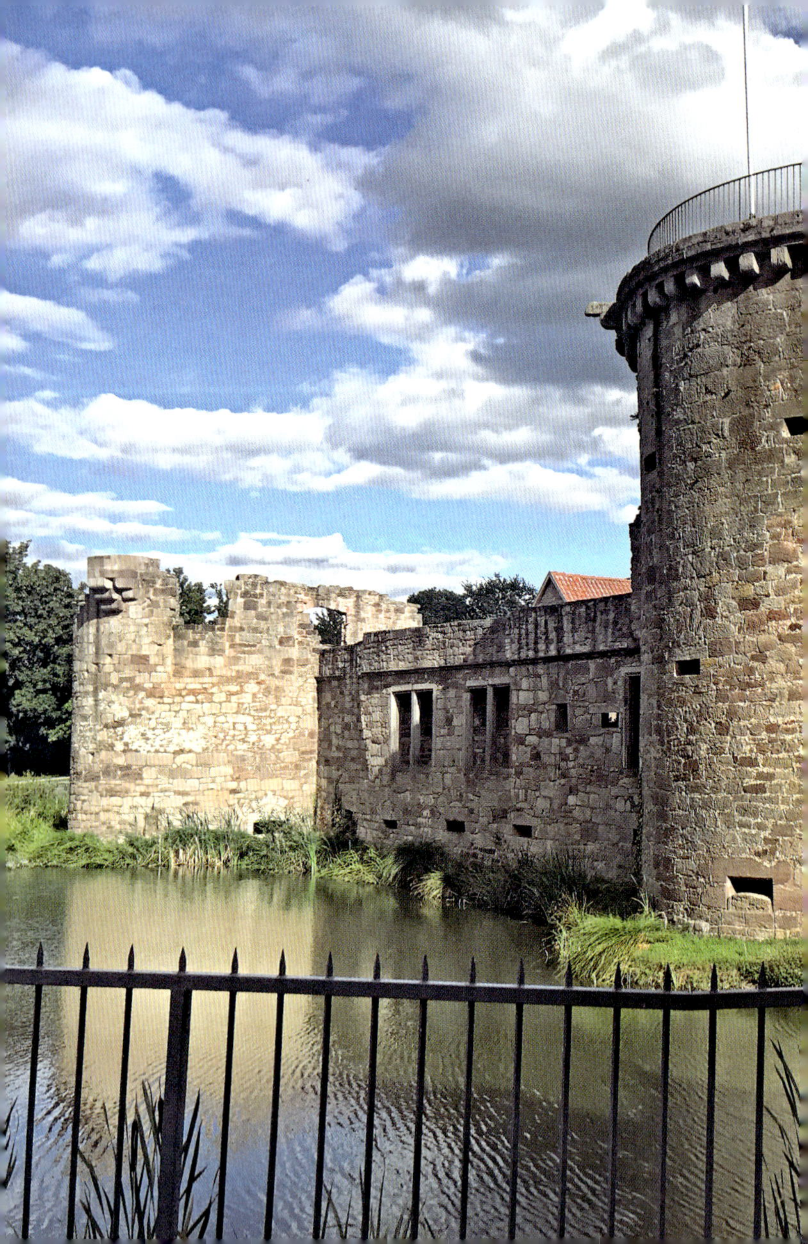

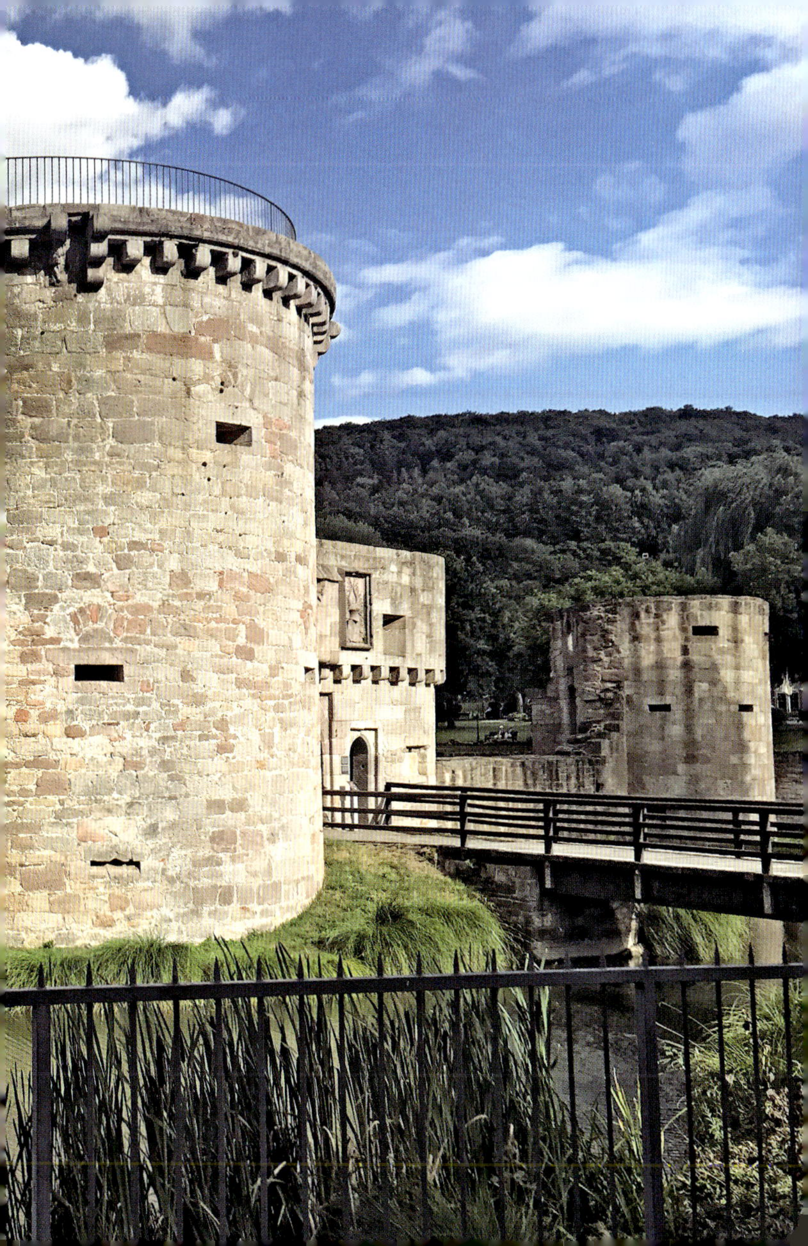

20 Friedewald – Berka/Werra

6.45 h	26,0 km
↗300 m	↘470 m

Vorbei am Monte Kali nach Thüringen

Auch der erste Teil dieser Etappe verläuft im Seulingswald. Bei der Abraumhalde Monte Kali, dem höchsten Berg des Gebirges, verlassen wir ihn und steigen ins Berkaer Becken hinunter. Damit kehren wir auch Hessen den Rücken zu und kommen nach Thüringen. Bald nach Überqueren der Werra führt der Kammweg mit schöner Weitsicht über die Hohe Rod nach Berka.

Ausgangspunkt: Friedewald (385 m, 2.500 EW), Wasserburg.
Endpunkt: Berka/Werra (214 m, 1.400 EW), Bushaltestelle Ortsmitte in der Lutherstraße.
Anforderungen: Keine besonderen Anforderungen und nur zwei kurze Ortsdurchquerungen.
Einkauf: Friedewald, Berka/Werra.
Einkehr: **Heringen:** Jagdhaus Bodesruh, Tel. +49 6678 311, Mo. u. Di. Ruhetag (versuchen Sie es trotzdem!); **Dankmarshausen:** Gasthaus zum Adler, Tel. +49 177 7730 950, www.zum-adler.de, Mo. Ruhetag; **Berka/Werra:** Gasthof Zur Post (s. Unterkunft), Mo. bis Do. ab 17 Uhr, Fr. bis So. ab 12 Uhr; Gasthaus zum Weißen Hirsch (s. Unterkunft), Mi. bis Mo. ab 18 Uhr, So. auch 12–14 Uhr; Sonja's Pizzeria, Tel. +49 36922 489 940, tgl. ab 17 Uhr.
Unterkunft: **Dankmarshausen:** Hotel Waldschlösschen (mit Restaurant für Hausgäste), Tel. +49 36922 437 200,

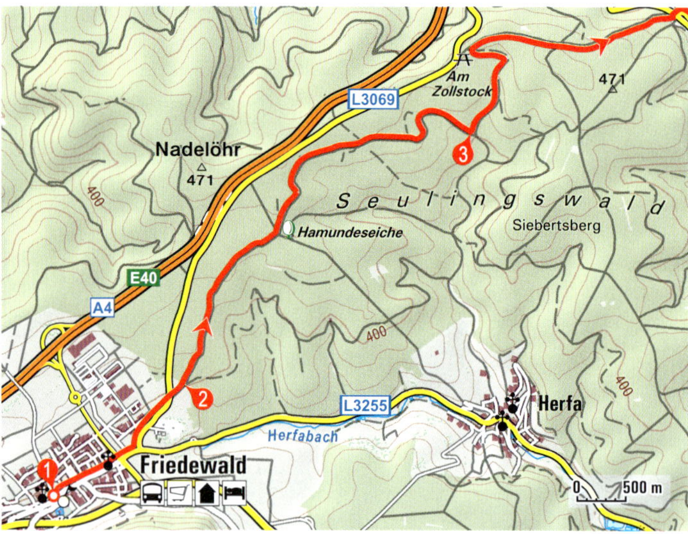

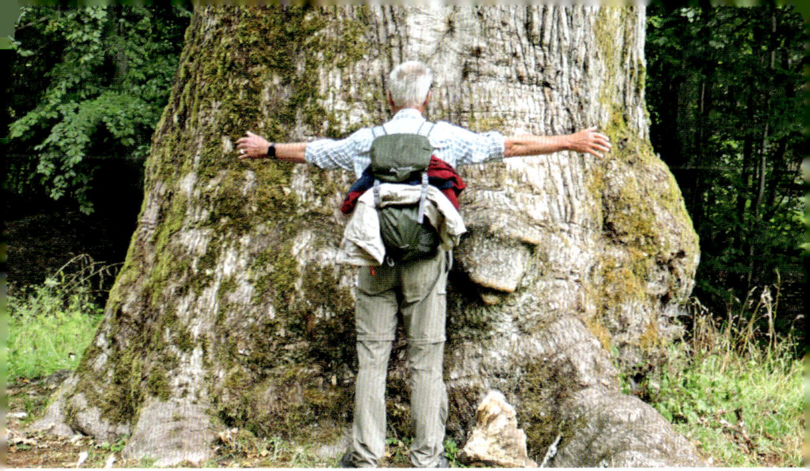

Der Stammumfang der Hamundeseiche beträgt neun Meter.

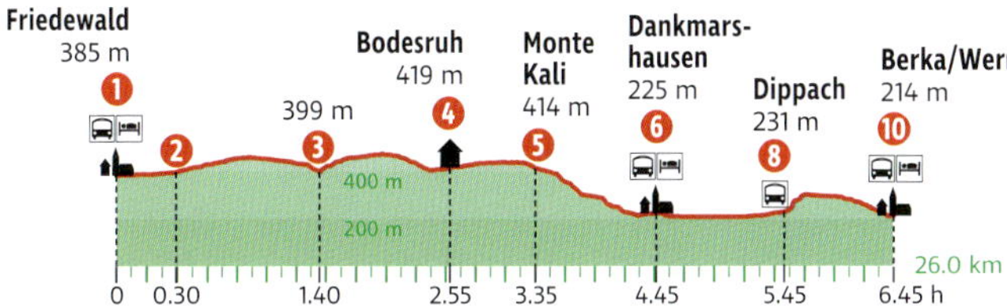

www.urlaub-im-werratal.de; **Berka/ Werra:** Gasthof Zur Post, Tel. +49 36922 28842 und +49 177 2599234, www.zur-post-berka.de; Gasthaus zum Weißen Hirsch und Pension Erna, Tel. +49 36922 42643, www.zum-weissen-hirsch.eu, Di. Ruhetag; Pension Werra Suhl Tal, Tel. +49 176 2321 9821, https://pension-werra-suhl-tal.business.site.

Verkehrsmittel: Regionalbahnhof in Gerstungen, von dort Busverbindung nach Dankmarshausen, Dippach und Berka/Werra.

Karte: Topographische Karten (TK25) Hessen 5125 (Friedewald) und 5026 (Berka).

Tipp: Führungen über den **Monte Kali** sind über das Kali-Bergbaumuseum in Heringen buchbar (+49 6624 919 413; www.kalimuseum.de).

Bei der Wasserburg in **Friedewald** ❶ folgen wir der Motzfelder Straße zur Hersfelder Straße und biegen dort nach rechts. Sie leitet vorbei an einer Bäckerei zum Ortsrand. Kurz nach einer Kreuzung halten wir uns bei einer Straßengabelung links (Straßenwegweiser Obersuhl, Hönebach). In einem Gewerbegebiet links gibt es einen Supermarkt und ein japanisches Restaurant. Am Ende des Gewerbegebiets müssen wir 200 m am Rand der Landstraße laufen, bis sie nach halb links biegt und wir einem breiten Fahrweg

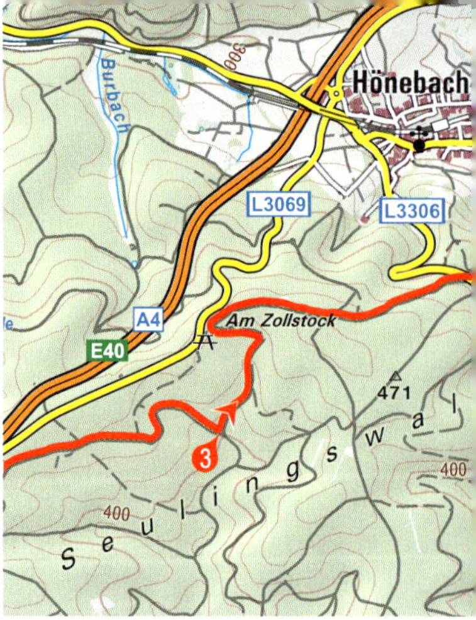

geradeaus folgen. Knapp 5 Min. später halten wir uns am Waldrand bei einer **Gabelung** ❷ links (Wegweiser Nadelöhr, Hönebach) und erreichen knapp 30 Min. später eine Wegspinne bei der Wüstung Hamundeseiche. Von dem vor Jahrhunderten aufgegeben Dorf wurden die Grundmauern einer Kirche ausgegraben. Die mächtige **Hamundeseiche** mit knapp 9 m Stammumfang, die bereits in Gerhard Mercators Karte von Niederhessen und Hersfeld aus dem Jahre 1592 als hervorragender Baum verzeichnet ist, steht 100 m rechts von der Wegspinne.

Der Lutherweg führt bei der Wegspinne geradeaus durch den Seulingswald. Für das nächste Wegstück gilt die alte Pilgerweisheit »Wenn man keine Aussichten hat, muss man Einsichten haben«. Nach knapp 40 Min. gehen wir bei einem **Wegdreieck** ❸ links und nach weiteren knapp 20 Min. bei einer T-Kreuzung rechts (links führt der Weg zum 200 m entfernten Picknickplatz Am Zollstock bei der Landstraße). Gut 10 Min. später wandern wir bei einer Kreuzung geradeaus zur knapp 20 Min. entfernten Landstraße. Wir überqueren sie und folgen der gegenüber abgehenden Landstraße (Wegweiser Bodesruh) gut 5 Min., bis wir sie nach einer großen Rechtskurve rechts verlassen. In diesem Abschnitt verläuft unmittelbar links neben der Straße die Grenze zwischen Hessen und Thüringen, früher der Eiserne

Die Abraumhalde Monte Kali, der höchste Berg des Seulingswaldes.

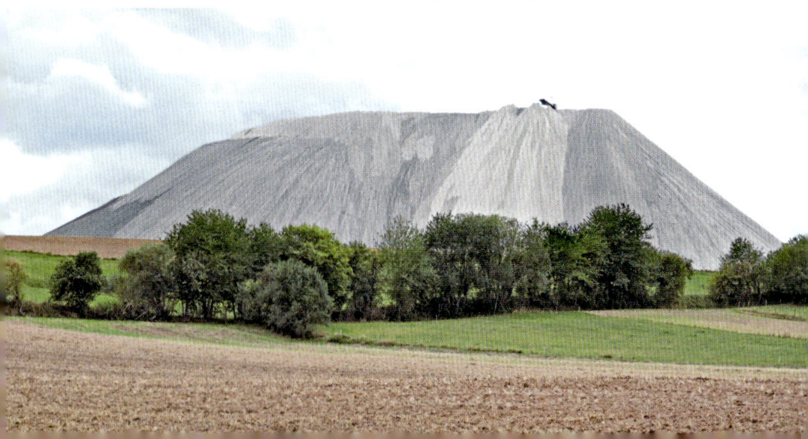

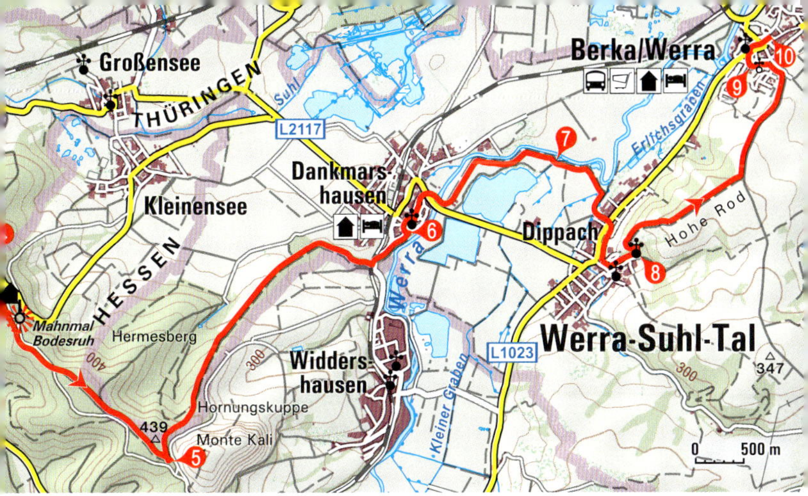

Vorhang zwischen BRD und DDR. Der Grenzverlauf zwischen diesen beiden Bundesländern könnte einem Puzzle entstammen. Wenige Minuten später erreichen wir die Gaststätte **Jagdhaus Bodesruh** ❹ und bald das Mahnmal Bodesruh. Dieser 1963 errichtete Aussichtsturm erinnert an die deutsche Teilung und bietet weite Blicke über Gerstunger Becken und Werra-Tal bis zum Thüringer Wald.
Da der asphaltierte Fahrweg auf dem Kamm der Hornungskuppe auch von schweren Lkws benutzt wird, verlassen wir ihn und den Lutherweg nach gut 10 Min. und wandern auf einem unbefestigten breiten Weg geradeaus weiter. Weitere gut 10 Min. später trifft dieser wieder auf den asphaltierten Fahrweg. Den bald folgenden nächsten Bogen des Fahrwegs schneidet auch der Lutherweg ab. 3 m bevor die Abkürzung wieder auf den Fahrweg trifft gehen wir nach links in den Wald zum gut 10 m entfernten Zaun um den weißen **Monte Kali** ❺, den wir schon seit Längerem sehen. Die Wegzeichen sind hier etwas unübersichtlich. Wir wandern am Zaun entlang nach links.

i *Der weiße **Monte Kali** bei Heringen ist einer der ungewöhnlichsten Berge in Deutschland. Er entstand seit 1973 als Abraumhalde des Kalibergbaus im Werra-Tal, der 1903 begann. Kalisalze werden hauptsächlich zu Düngemitteln verarbeitet. Beim Abbau von einer Tonne Kali fallen mehrere Tonnen Abraum an, der zu 96 % aus Kochsalz besteht. Ein 1,5 km langes Förderband transportiert das Abraumsalz auf die 200 m hohe Halde. Niederschläge waschen Salz ab, das belastet Böden und Grundwasser in der Umgebung. Eine Tour auf den Berg ist nach Anmeldung möglich (Tel. +49 6624 919413 oder +49 6624 5127).*

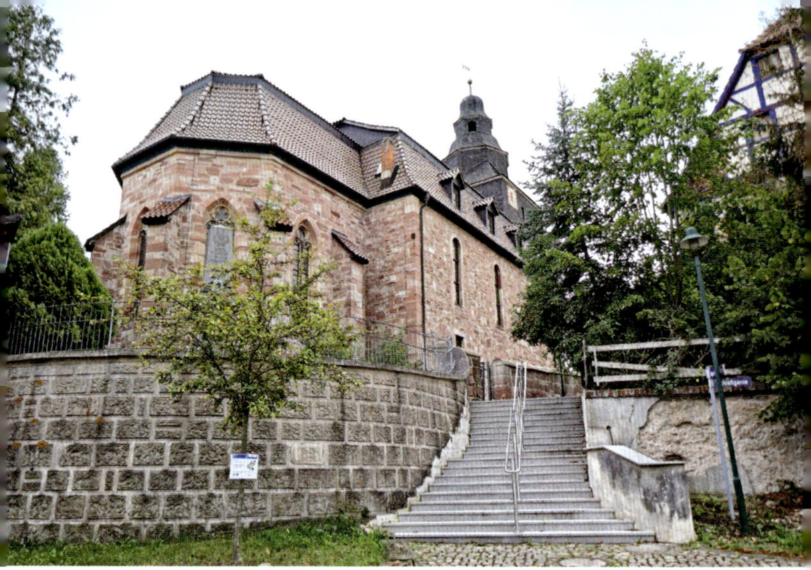

Teile der St.-Kilians-Kirche in Dankmarshausen stammen aus dem 15. Jahrhundert.

Der Weg führt entlang der Halde, mehr oder weniger auf der alten innerdeutschen Grenze, ins Tal. Dabei halten wir uns bei einer Gabelung links und bei der folgenden T-Kreuzung rechts. Im Tal angekommen werden wir gleich Zeugen eines innerdeutschen Konflikts. Die Hessen schicken den Wanderer nach links, die Thüringer geradeaus. Da die hessische Variante länger ist, wandern wir auf dem Plattenweg mit dem Grasstreifen in der Mitte geradeaus. Hier patrouillierten in den Zeiten des Eisernen Vorhangs die Grenztruppen der DDR. 5 Min. nachdem sich die längeren Hessen uns wieder angeschlossen haben, biegen wir nach rechts, folgen knapp 10 Min. später einem Fahrweg nach links und durch eine Unterführung der Werratalbahn, die heute nur noch zum Transport von Gütern des Kalibergbaus dient.
Hinter der Unterführung überqueren wir die Straße von Widdershausen nach Dankmarshausen und gehen etwas nach links versetzt geradeaus weiter. Der Weg leitet am Ufer der Werra entlang und dann auf Stufen am Steilufer in das etwas höher gelegene **Dankmarshausen** 6. Bei der ersten Gelegenheit biegen wir nach links in die kurze Straße Schöne Aussicht und bei der T-Kreuzung an ihrem Ende nach rechts. Bei der Kreuzung kurz darauf gehen wir nach rechts, nach wenigen Metern nach links zur Kirche und dann links an ihr entlang. Durch den hinteren Ausgang verlassen wir das Gelände, wandern wenige Minuten geradeaus durch den Ort. Bei einem Haus mit grauem Fachwerk (Hausnummer 3) kurz vor dem Ende der Straße

Zur alten Werrabrücke biegen wir nach rechts in einen kurzen Fußweg, der uns zur Richard-Wagner-Straße, der Hauptstraße des Ortes, bringt.
Ihr folgen wir nach rechts, überqueren auf einer Brücke die Werra und biegen kurz darauf nach links. Der unbefestigte Weg verläuft gut 20 Min. zwischen Fluss und Baggersee, zuerst gerade, später in Kurven. Er endet bei einem **Wassergraben** 7, den wir auf einem Steg überqueren. Wir wandern auf einem Wiesenweg noch weitere 10 Min. an der Werra entlang, überqueren einen weiteren Wassergraben, wandern auf dem Fahrweg dahinter nach rechts und dann an der Berkaer Straße links nach Dippach. Sie leitet zur Ortsdurchfahrt, der wir 5 Min. nach rechts zu einer Kreuzung folgen. Dort gehen wir nach links in die Dorfstraße, die wir bei der zweiten links abgehenden Straße zwischen Schloss und spätgotischer Kirche St. Katharina hindurch wieder verlassen. Diese Schloßstraße leitet immer geradeaus und in 5 Min. zum **Friedhof von Dippach** 8.
Hinter dem Friedhof biegen wir nach links, wandern in zwei Serpentinen aufwärts und dann auf dem Kammweg über die Hohe Rod mit schönem Blick auf Berge, Hügel und Wälder immer geradeaus. Nach einer Dreiviertelstunde erreichen wir die Straße Am Berg, die nach Berka/Werra hinunter leitet. Bei der ersten Kreuzung halten wir uns links und folgen nach wenigen Minuten einem **Fußweg** 9, der nach rechts und zur Kirche leitet. Dort gehen wir nach rechts und dann geradeaus ins Zentrum von **Berka/Werra** 10 und zur **Bushaltestelle** in der Lutherstraße.

Den Wassergraben hinter Dankmarshausen überqueren wir auf einem Steg.

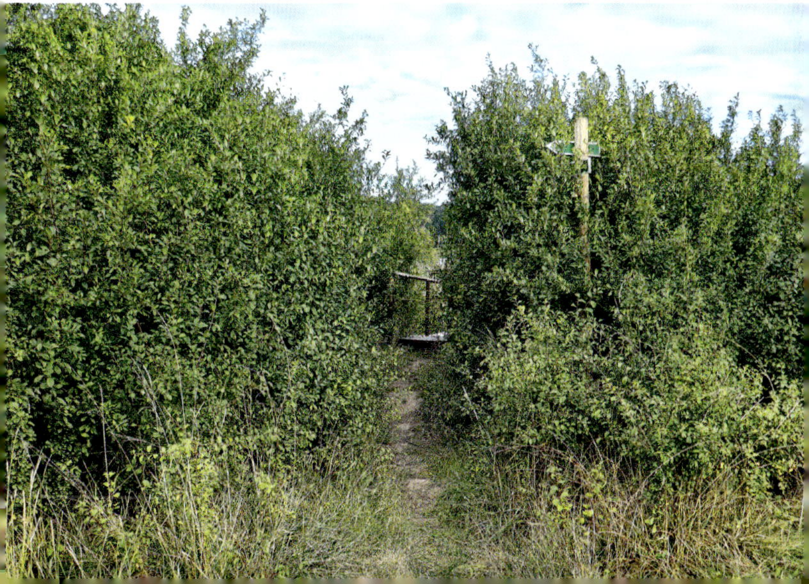

21 Berka/Werra – Eisenach

6.45 h	25,4 km
↗ 490 m	↘ 485 m

Deutsche Legenden

Nach kurzem Abschnitt im Gerstunger Becken und im Werra-Tal führt der Lutherweg durch Ausläufer des Thüringer Waldes und steigt dann auf den Kamm des Gebirges. Dort folgt er wenige Kilometer dem bekannten Rennsteig, bevor er über die legendäre Wartburg die Bach-Stadt Eisenach erreicht.

Ausgangspunkt: Berka/Werra (214 m, 1.400 EW), Bushaltestelle Ortsmitte in der Lutherstraße.
Endpunkt: Eisenach (218 m, 42.300 EW), Bahnhof.
Anforderungen: Leichte Wanderung mit zwei Anstiegen (zuerst 100 Hm, dann ca. 200 Hm), bis Oberellen aussichts-, dann waldreiche Etappe.
Einkauf: Berka/Werra, Eisenach.
Einkehr: **Eisenach:** Waldgasthaus Sängerwiese, Mi. bis Mo. 11–17 Uhr, +49 160 8435 163, www.saengerwiese-eisenach.de; im Zentrum ein großes Angebot.
Unterkunft: **Gerstungen-Oberellen:** FeWo Stützel, Tel. +49 36925 61405; Ferienhof Gut Hütschhof, Tel. +49 3691 742 970 und +49 1514 6544 801, https://gut-huetschhof.business.site; **Eisenach:** Romantik Hotel auf der Wartburg, Tel. +49 3691 7970, www.wartburghotel.de; Pension Villa Kleine Wartburg, Tel. +49 173 3770 161, www.villakleinewartburg.de; Jugendherberge, Tel. +49 3691 743 259, www.thueringen.jugendherberge.de; B&B Hotel, Tel. +49 3691 8886 050, www.hotel-bb.com; Pension Mahret's Puppenstube, Tel. +49 3691 742 744, www.puppenstubenhotel-eisenach.de.
Verkehrsmittel: Regionalbahnhof in Gerstungen, von dort Busverbindung nach Berka/Werra, Herda und Oberellen; Fernbahnhof in Eisenach; in Eisenach innerstädtischer Busverkehr (www.wartburgmobil.info).
Variante: Von der Wilden Sau 7 zur Hohen Sonne, von dort durch die **Drachenschlucht** entweder nach Mariental und nach Eisenach oder am Ende der Schlucht zur **Sängerwiese** und weiter wie beschrieben (siehe dazu Etappen 22 und 24).
Karte: Topographische Karten (TK25) Hessen 5026 (Berka) und Kompass Wanderkarte 812 Thüringer Wald, Westlicher Naturpark.
Hinweis: Die Burghöfe und Außenanlagen der Wartburg sind bis 20 Uhr geöffnet, letzter Einlass in die historischen Räume und das Museum um 17 Uhr.

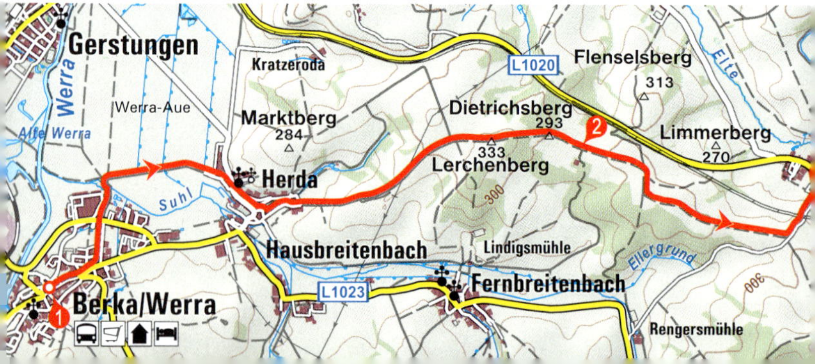

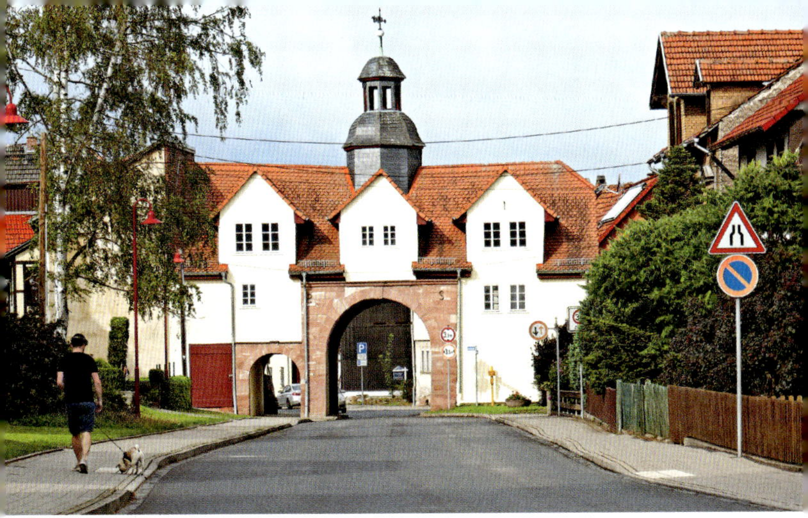

Durch das Untertor verlassen wir Berka/Werra.

In **Berka/Werra** ❶ folgen wir der Lutherstraße durch das Untertor und biegen 5 Min. später bei der Eichelberg-Schule, dem letzten Gebäude auf der rechten Seite, nach links ab. Nach Schrebergärten und einer Baustoffhandlung überqueren wir die Wildecker Straße (Wegweiser Kläranlage) und wandern weiter geradeaus. Nach gut 5 Min. halten wir uns bei einer Gabelung rechts und biegen gleich danach rechts ab.
Der asphaltierte Weg führt durch ein Naturschutzgebiet in der Werra-Aue in 20 Min. an den Ortsrand von **Herda**. Dort gehen wir nach rechts in die Straße Hinter der Kirche, an der Kirche St. Margarethen vorbei und folgen dann knapp 5 Min. der Landstraße, die im Ort Fritz-Erbe-Straße heißt, nach rechts.

Das NSG Werra-Aue ist Teil des Grünen Bandes an der einstigen innerdeutschen Grenze.

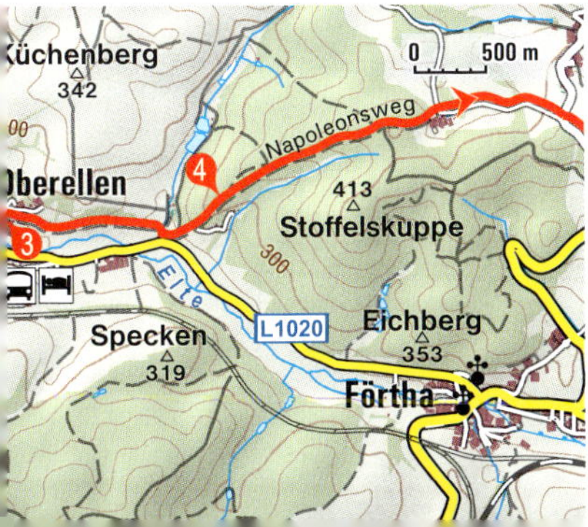

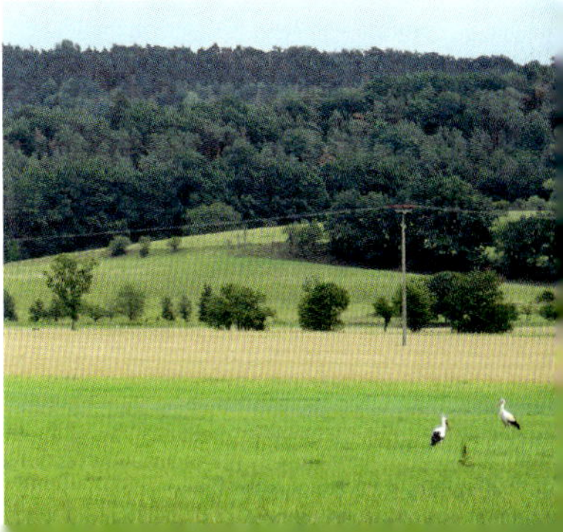

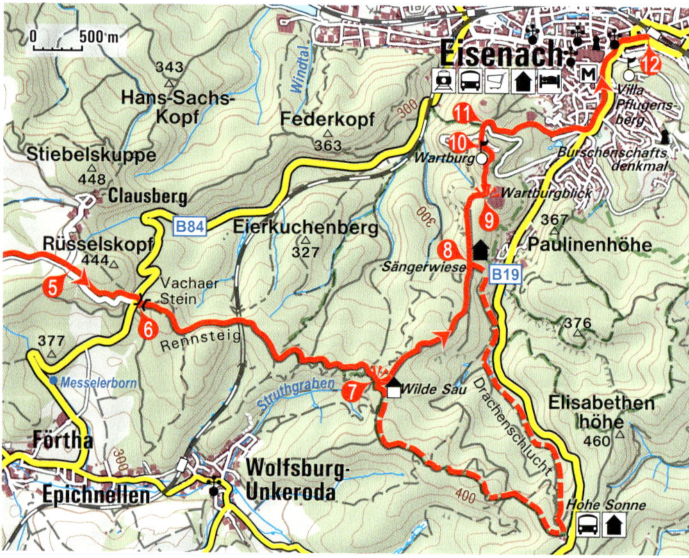

Der aus Herda stammende ***Fritz Erbe*** *war ein Anhänger der reformatorischen Täuferbewegung, die in Thüringen stark verbreitet war. Diese Gruppierung wurde sowohl von der katholischen Kirche als auch von den Kirchen der Reformation verfolgt. Erbe wurde 1533 inhaftiert und 1540 in das tiefe Verlies des Südturms der Wartburg geworfen, wo er 1548 starb.*

Beim grünen Feuerwehrhaus am Anfang der großen Rechtskurve biegen wir nach links in die Straße Am Bach, halten uns bei der nahen Gabelung rechts und kurz darauf bei einer T-Kreuzung links. Wir sind nun auf der Alten Straße, die nicht nur so heißt, sondern tatsächlich uralt ist: Schon im 8. Jh. wurde der damals Hohe Straße genannte Handelsweg von Mainz nach Erfurt erwähnt. Bei einer Gabelung folgen wir ihr nach rechts und aus dem Dorf heraus. Der Weg steigt an und führt als Kammweg über den Lerchen- und Dietrichsberg. Kurz vor dem Lerchenberg mündet der von Norden kommende Sallmannshäuser Rennsteig in den

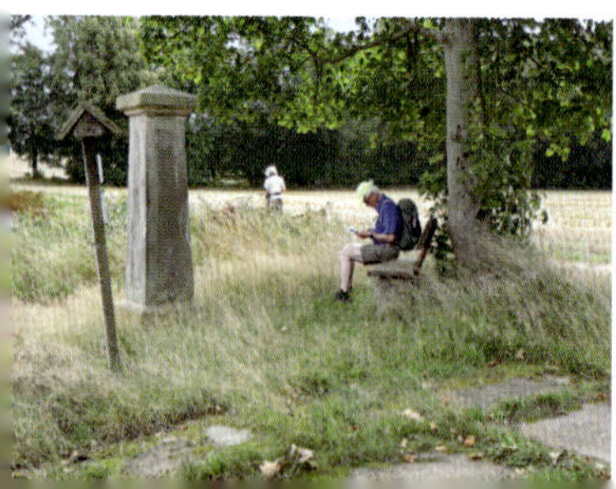

Der Napoleonstein auf dem Dietrichsberg.

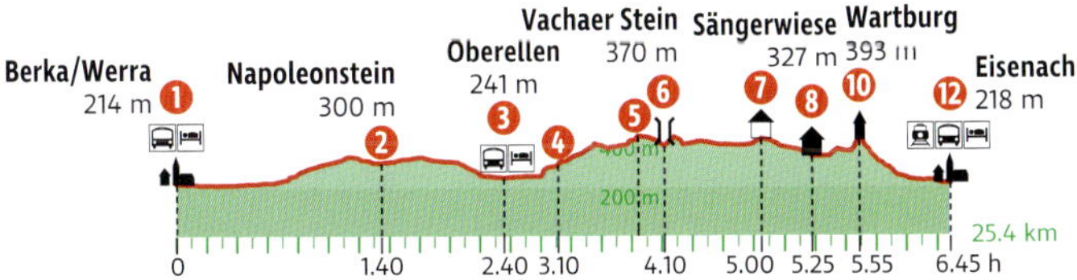

Kammweg, wenig später erinnert der **Napoleonstein** ❷ daran, dass nach der Völkerschlacht bei Leipzig Napoleon mit seinen geschlagenen Truppen hier entlang zog. Dass er dabei einen Blick für die herbe Schönheit der Landschaft hatte, ist eher unwahrscheinlich.

Etwa 10 Min. nach dem Napoleonstein biegen wir bei einer Kreuzung kurz nach einem Nur-Dach-Unterstand nach rechts und bei der nächsten Gelegenheit nach links. Nach 20 Min. erreichen wir einen asphaltierten Fahrweg, auf dem wir abwärts nach Oberellen laufen. Der Hauptstraße folgen wir nach rechts und hinter der Kirche mit der Tanzlinde und dem Schloss der Kapellenstraße nach links. Jeweils bei der nächsten Gelegenheit biegen wir nach rechts und dann nach links, überqueren die Elte und halten uns am Rand von **Oberellen** ❸, gut 100 m nach der Brücke über die Elte, rechts (Wegweiser nicht eindeutig). Bei der T-Kreuzung eine Viertelstunde später gehen wir nach rechts zur Landstraße und dann auf ihr 70 m nach links.

Dort folgen wir einem bald ansteigenden Weg nach links, halten uns bei einer Gabelung vor dem Wald rechts, bei der nächsten nach ca. 200 m

Vom Nur-Dach-Unterstand zum Fahrweg nach Oberellen.

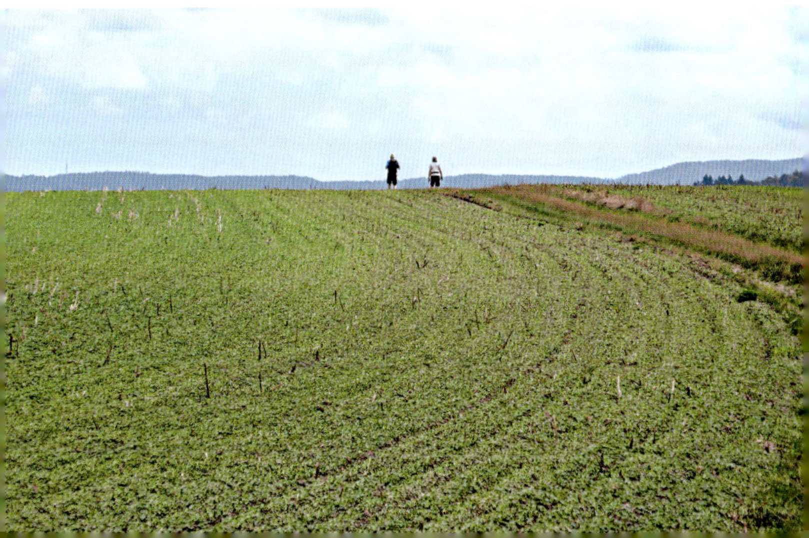

links und bei der dritten **Gabelung** ❹ nach weiteren ca. 200 m rechts. Auf dem weiter ansteigenden Waldweg mit wenigen Wegzeichen erreichen wir nach 25 Min. **Gut Hütschhof**. Hier gibt es eine Pilgerherberge, aber keine Einkehrmöglichkeit. Der nun asphaltierte Fahrweg trifft nach einer Viertelstunde nahe beim Clausberg auf eine **Kreisstraße** ❺ und den **Rennsteig**, der neben ihr verläuft. Auf ihm gehen wir nach rechts; ab hier ist der Weg nur noch mit einem großen weißen R markiert.

*i Der **Rennsteig** ist ein etwa 170 km langer Kammweg im Thüringer Wald, Thüringer Schiefergebirge und Frankenwald und der älteste und meistbegangene Weitwanderweg Deutschlands. Er grenzt die fränkischen Gebiete Südthüringens vom überwiegend thüringisch-obersächsisch geprägten Thüringen ab. Erstmals wurde er 1330 erwähnt, seine touristische Nutzung begann Mitte des 19. Jh. und seit 1896 gibt es einen Rennsteigverein.*

Nach 10 Min. überquert der Rennsteig am Pass **Vachaer Stein** ❻ zuerst die Kreisstraße, kurz darauf dann die Bundesstraße B 84 und führt über einen Parkplatz. An seiner rechten Seite finden wir die Fortsetzung des Rennsteigs. Bei einer Gabelung nach 100 m bietet der Weg links den ersten Blick auf die Wartburg, der wartburglose Weg rechts ist etwas kürzer. Nach etwa 10 Min. treffen sich die beiden Varianten wieder. Der Rennsteig schlängelt sich durch den Wald, wir gehen immer geradeaus. Ignorieren Sie zwei oder

Das Renaissanceschloss in Oberellen.

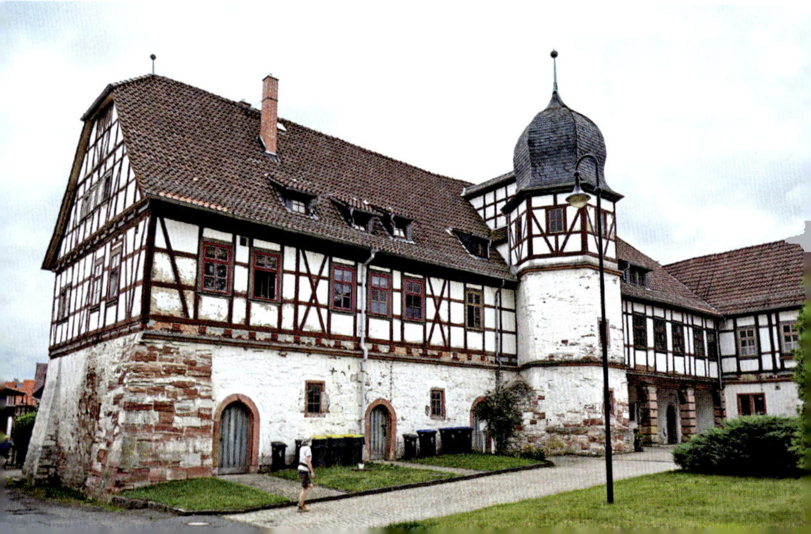

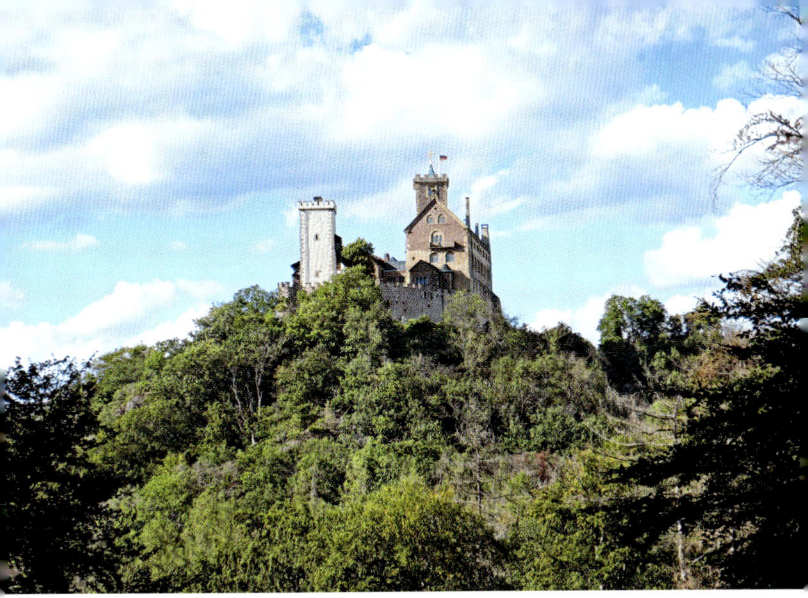

Die Wartburg.

drei Abzweigungen nach Eisenach, zur Wartburg und zur Sängerwiese, im Zweifelsfall wählen Sie die kürzere Möglichkeit.
Knapp 40 Min. nach der letzten Zeitangabe erreicht man eine Kreuzung. Der Rennsteig führt geradeaus zur Hohen Sonne (siehe Etappe 24) und zur 100 m entfernten Wilden Sau, links weist der Wegweiser zur Sängerwiese. Die **Wilde Sau 7** ist ein Rastplatz mit Schutzhütte und Wartburgblick. Das um 1483 errichtete Steinkreuz erinnert an den tragischen Verlauf einer Wildschweinjagd, bei der ein Jäger den Tod fand. Diesen kleinen Umweg sollten Sie auf sich nehmen und erst bei der Wilden Sau nach links biegen. Zum **Waldhaus Sängerwiese 8**, das allerdings schon um 17 Uhr schließt, braucht man von dort knapp 20 Min. Wir wandern geradeaus weiter, eine Viertelstunde später haben wir bei einer Gabelung, bei der wir links hinab gehen, erneut einen schönen **Wartburgblick 9**. Nach 5 Min. gabelt sich der Weg. Links leitet der kürzere, aber schwierigere Pfad direkt zum Burgtor, der rechte längere zur Zufahrt auf die **Wartburg 10**.

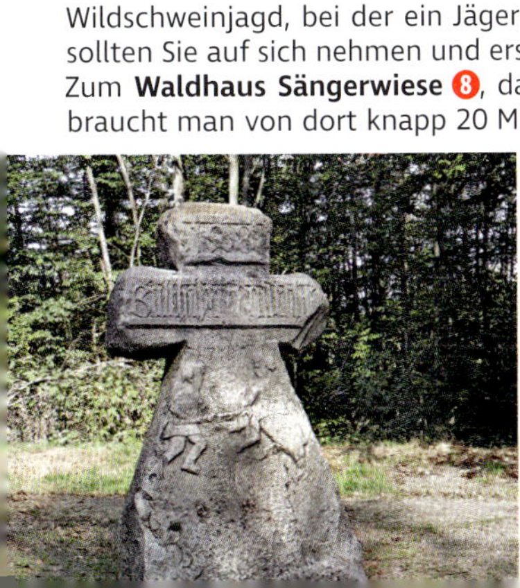

Das Steinkreuz an der Wilden Sau.

Dreimal im Verlauf der deutschen Geschichte hat die ***Wartburg*** *eine herausragende Rolle gespielt. Da ist natürlich der Aufenthalt Luthers im Jahre 1521, aber schon drei Jahrhunderte davor spielte die Burg eine für die deutsche Literatur wichtige Rolle. Landgraf Hermann I. soll die bekanntesten Minnesänger seiner Zeit zu einem Wettstreit eingeladen haben, und alle, alle kamen: Walther von der Vogelweide, Heinrich von Ofterdingen, Wolfram von Eschenbach, sogar Klingsor soll dabei gewesen sein. Angeblich, denn dies ist eine Legende, die ihr Fortleben vor allem einem deutschen Komponisten verdankt, der sie mit seiner großen romantischen Oper »Tannhäuser« von 1845 quasi zementiert hat. So ist es nur folgerichtig, dass heute Touristen mit Wagners »Einzug der Gäste« in Endlosschleife begrüßt werden. Was verbürgt ist: Hermann I. sammelte die Lieder in einer Art mittelalterlicher Anthologie, die in zahlreichen Kopien überliefert ist, deren bekannteste vielleicht der berühmte »Codex Manesse« aus der Heidelberger Universitätsbibliothek ist.*
Und wiederum fast genau 300 Jahre nach Luther versammelten sich 1817, zum vierten Jahrestag der Leipziger Völkerschlacht und zum dreihundertsten des Thesenanschlags von Luther, studentische Verbindungen auf der Wartburg, um für eine Vereinigung Deutschlands und für demokratische Reformen zu demonstrieren – ein Ereignis, an das das monumentale Denkmal auf dem gegenüberliegenden Hügel erinnert.

Nach der Besichtigung der Burg steigen wir auf der Zufahrtsstraße hinunter, dabei können wir die Serpentinen auf einem Treppenweg abkürzen. Wir kommen zur **Eselstation** ⓫, wo die beliebten Eselsritte für Kinder ihren Ausgang nahmen; derzeit (Sommer 2021) ist der Betrieb auf unbestimmte Zeit eingestellt. In der Straße links befindet sich die Haltestelle der Busse, die nach Eisenach fahren. Folgen wir dem Weg nach rechts, der zuerst etwas unterhalb der Zufahrtsstraße verläuft, und dann immer geradeaus, erreichen wir nach gut 10 Min. den Reuterweg. Er mündet in die Straße, die vom Stadtzentrum durch das Mariental zur Hohen Sonne führt. Dort gehen wir nach links und vorbei an den herrlichen Villen der Eisenacher Südstadt, erbaut im Historismus und Jugendstil, in einer Viertelstunde zu einer T-Kreuzung im Stadtzentrum. Dort leitet die Bahnhofstraße nach rechts zum nahen Bahnhof von **Eisenach** ⓬.

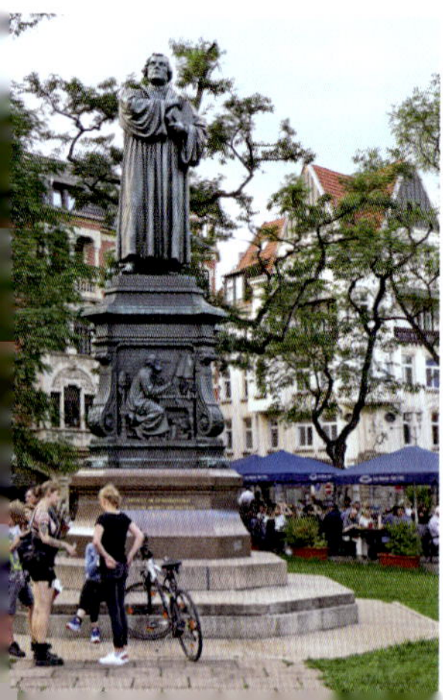

Links: Das Luther-Denkmal in Eisenach.

Rechts: Landgrafenhaus und Bergfried im oberen Teil der Wartburg, der Hofburg.

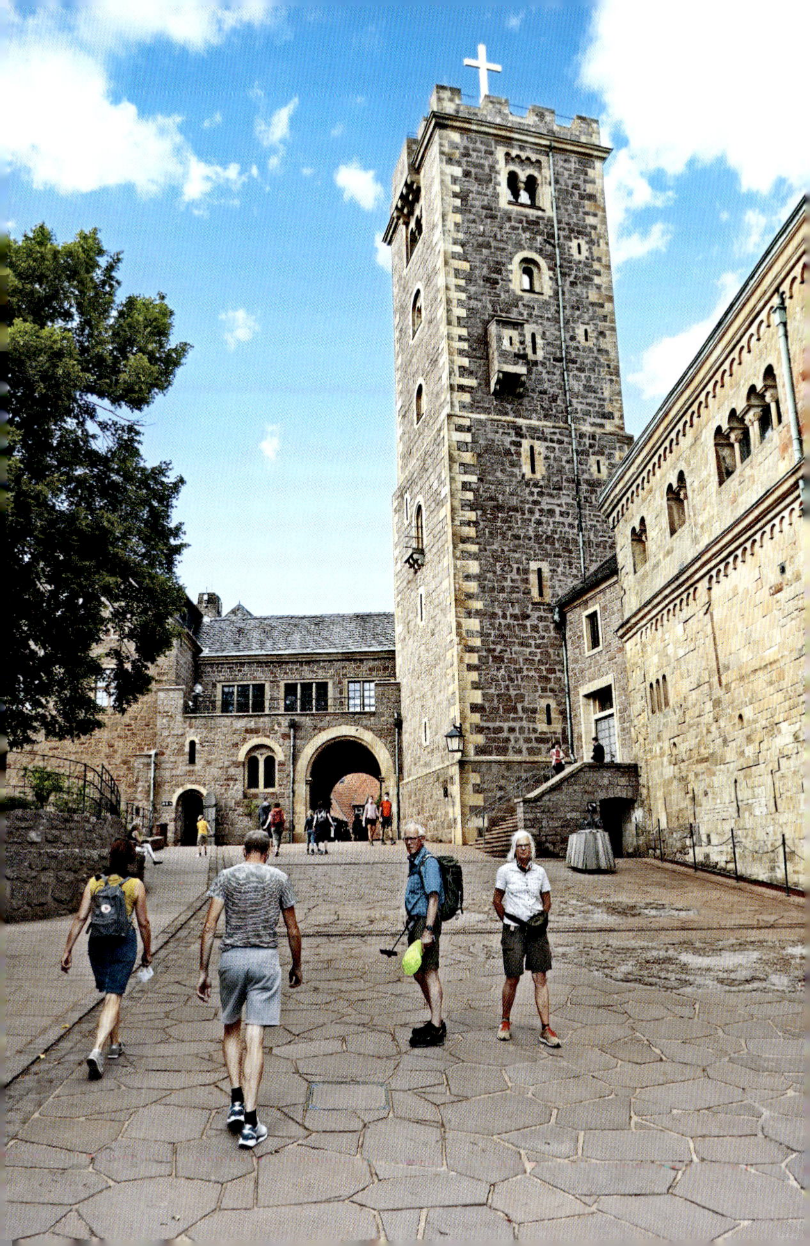

Die Thüringer Schleife oder Luthers Entführung

Nach gängiger Lesart wurde Luther auf der Rückreise von Worms in der Nähe von Eisenach überfallen und auf der Wartburg in Sicherheit gebracht. Das ist nicht falsch, aber verkürzt. Luther fuhr zuerst an der Wartburg vorbei und erreichte wohlbehalten Eisenach. Von dort unternahm er mit zwei Begleitern einen Verwandtenbesuch in Möhra, wurde dann auf der Weiterfahrt nach Gotha überfallen und auf die Wartburg gebracht (siehe S. 24 f). Diese Geschehnisse erklären, warum an den Lutherweg 1521 die sogenannte Thüringer Schleife anschließt. Da wir Hessen verlassen haben und jetzt in Thüringen sind und der Föderalismus ein hohes Gut ist, konnte diese Schleife aber nicht als Lutherweg 1521 ausgeschildert werden, sondern nur als Lutherweg (siehe S. 18). Sie gehört trotzdem zu den schönsten Abschnitten des Weges.

Wie bindet man nun die Thüringer Schleife an den Lutherweg 1521 an? Historisch korrekt wäre es, vom Kamm des Thüringer Waldes nach Eisenach abzusteigen (Puristen würden dabei sogar die Wartburg meiden) und am nächsten Tag wieder zum Kamm aufzusteigen. Da es sich nicht um ein Hochgebirge handelt und die Wege gut sind, wäre das möglich. Das Problem liegt bei den Unterkünften, denn auf der langen Etappe zwischen Eisenach und Bad Liebenstein gibt es, abgesehen von zwei Ferienwohnungen, keine Übernachtungsmöglichkeit. Deshalb ist es sinnvoll, die Etappe abzukürzen und von Eisenach mit dem Bus auf den Kamm zurückzufahren.

Der Park von Schloss Altenstein (Etappe 23).

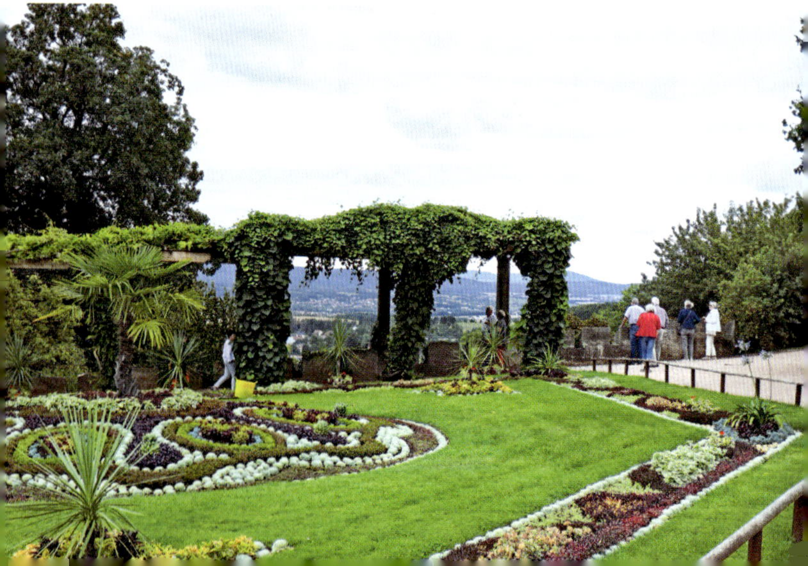

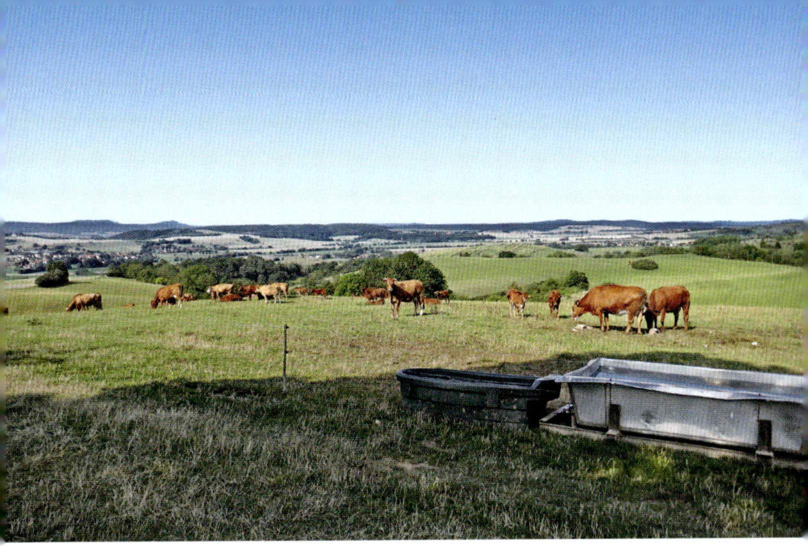

Blick zur Rhön (Etappe 22).

Dort ist der Wanderparkplatz Hohe Sonne ein viel besuchter Ausgangspunkt vieler Wanderungen im Naherholungsbereich von Eisenach. Alternativ kann man versuchen, die Thüringer Schleife noch vor der Wartburg direkt an den Lutherweg 1521 anzuschließen. Das wäre bei der Schutzhütte mit dem schönen Namen Wilde Sau möglich, ist aber wegen nicht vorhandener Unterkünfte auf den Etappen vorher und nachher eher eine theoretische Möglichkeit. Eine Chance, das Vorhaben zu verwirklichen, hat nur derjenige, dem es gelingt, den Betreiber der Waldherberge Sängerwiese zu überreden (Tel. +49 162 2089 187), ihm für eine Nacht ein Zimmer zu vermieten. Diese begehrte Unterkunft wird wenn möglich nur an Gäste vergeben, die mehrere Tage bleiben.

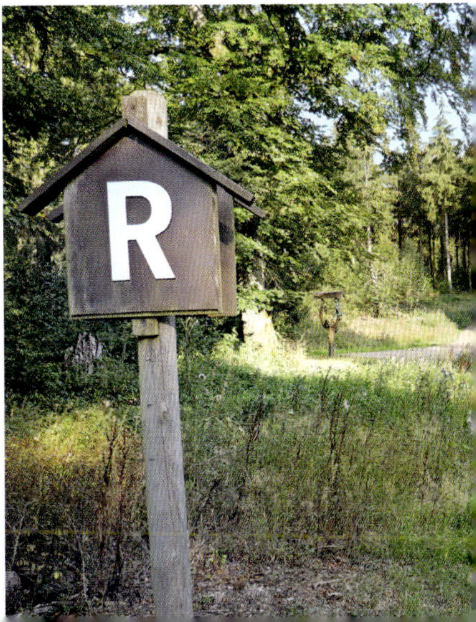

Das weiße Rennsteig-R (Etappen 22, 23 und 24).

22 Wilde Sau – Hohe Sonne – Bad Liebenstein

5.45 h	22,7 km
↗ 310 m	↘ 405 m

An der Elte und im Moorgrund zum Luther-Stammort

Unter allen Etappen des Lutherweges ist diese eine der schönsten. Zuerst verläuft der Lutherweg auf dem Rennsteig, dann hinunter zum architektonisch interessanten Jagdschloss Wilhelmsthal im Tal der Elte, eines Nebenflusses der Werra. Dann geht es am Fuß des Thüringer Waldes zum Luther-Stammort Möhra, aus dem die Familie des Reformators stammt. Die Etappe endet in Schweina, einer alten Bergwerks- und Industriestadt, die nach der Wende »industriearm« wurde und heute zu Bad Liebenstein gehört.

Ausgangspunkt: Schutzhütte Wilde Sau auf dem Rennsteig (399 m; ca. 1,5 Std. Aufstieg von Eisenach oder Übernachtung in der Sängerwiese) oder Eisenach–Hohe Sonne (434 m; Anfahrt mit dem Bus möglich). Bitte lesen Sie zu den zwei Ausgangspunkten die Erklärung in der Kapiteleinleitung.
Endpunkt: Bad Liebenstein-Schweina (303 m, 2.900 EW), Ecke Pfarrgasse/Altensteiner Straße.

Anforderungen: Leichte Wanderung auf deutlichen Wegen.
Einkauf: Eisenach, Schweina, Bad Liebenstein.
Einkehr: Hohe Sonne: Imbiss, +49 3691 732 903, Mi. bis Fr. 10–15 Uhr, Sa./So. 10–17 Uhr; **Altenberger See:** Gaststätte Seeblick, Tel. +49 36929 798 007, https://campingpark-eisenach.de, Mi. bis Fr. ab 16 Uhr, Sa./So. ab 12 Uhr; **Bad Liebenstein:** Wirtshaus Mausefalle, Tel. +49

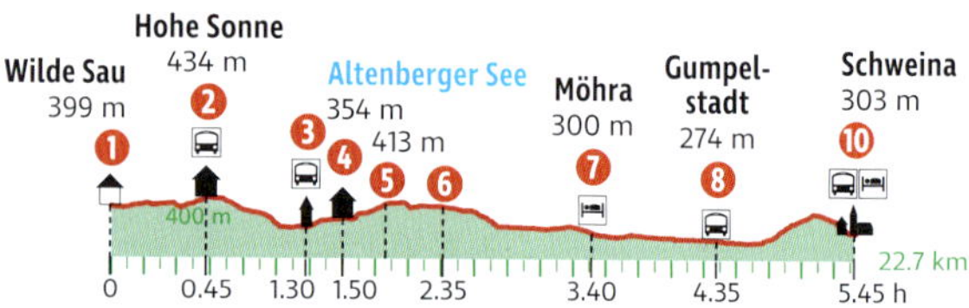

Am Fuß des Thüringer Waldes.

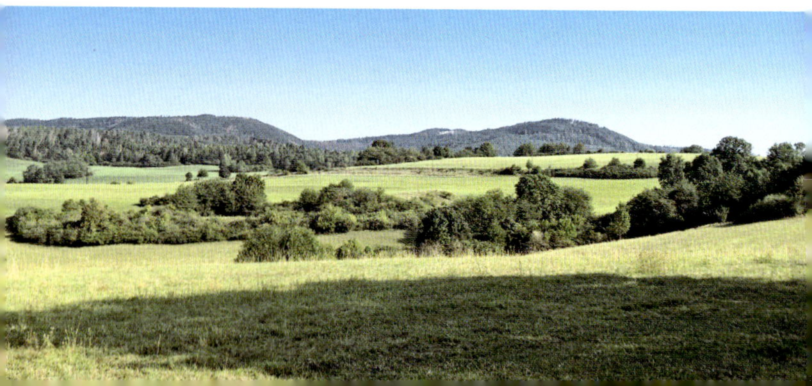

36961 72358, www.wirtshaus-mausefalle.de, Mi. bis So. ab 17 Uhr.
Unterkunft: Bad Salzungen-Etterwinden: Pension Petra, Tel. +49 36929 86126; **Bad Salzungen-Möhra:** Ferienwohnung Ihling (im Luther-Stammhaus), Tel. +49 3695 84535 und +49 162 9893 640, www.lutherstammhaus.com; **Bad Liebenstein-Schweina**: Pension Haus Walburga, Tel. +49 36961 31933, www.almuth.homepage.t-online.de; Gästehaus Raffler, Tel. +49 36961 72929; **Bad Liebenstein (Kernstadt):** Hotel Herzog Georg, Tel. +49 36961 550, www.herzog-georg.de; Die Kapelle - Hotel & Brasserie, Tel. +49 36961 69060, www.hotel-kapelle.de; Gaststätte & Pension Kutscherklause, Tel. +49 36961 72083, www.kutscher-klause.de; Hotel Fröbelhof, Tel. +49 36961 510, www.froebelhof.de.
Verkehrsmittel: Fernbahnhof in Eisenach; Bus zwischen Eisenach ZOB (nahe Hbf.) und Bad Liebenstein ZOB über **Hohe Sonne**, Wilhelmsthal, Gumpelstadt und Schweina (www.wartburgmobil.info).
Karte: Kompass Wanderkarte 812 Thüringer Wald, Westlicher Naturpark.

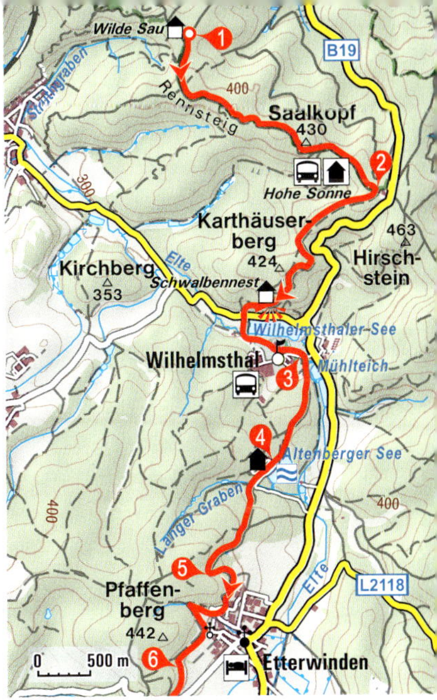

Von der Schutzhütte **Wilde Sau** ❶ wandern wir auf dem Rennsteig weiter nach Süden (Wegweiser Hohe Sonne). Der breite, mit dem weißen R gut markierte Weg erreicht nach ca. ¾ Std. die **Hohe Sonne** ❷.

i *An der **Hohen Sonne** befand sich im 17. Jh. das Jägerhaus eines Tiergartens, das Herzog Ernst August I. von Sachsen-Weimar zum Jagdschloss ausbauen ließ. Bald zugunsten der Schlossanlage im nahen Wilhelmsthal aufgegeben, verfiel es recht schnell. Im Juli 1899 wurde der Grundstein für einen Hotelneubau gelegt, der nach mehreren Sanierungen 1985 geschlossen werden musste; ein Wiederaufbau ist seither im Gespräch. Seit 1990 gibt es zur Versorgung der Wanderer einen Imbiss.*

Vor einem gelben Haus, dem ersten auf dem abgesperrten Gelände (nach dem gelben Haus, wenn wir vom Parkplatz kommen) verlassen wir den Rennsteig und folgen dem grünen Luther-L nach rechts (vom Parkplatz kommend nach links). Bis nach Möhra ist der Lutherweg mit dem Eisenacher-Haus-Wanderweg identisch, dessen Wegzeichen, die grünen Buchstaben EH auf weißem Grund, häufig zu sehen sind.

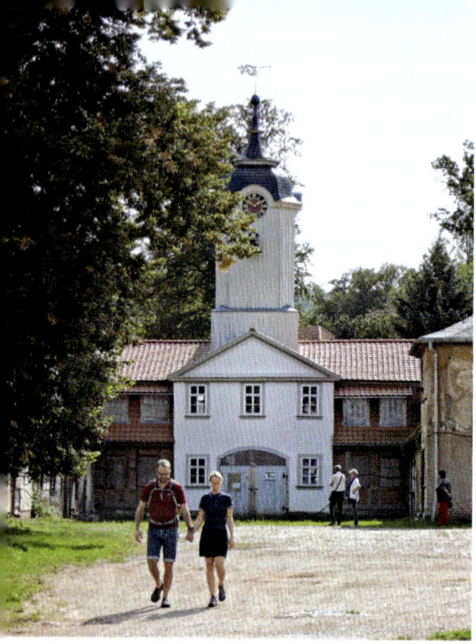
Der Marstall von Schloss Wilhelmsthal.

Nach gut 10 Min. verlassen wir bei einer Kreuzung den breiten, leicht fallenden Kammweg und folgen einem stärker fallenden Weg nach links. Nochmals 10 Min. später biegen wir wieder links ab und erreichen wenig später **die Schutzhütte Schwalbennest.** Von der Bank dort hat man einen schönen Blick auf die Schlossanlage Wilhelmsthal im Elte-Tal. Der Weg führt steil abwärts und dann in einem Einschnitt zur Bundesstraße. Wir überqueren sie, wandern über die Staumauer des schlosseigenen Sees, dahinter nach links und ein Stück am Seeufer entlang. Bei einer Gabelung verläuft der Lutherweg nach rechts, dann an der Seeseite des Ensembles **Schloss Wilhelmsthal** ❸ vorbei und schließlich vor einer Brücke nach rechts.

i Herzog Johann Wilhelm von Sachsen-Eisenach ließ von 1698 bis 1719 das Jagdhaus Brunftau zur Sommerresidenz ***Schloss Wilhelmsthal*** *umbauen. Entlang einer Wegachse wurden 16 mehrstöckige Pavillons und ein frei stehender Konzertsaal errichtet. In ihm sollen einige Werke des Komponisten Georg Philipp Telemann (1681–1767) uraufgeführt worden sein. Nachdem Wilhelmsthal 1741 an Sachsen-Weimar gefallen war, wurde die Anlage grundlegend umgestaltet, ein Marstall und eine Orangerie kamen hinzu. Auch Goethe, der Minister in Weimar war, weilte mehrfach im Schloss und verfasste hier sein Werk »Die Wahlverwandtschaften«. An der Neugestaltung des Landschaftsparks war auch der Fürst von Pückler-Muskau beteiligt. Nach dem Zweiten Weltkrieg wurde das Schloss bis 1993 als Kinderheim genutzt, danach verfiel es zusehends. Inzwischen wurde es von der Stiftung Thüringer Schlösser und Gärten übernommen und wird Schritt für Schritt saniert.*

Der Fahrweg führt leicht ansteigend in den Wald und dort geradeaus weiter. Nach gut 10 Min. halten wir uns bei einer Gabelung links und betreten wenig später das Gelände des großen Campingplatzes mit dem Restaurant Seeblick am **Altenberger See** ❹. Wir wandern durch den Campingplatz, gehen geradeaus, wenn die Zufahrtsstraße nach links biegt, und 5 Min. später bei einer Kreuzung ebenso. Wir wandern immer geradeaus, bis der mar-

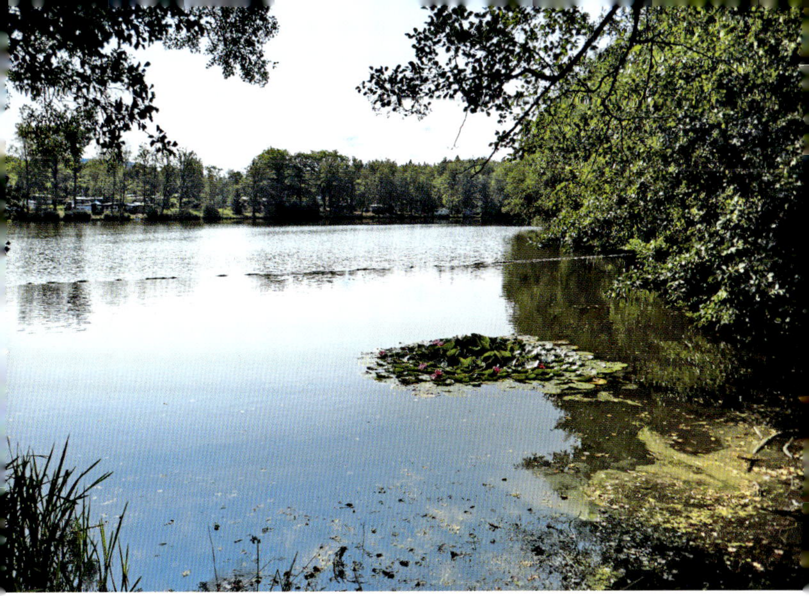

Der Altenberger See.

kierte Weg nach knapp 10 Min. eine scharfe **Linksbiegung** ❺ beschreibt. Dann schlängelt er sich zum Waldrand, wo er bei drei einzelnen Häusern in einen unbefestigten Fahrweg mündet. Diesem folgen wir am Waldrand entlang nach rechts, gehen dann zwischen Sportlerheim und Fußballplatz von **Etterwinden** hindurch und dahinter auf einer Asphaltstraße nach rechts. Bald macht diese vor einem von Maschendraht umzäunten Garten eine scharfe Linkskurve, hier gehen wir am Zaun entlang nach rechts. Der Weg leitet in den Wald, biegt bald nach links, verläuft danach zwischen zwei Teichen, aus dem Wald heraus und am Waldrand oberhalb von Etterwinden geradeaus weiter zur Nordwestecke des Friedhofs.
Dort wandern wir nach rechts und am Rand des Waldes weiter. Wieder im Wald macht unser Weg nach 100 m eine **Rechtsbiegung** ❻, die leicht zu übersehen ist. Wir folgen nun einem schmalen Pfad und treffen nach wenigen Minuten auf den Sallmannshäuser Rennsteig, dem wir nach links folgen. Dieser 27 km lange, historische Weg ist mit einem großen weißen S markiert und führt vom Ruhlaer Häuschen am Rennsteig nach Sallmannshausen, ein Ortsteil von Gerstungen nahe Berka/Werra. Bald überqueren wir eine Fahrstraße, bei der ersten Gabelung nach 200 m verlassen wir den Sallmannshäuser Rennsteig wieder und halten uns rechts. Etwa 2 Min. später gehen kurz nacheinander rechts zwei Wege ab, wir wandern jeweils geradeaus. Nach etwa einer Viertelstunde biegen wir dann nach links und

wenig später nach rechts. Bei der zweiten Abbiegung steht eine mächtige Eiche mit einem überdachten Picknicktisch.
Nach einer knappen Viertelstunde bekommt der Weg einen Asphaltbelag, in einem großen Haus links, einem ehemaligen Ferienerholungsheim, befindet sich ein tibetanisch-buddhistisches Dharma-Zentrum. Nach weiteren gut 10 Min. mündet der Weg in eine Fahrstraße, der wir geradeaus nach Möhra folgen. Bei der T-Kreuzung im Luther-Stammort gehen wir nach links (hier verlassen wir die EH-Markierung) und bei der Gabelung kurz darauf auch. Das große Lutherdenkmal auf dem Marktplatz von **Möhra** 7 wurde durch Spenden finanziert und 1861 eingeweiht, die Lutherkirche dahinter erst nach dem Tod des Reformators schrittweise ausgebaut. Da sie normalerweise geöffnet ist, lohnt sich ein Blick ins Innere.
Wir folgen der Lutherstraße und nach einer Kreuzung der Waldfischer Straße weiter geradeaus, bis wir sie nach 5 Min. am Ortsrand vor einer Physiotherapie-Praxis nach rechts verlassen. Der befestigte, aber für Autos gesperrte Fahrweg führt geradeaus in gut 20 Min. zur Erbachsmühle, biegt dann nach rechts, unterquert die Bundesstraße B 19 und erreicht den Ortsrand von Gumpelstadt. Die Straße leitet zur Hauptstraße, dort wandern wir nach rechts an der Georgskirche im Zentrum von **Gumpelstadt** 8 vorbei und kurz darauf nach einem Parkplatz nach links in die Liebensteiner

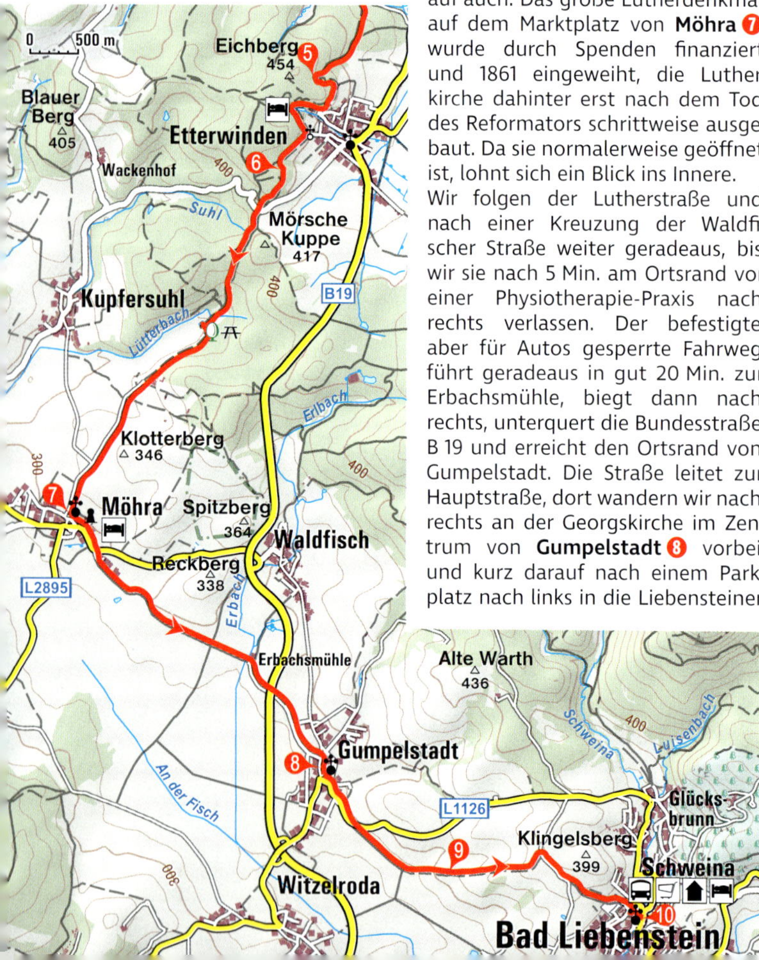

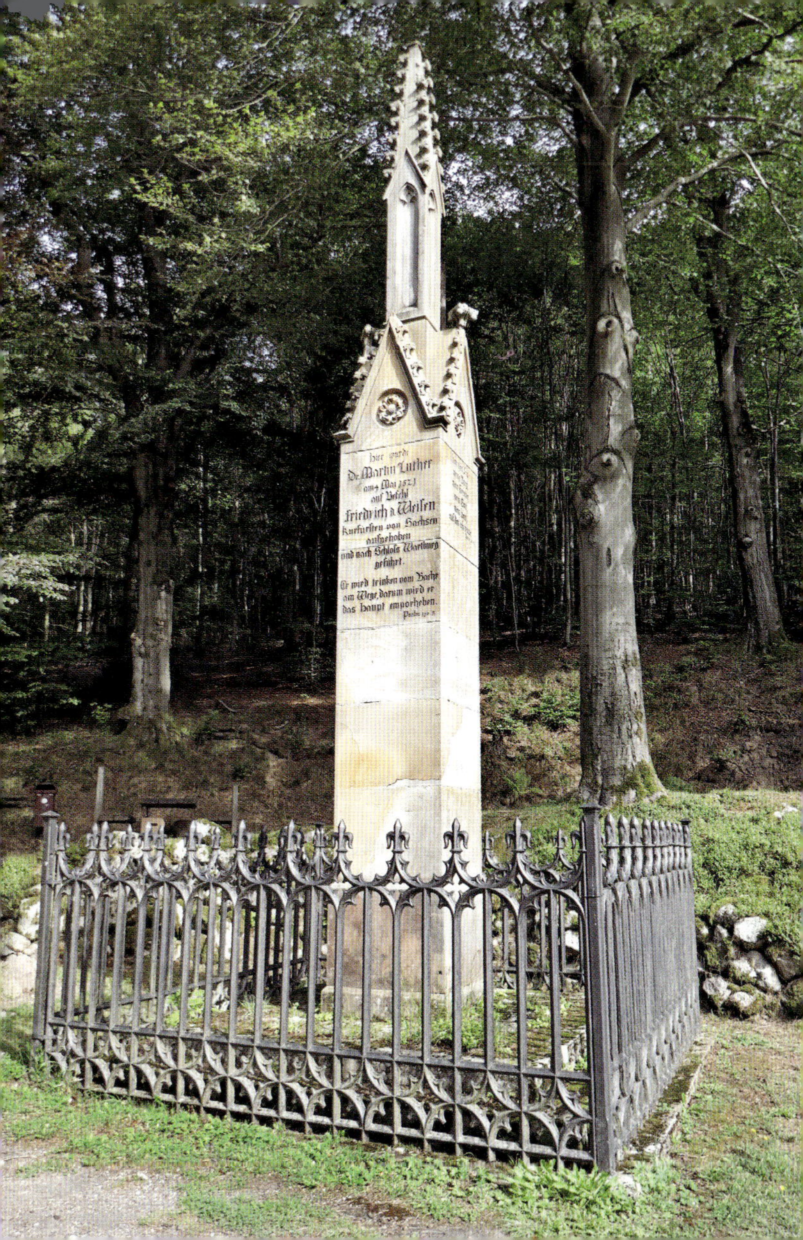
hier wurde
Dr. Martin Luther
am 4 Mai 1521
auf Befehl
Friedrich d. Weisen
Kurfürsten von Sachsen
aufgehoben
und nach Schloss Wartburg
geführt.
Er wird trinken vom Bache
am Wege, darum wird er
das Haupt emporheben.

24 Waldgasthof Hubertushaus – Eisenach

3.15 h	11,1 km
↗ 30 m	↘ 355 m

Die Drachenschlucht

Diese Etappe führt zuerst auf dem Rennsteig zur Hohen Sonne, von dort durch die spektakuläre Drachenschlucht (als Variante durch die weniger schroffe Landgrafenschlucht) nach Mariental und dann auf der 2 Kilometer langen Wichmann-Promenade nach Eisenach.

Ausgangspunkt: Waldgasthof und Rennsteighotel Hubertushaus am Rennsteig (543 m).
Endpunkt: Eisenach (218 m, 42.300 EW), Predigerkirche.
Anforderungen: Leichte Wanderung, zuerst auf dem Rennsteig, dann durch eine enge, aber gut erschlossene Schlucht.
Einkauf: Eisenach.
Einkehr: **Hohe Sonne:** Imbiss, +49 3691 732 903, Mi. bis Fr. 10–15 Uhr, Sa./So. 10–17 Uhr; **Eisenach**.
Unterkunft: **Eisenach:** Romantik Hotel auf der Wartburg, Tel. +49 3691 7970, www.wartburghotel.de; Pension Villa Kleine Wartburg, Tel. +49 173 3770 161, www.villakleinewartburg.de; Jugendherberge, Tel. +49 3691 743 259, www.thueringen.jugendherberge.de; B&B Hotel, Tel. +49 3691 8886 050, www.hotel-bb.com; Pension Mahret's Puppenstube, Tel. +49 3691 742 744, www.puppenstuben-hotel-eisenach.de.
Verkehrsmittel: Fernbahnhof in Eisenach; Busverbindung zwischen Hoher Sonne und Eisenach ZOB (nahe Hbf.) (www.wartburgmobil.info) mit Halt in Mariental.
Karte: Kompass Wanderkarte 812 Thüringer Wald, Westlicher Naturpark.
Varianten: **1.** Der Abstieg nach Eisenach

Beim Abzweig zur Rennsteiggrotte.

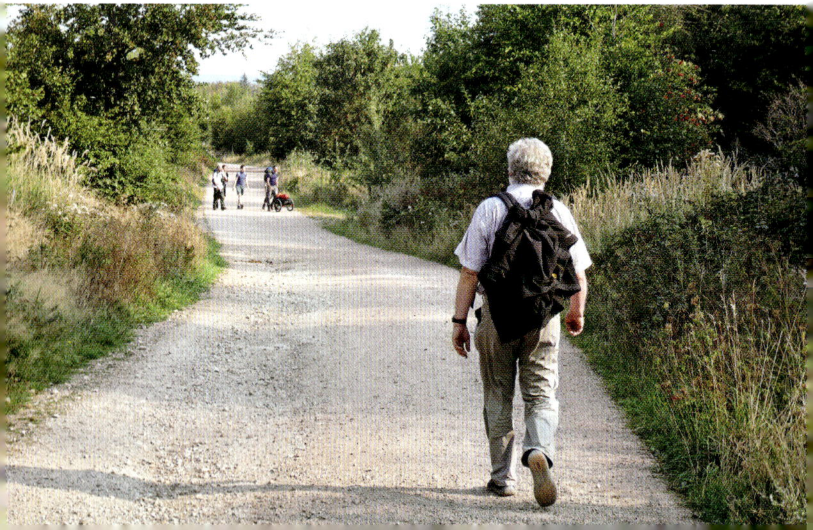

ist auch durch die **Landgrafenschlucht** möglich. Dazu überquert man bei der Hohen Sonne ❸ nicht die Bundesstraße, sondern folgt der historischen Weinstraße, die gegenüber vom Parkplatz von der Bundesstraße rechts abgeht (Wegweiser u. a. Landgrafenschlucht, roter Punkt auf weißem Grund). Nach knapp 5 Min. geht man bei einer Kreuzung geradeaus und dann zum Aussichtspunkt Marienblick mit schöner Sicht über das Mariental zur Wartburg. 5 Min. später führt der Weg am Kleinen Drachenstein vorbei und nach weiteren 10 Min. zu einer Wegspinne. Links leitet eine Abkürzung steil abwärts in die Landgrafenschlucht und schneidet ihr oberstes Drittel ab. Der längere Weg folgt der Weinstraße nach halb links und kommt nach etwa 10 Min. zu einer Kreuzung mit Schutzhütte. Hier verlässt man die Weinstraße und folgt den Wegweisern nach links in Richtung Landgrafenschlucht. Der Weg schlängelt sich gut ¼ Std. durch den Wald, bis er die etwa 2 km lange Schlucht erreicht. Nach dem breiten Eingang verjüngt sie sich, ist aber weniger eng als die Drachenschlucht. Ein gut begehbarer Weg, der teilweise über Tritte und kleine Holzbrücken führt, leitet zwischen Hängen mit alten Eichen- und Buchenbeständen und grün bemoosten Steilwänden hinab. Beim Königstein an der Wichmann-Promenade stößt die Variante wieder auf die 2 km kürzere Hauptroute.

2. Von der Wegspinne ❺ führt ein breiter Weg geradeaus in gut 10 Min. zum Waldgasthaus an der **Sängerwiese**. Von dort kann man über die **Wartburg** nach Eisenach weiterwandern (ausführliche Beschreibung dieses Wegabschnitts siehe Etappe 21).

Tipps: Eine klassische **Rundwanderung** im Thüringer Wald führt vom Parkplatz ❻ in Mariental über die Drachenschlucht zur Hohen Sonne ❸ und von dort durch die Landgrafenschlucht zurück. Eine weitere schöne **Tagestour** ist die Rundwanderung von der Hohen

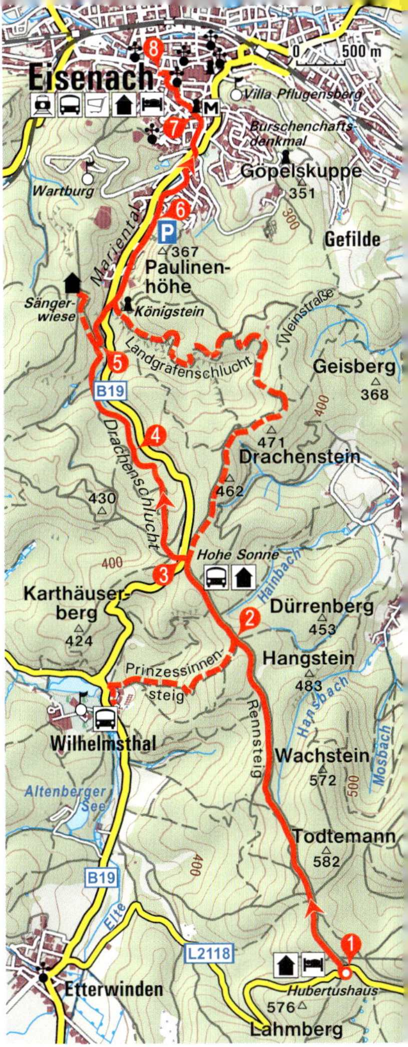

Sonne ❸ über Drachenschlucht, Sängerwiese und Wilde Sau (s. Karte Etappe 21). Besichtigung des **Bachhauses** am Frauenplan in Eisenach (tgl. 10–18 Uhr, Tel. +49 3691 79340, www.bachhaus.de).

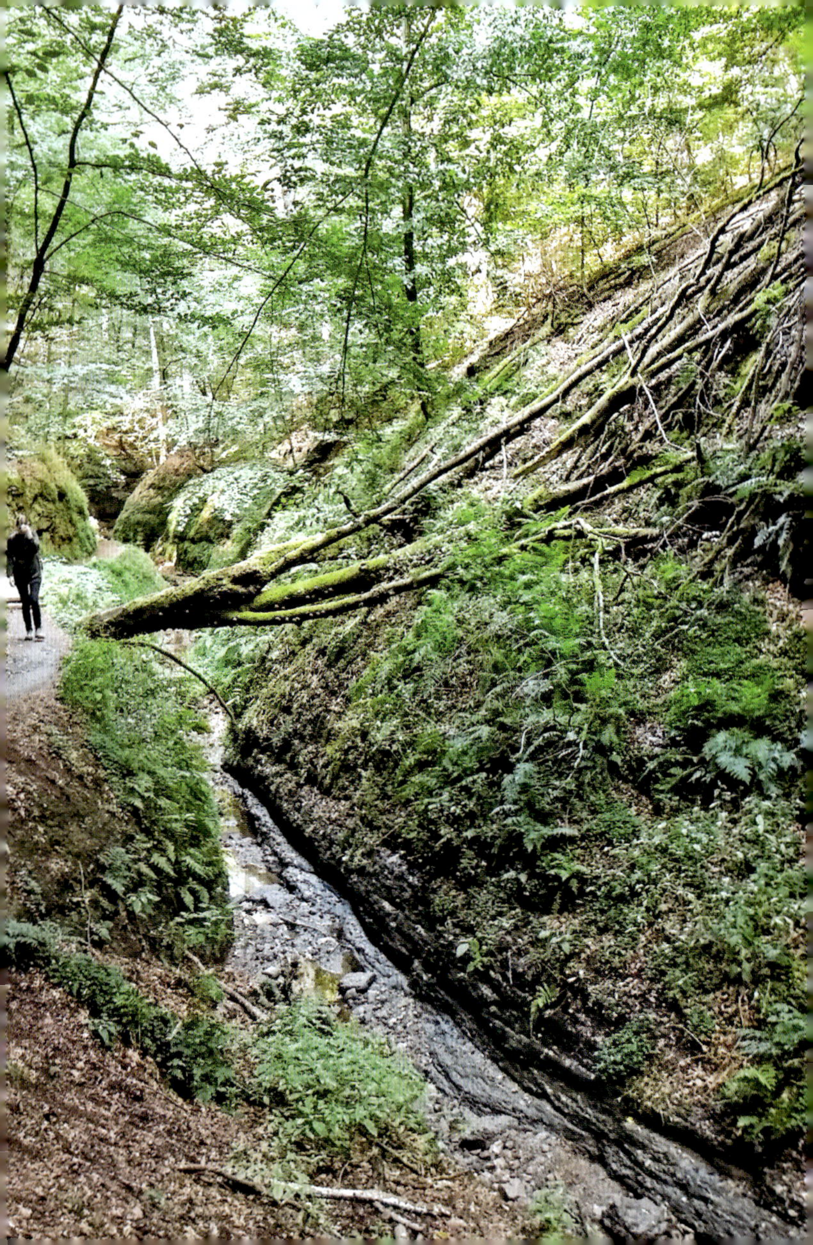

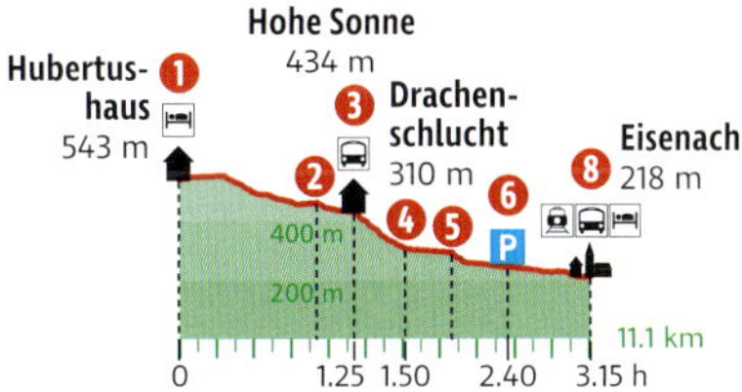

Vom **Hubertushaus** ❶ wandern wir auf dem Rennsteig (Wegzeichen großes weißes R) weiter Richtung Hohe Sonne. Nach 50 Min. geht links der **Prinzessinnenstieg** ❷ ab, der in ca. 30 Min. nach Wilhelmsthal leitet, wo man auf die Etappe 22 trifft und ein Bus nach Eisenach verkehrt. Wir aber gehen geradeaus und folgen nach einer Viertelstunde der Bundesstraße B 19 wenige Meter nach rechts. Auf der gegenüberliegenden Seite liegt die **Hohe Sonne** ❸, Ausgangspunkt vieler Wanderungen und auch wegen eines großen Parkplatzes an Wochenenden stark frequentiert. Wollen wir von hier aus nicht mit dem Bus nach Eisenach fahren, können wir durch zwei spektakuläre Schluchten dorthin wandern. Die Hauptroute führt durch die bekanntere Drachenschlucht.

Wir überqueren die Bundesstraße, gehen am Parkplatz vorbei und nach 30 m nach rechts (Wegweiser Drachenschlucht). Vor der Schlucht wandern wir bei einer Kreuzung geradeaus und steigen dann steil abwärts in die **Drachenschlucht** ❹.

*i Die **Drachenschlucht**, eine 3 km lange Klamm, die erst 1832 für Spaziergänger passierbar gemacht wurde, hat eine etwa 200 m lange Passage mit zahlreichen Engstellen, Strudelnischen, Erosionskesseln und Rieselwasserfällen und zwei kürzere Passagen mit Felsengen, die engste Stelle ist nur schulterbreit. Um die Schlucht sicher und begehbar zu machen, wurden Wege und Stufen in den Fels gehauen und Weg verläuft streckenweise auf Bohlen und Gitterrosten über dem Bach. Aus Sicherheitsgründen wurden Notausgänge angelegt, um ein schnelles Verlassen der Schlucht bei Unwetter zu ermöglichen. Der Weg durch die Klamm ist bei normalem Wetter völlig ungefährlich und am Wochenende sind hier viele Familien mit kleinen Kindern unterwegs. Der Sage nach soll einst ein Drache in der Schlucht gehaust haben, der vom heiligen Georg, dem Stadtpatron Eisenachs, besiegt wurde.*

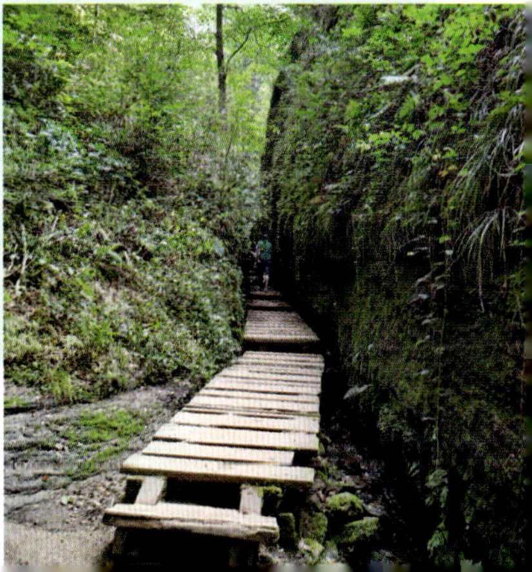

Die Landgrafenschlucht (links, Variante 1) ist nicht so schmal wie die Drachenschlucht (rechts).

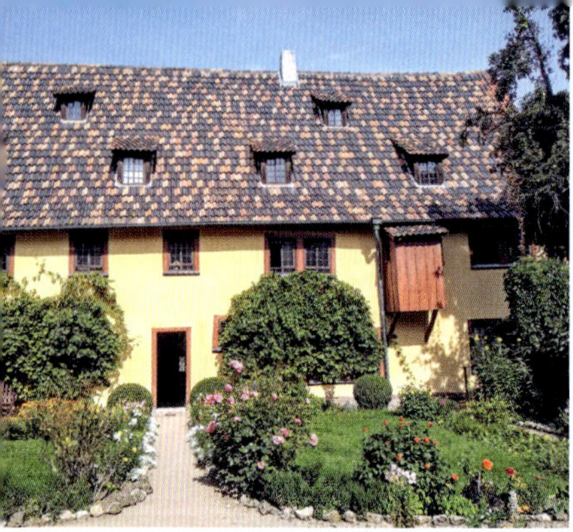

Das Bachhaus mit seinem sehenswerten Museum vom malerischen Innenhof aus.

Ca. 40 Min. braucht man für den Weg durch die Schlucht. An ihrem Ende gehen wir bei einer **Wegspinne** ❺ nach rechts und in 5 Min. zur Bundesstraße. Auf der gegenüberliegenden Straßenseite erreichen wir beim **Königstein**, einem Denkmal für den Oberforstrat Gottlob König, der an der Erschließung der Drachenschlucht großen Anteil hatte, die Wichmann-Promenade. In gebührender Entfernung von der Bundesstraße gelangen wir auf ihr, vorbei am Parkplatz Wartburg **»P2«** ❻ in **Mariental** und dem Prinzenteich, ins Zentrum von Eisenach. Wenige Minuten nach dem Prinzenteich überqueren wir bei einer Straßenkreuzung die Bundesstraße und folgen der Marienstraße. Nach gut 5 Min. gelangen wir zum **Bachhaus** ❼ am Platz Frauenplan mit dem Bachdenkmal.

i *Der in Eisenach geborene* ***Johann Sebastian Bach*** *(1685–1750) ist das bedeutendste Mitglied einer Familie von Spielleuten, Organisten, Stadt- und Hofmusikern, die ab dem ausgehenden 16. Jh. im gesamten mitteldeutschen Raum tätig war. Bach hat die ersten zehn Lebensjahre in unmittelbarer Nähe, in der heutigen Lutherstraße, verbracht (das Haus existiert nicht mehr), ist dort zur Lateinschule gegangen und in der Georgenkirche von einem Großcousin in das Orgelspiel eingeführt worden. Nach dem frühen Tod seiner Eltern wurde er 1695 zu einem älteren Bruder in das nur etwa 50 km entfernte Ohrdruf geschickt.*
Das ***Bachhaus****, das aber nicht Bachs Geburtshaus ist, zählt zu den ältesten Gebäuden der Stadt und wurde 1907 von der Bach-Gesellschaft als Museum eingerichtet, 1944 und 1945 in Teilen zerstört, dann aber sehr schnell wieder hergerichtet und geöffnet. Es zeigt sehr anschaulich die Lebensumstände des Komponisten (»Nicht Bach sollte er heißen, sondern Strom!«), mehrere Autographen und auch einige Original-Instrumente, tragbare Orgeln, Cembali und Clavichorde, die stündlich vorgeführt und bespielt werden, was dem Museumsbesuch einen zusätzlichen Reiz verleiht. 2007 wurde dem Haus ein Neubau hinzugefügt, über dessen ästhetische Qualitäten und Anpassung an die mittelalterliche Umgebung sich trefflich streiten lässt, der aber eine überaus interessante und vielfältige multi-mediale Übersicht über Bachs Schaffen, seine Wirkung und seine Werke mit vielen Klangbeispielen bietet (Kontaktdaten siehe Tipps).*

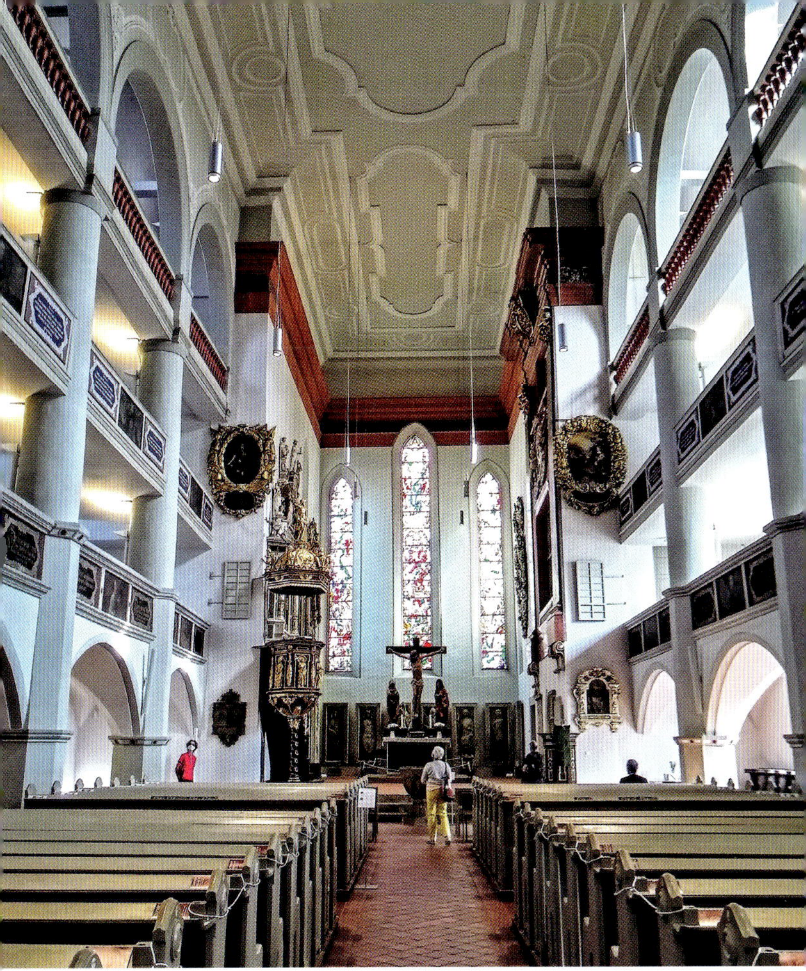

In der Georgenkirche wurde Johann Sebastian Bach getauft.

Vorbei am Lutherhaus (Dauerausstellung »Luther und die Bibel«), in dem Luther als Schüler von 1498 bis 1501 wohnte, gehen wir zur Georgenkirche am Marktplatz, in der schon Luther predigte. Die gotische Hallenkirche gilt als eines der ältesten protestantischen Gotteshäuser. Unser letztes Ziel ist die **Predigerkirche** von **Eisenach** 8, die heute einen Teil der Sammlungen des Thüringer Museums beherbergt.

STICHWORTVERZEICHNIS

Umschlagbild: Die Wartburg bei Eisenach (Etappe 21).

Bild im Innentitel: Luther-Statue bei der Kirche von Nonnenroth (Etappe 13).

Bild auf S. 2: Von der Magnuskirche führt der Weg zum nahen Wormser Dom (Etappe 1).

Bild auf S. 5: Die 300 Jahre alte Frühstückseiche in der Möhraer Flur ist ein Naturdenkmal (Etappe 22).

Alle Fotos vom Autor, ausgenommen die Fotos der Seiten 2 und 31 (Stadt Worms © Bernward Bertram), 8, 18, 19, 20 oben und 21 (Verein Lutherweg in Hessen e. V.), 103 (Werner Burger), 138 (Sabine Rahe-Wissing) und 178 (Wolfgang Weisbrod).

Kartografie:
34 Wanderkärtchen im Maßstab 1:75.000 sowie
1 Stadtplan im Maßstab 1:20.000
Geodaten © OpenStreetMap und Mitwirkende, kartografisches Design: Freytag & Berndt Prag, www.freytagberndt.cz
2 Übersichtskärtchen im Maßstab 1:1.000.000 und 1:2.000.000
© Freytag & Berndt, Wien

1. Auflage 2022

ISBN 978-3-7633-4581-6

MIX
Papier aus verantwortungsvollen Quellen
FSC® C021956

Wir freuen uns über jeden Korrekturhinweis zu diesem Wanderführer!
Bitte per E-Mail an: **leserzuschrift@rother.de**

ROTHER BERGVERLAG · Keltenring 17 · D-82041 Oberhaching
Tel. +49 89 608669-0 · www.rother.de

Wir verlassen das Gelände durch das Portal im halbkreisförmigen Hofmarschallamt, überqueren die Straße, folgen dann einem breiten Weg nach rechts in den Wald und erreichen geradeaus über eine Kuppe gehend nach 10 Min. die Landstraße Bad Liebenstein–Ruhla. Auf der anderen Straßenseite leitet ein **Treppenweg** abwärts nach Steinbach im Kallenbach-Tal. Der Ort war für Messerklingen und Kleineisenwaren bekannt, die aus dem dort bis in die zweite Hälfte des 20. Jh. gewonnenen Eisenerz hergestellt wurden; auf der gegenüberliegenden Talseite liegt eine große Barockkirche, die vom damaligen Reichtum kündet.
Der Treppenweg trifft auf einen Querweg, dort gehen wir nach links, nach wenigen Metern nach rechts und weiter abwärts. Der nächsten Querstraße folgen wir knapp 5 Min. nach rechts (Wegweiser Zum Rennsteig hier und auch später). Bei der vierten links abgehenden Straße in **Steinbach** 3 biegen wir mit dem **grünen L** scharf nach links und folgen der unterhalb der Kirche verlaufenden Straße im Kallenbach-Tal aufwärts. 5 Min. später, kurz bevor der Fahrweg eine Linkskurve macht und wieder abwärts leitet, folgen wir einem rechts abgehenden **Treppenweg** 4, gehen dann wenige Meter auf einer Straße und in einer Linkskurve auf einem Wiesenweg geradeaus. Knapp 15 Min. später folgen wir einem asphaltierten **Fahrweg** 5 90 m nach rechts und dann einem Wiesenweg, vor dem drei große Steine liegen, nach links. Eine gute Viertelstunde wandern wir im Kallenbach-Tal aufwärts und überqueren mehrmals den Bach. Da der Weg im Wald verläuft, bleibt unbemerkt, dass er kurz vor Erreichen des 1857 eingeweih-

Steinbach im Kallenbach-Tal.

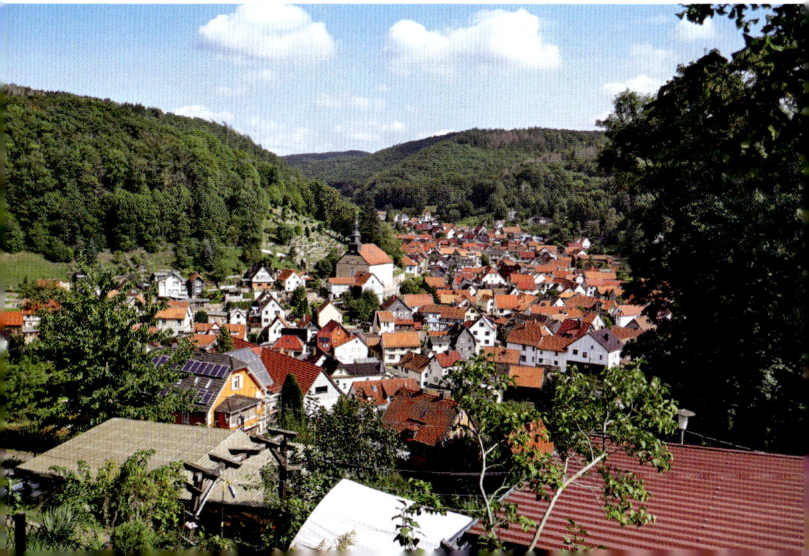

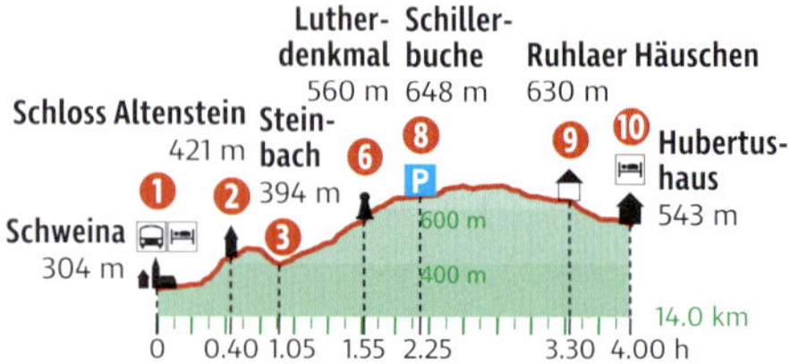

ten **Lutherdenkmals 6** am Ort der fingierten Entführung Luthers in ein Seitental, das Glasbach-Tal, eingebogen ist.
Nach einer weiteren Viertelstunde gehen wir bei einer **Kreuzung 7** nach links und folgen gut 10 Min. einem mit dunkelgrünem Dreieck markierten Weg zum Rennsteig. Er endet an einem großen Parkplatz bei der **Schillerbuche 8** direkt an der Landstraße L 1027. Nach dem Aufstieg zum Kamm des Thüringer Waldes ist der Wanderer dort vermutlich eher an einer Stärkung am Imbiss interessiert als an einer Parkmöglichkeit.
Wir gehen auf dem parallel zur Landstraße über den Parkplatz führenden Rennsteig nach links, überqueren bald die von Steinbach kommende Landstraße L 1027 und wandern auf dem Rennsteig weiter.
Eine Wegbeschreibung ist ab hier überflüssig, der breite, mit einem großen weißen R gekennzeichnete Wanderweg ist eindeutig, gelegentlich gibt es in geringem Abstand parallele Pfade im Wald. Vorbei an verschiedenen Schutzhütten wie dem Waldhaus Auerhahn oder dem **Ruhlaer Häuschen 9**, wo der Sallmannshäuser Rennsteig beginnt und nach links ins Tal führt, erreichen wir nach etwa 90 Min. das **Hubertushaus 10**.

Rechts: Der 10 m hohe Obelisk im Glasbach-Tal markiert die Stelle von Luthers Entführung.

Unten: Glöckner Steinmassiv am Rennsteig.

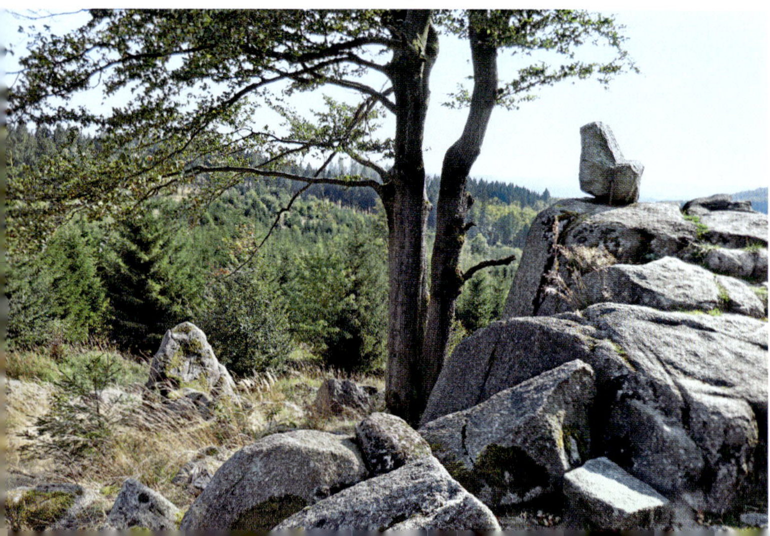